どんなときに
使うの？
？

三省堂

# こどもことわざじてん

三省堂編修所・編

SANSEIDO Kids Selection

三省堂

はじめに

# このじてんの使《つか》い方《かた》

この本《ほん》は、小学生《しょうがくせい》のみなさんのためのことわざじてんです。ことわざのほかに、慣用句《かんようく》・故事成語《こじせいご》・四字熟語《よじじゅくご》を集《あつ》めました。こうした決《き》まったことばには、相手《あいて》に強《つよ》い印象《いんしょう》をあたえたり、表現《ひょうげん》を豊《ゆた》かにする効果《こうか》があり、本《ほん》やテレビ、ふだんの会話《かいわ》の中《なか》などで、たびたび使《つか》われます。毎日《まいにち》の生活《せいかつ》の中《なか》で、わからないことばが出《で》てきたら、この本《ほん》で調《しら》べてみてください。そして意味《いみ》や、どうしてそのようにいわれるようになったのか、どんなときに使《つか》えばいいのかがわかったら、自分《じぶん》でも会話《かいわ》や文章《ぶんしょう》の中《なか》で使《つか》ってみましょう。

**見出《みだ》し**
この本《ほん》で調《しら》べられることばを、あいうえお順《じゅん》に並《なら》べてあります。二通《ふたとお》りの読《よ》み方《かた》ができるものについては、漢字《かんじ》の左右《さゆう》にふりがなをつけてあります。

**意味《いみ》**
そのことばの意味《いみ》を説明《せつめい》してあります。

**使《つか》い方《かた》**
そのことばがどのように使《つか》われるのかを、じっさいの文章《ぶんしょう》で示《しめ》してあります。見出《みだ》しのことばは赤《あか》い文字《もじ》で示《しめ》してあります。

**参考《さんこう》**
そのことばをよく知《し》ってもらうために、難《むずか》しい単語《たんご》を赤《あか》い文字《もじ》で示《しめ》して意味《いみ》を説明《せつめい》してあります。また、どうしてそのようにいわれるようになったのか、使《つか》うときにどこに注意《ちゅうい》するかなどを示《しめ》してあります。

あ

## 阿吽《あうん》の呼吸《こきゅう》

ことわざ

ふたり以上《いじょう》の人《ひと》が何《なに》かをするときに、おたがいの気持《きも》ちがぴったりと合《あ》っている。

参考 阿《あ》は、はく息《いき》。吽《うん》は、吸《す》う息《いき》をあらわす。

## 悪事千里《あくじせんり》を走《はし》る

故事成語

（＝悪事千里《あくじせんり》を行《い》く）

悪《わる》いことをすると、いくらかくしてもそのうわさがすぐに広《ひろ》まってしまう。

参考 里《り》は、昔《むかし》の長《なが》さの単位《たんい》。千里《せんり》もはなれたとても遠《とお》い場所《ばしょ》にいる人《ひと》にまで、うわさが伝《つた》わるということから。「悪事《あくじ》千里《せんり》を行《い》く」ともいう。

## 悪戦苦闘《あくせんくとう》

四字熟語

強《つよ》い敵《てき》を相手《あいて》にして、がんばって力《ちから》を出《だ》して戦《たたか》う。

使い方 去年《きょねん》の優勝《ゆうしょう》チームを相手《あいて》に悪戦苦闘《あくせんくとう》したけれど、負《ま》けてしまった。

とても苦《くる》しみながらも、努力《どりょく》を続《つづ》ける。

使い方 一《いち》メートルもある船《ふね》の模型《もけい》を、悪戦苦《あくせんく》闘《とう》して組《く》み立《た》てた。

参考 悪戦《あくせん》は、勝《か》てそうにない戦《たたか》い。苦闘《くとう》は、苦《くる》しみながら戦《たたか》うこと。

## 悪銭身《あくせんみ》につかず

ことわざ

悪《わる》いことをして楽《らく》にもうけたお金《かね》は、大事《だいじ》だと思《おも》わないから、むだづかいしてすぐになくなってしまうものだ。

参考 悪銭《あくせん》は、人《ひと》からぬすんだり、だれかをだまして得《え》たお金《かね》。

## 足《あし》がにぶる

慣用句

つかれて、歩《ある》くのがおそくなる。

使い方 お昼《ひる》が近《ちか》いので、おなかが減《へ》って足《あし》がにぶってきた。

行《い》かなければならないのに、行《い》きたくないと思《おも》う。

使い方 月曜日《げつようび》は、どうしても学校《がっこう》へ行《い》く足《あし》がにぶる。

7

見出《みだ》しのことばと同《おな》じ意《い》味《み》の、別《べつ》のいい方《かた》がある場合《ばあい》には、次《つぎ》の行《ぎょう》に示《しめ》しました。

一《ひと》つのことばに二通《ふたとお》り以上《いじょう》の意味《いみ》があるものについては、間《あいだ》に点線《てんせん》や絵《え》を入《い》れて、別《べつ》の意味《いみ》であることがわかるようにしてあります。

この本《ほん》では、のせてあることばを次《つぎ》の四《よっ》つに分《わ》けてあります。

**ことわざ**
昔《むかし》から言《い》い伝《つた》えられてきた、生《せい》活《かつ》に役立《やくだ》つ知《ち》えや、人生《じんせい》の教《おし》えなどをあらわすことば。

**慣用句《かんようく》**
二《ふた》つ以上《いじょう》の単語《たんご》の決《き》まった組《く》み合《あ》わせが、もともとの意味《いみ》とはちがった意味《いみ》で使《つか》われるようになったことば。

**故事成語《こじせいご》**
おもに、中国《ちゅうごく》で昔《むかし》あったできごとや話《はなし》などをもとにしてできたことば。

**四字熟語《よじじゅくご》**
漢字《かんじ》四《よっ》つが組《く》み合《あ》わさって、ある決《き》まった意味《いみ》をあらわすことば。

# もくじ



## さくいん　なかまのことわざ

この本《ほん》にのっていることわざをいろいろな方法《ほうほう》でなかま分《わ》けして、さくいんとして使《つか》えるようにしました。ことわざをもっとよく知《し》るために役立《やくだ》ててください。それぞれのことわざの下《した》にある数字《すうじ》が、のっているページ数《すう》をあらわしています。



ものの名前《なまえ》をあらわすことばがはいったことわざを、そのことばごとに集《あつ》めました。たとえば、このページの「鳥《とり》」のところをひくと、この本《ほん》にのっている、「鳥《とり》」ということばや鳥《とり》の名前《なまえ》がはいったことわざが、あいうえお順《じゅん》に並《なら》んでいます。



動《うご》きやようすをあらわすことばがはいったことわざを、そのことばごとに集《あつ》めました。たとえば、このページの「合《あ》う・合《あ》わせる」のところをひくと、「合《あ》う」と「合《あ》わせる」のはいったことわざが、あいうえお順《じゅん》に並《なら》んでいます。

●「合《あ》う」と「合《あ》わない」のように、少《すこ》しいい方《かた》のちがうことばも、一《ひと》つにまとめてあります。

●読《よ》み方《かた》は同《おな》じでも、ちがう漢字《かんじ》を使《つか》って書《か》くことばがある場合《ばあい》は、漢字《かんじ》も示《しめ》してあります。



この本《ほん》にのっていることわざを、にた意味《いみ》をもつものどうし集《あつ》めました。たとえば、このページの「いそがしい」のところをひくと、「いそがしい」という意味《いみ》をもつことわざが、あいうえお順《じゅん》に並《なら》んでいます。

**ほかのいい方《かた》でのっていることわざ**――222

別《べつ》のいい方《かた》として、見出《みだ》しの次《つぎ》の行《ぎょう》に示《しめ》してあることわざと、二通《ふたとお》りの読《よ》み方《かた》があることわざの左側《ひだりがわ》の読《よ》み方《かた》を集《あつ》めて、あいうえお順《じゅん》に並《なら》べました。調《しら》べたいことわざが見出《みだ》しの中《なか》になかったら、このページもひいてみてください。それぞれのことわざの下《した》にある数字《すうじ》が、のっているページ数《すう》をあらわしています。

## おうちの方へ

本書は、小学生向けに作られたことわざ辞典です。ことわざだけでなく、慣用句・故事成語・四字熟語も合わせて収録し、日常生活の中で接する機会の多い、こうした慣用表現に親しんでもらえるように工夫してあります。

**収録語句**　児童が日常的に読んだり聞いたりする機会の多い、ことわざ・慣用句・故事成語・四字熟語の四種類の慣用表現を約1,100項目精選し、五十音順(あいうえお順)に収録しました。同じ意味で複数の表現がある語句については、合わせて示しています。見出し項目はページ右と中央に整然と配置されており、調べたい語句がすぐに見つかる紙面になっています。

**漢字表記**　原則として、小学六年生までに習う漢字だけを使用しています。ただし、見出し項目の中で、ひらがな表記ではわかりにくいと思われるものについては、それ以外の漢字(常用漢字表にない漢字も含む)で表記しています。また本文では、原則としてすべての漢字にふりがなをふりました。見出し項目の中で、読み方が二通りあるものについては、漢字の左右にふりがなをふってあります。

**語句の分類について**　ことわざと慣用句、故事成語は古くから多くの人々によって用いられてきたため、その区別については必ずしも明確ではありません。本書では、明らかに判断できるもののみを慣用句とし、また、古典に根拠を求めることができるもののみを故事成語としました。

**語釈**　それぞれの語句の意味をよく理解してもらうために、実際の会話や文章での使用を念頭に置いて、平易かつ簡潔に説明しました。複数の意味を持つ語句については、それらを並べて記載しました。

**参考**　見出しの語句についてより深く理解してもらうために、語句の由来や、児童にとってなじみがうすいと思われる単語についての解説を示しました。また、実際に会話や文章の中で使う時に注意すべき点についても説明してあります。

**さくいん**　単に五十音順から調べるほかにも、児童自身がさまざまな視点から、多くの慣用表現に対して理解を深めることができるように、巻末には多彩なさくいんを配しました。「ものの名前がはいったことわざ」では、体の部分や生き物の名前など、身近な名詞を、「動きやようすをあらわすことばがはいったことわざ」では、「言う」・「聞く」や、「熱い」・「高い」など、主に身近な動詞・形容詞を集め、それらを含む語句をまとめて示してあります。また、「にた意味のことわざ」では、本書に収録されている語句を、「いそがしい」・「おこる」など、表している意味によって大まかに分類しました。本文と合わせてこれらのさくいんを利用することで、同じ単語を含む語句や、似た意味を持つ語句と反対の意味を持つ語句など、複数の慣用表現を系統立てて理解することができます。

**ほかのいい方でのっていることわざ**　見出し語句と同じ意味を持つ別の表現として収録した語句と、二通りの読み方を紹介している語句をひとまとめにし、五十音順に示しました。表現や読み方が複数ある語句でも、簡単に調べることができます。

あ

## 愛想《あいそ》《あいそう》がいい

慣用句

相手《あいて》にあたえる感《かん》じのよい態度《たいど》や、話《はな》し方《かた》をする。

**使い方** 校長先生《こうちょうせんせい》は、だれに対《たい》しても愛想《あいそ》がいいので、みんなの人気者《にんきもの》だ。

**参考** 愛想《あいそ》は、相手《あいて》によい感《かん》じをあたえるようすという意味《いみ》。

## 愛想《あいそ》《あいそう》をつかす

慣用句

相手《あいて》の態度《たいど》にあきれて、相手《あいて》にするのがいやになる。

**使い方** いくら言《い》ってもいたずらをやめないので、愛想《あいそ》をつかした。

## 開《あ》いた口《くち》がふさがらない

ことわざ

おどろいたりあきれたりして、何《なに》も言《い》えなくなってしまう。

**使い方** 冬《ふゆ》なのにかき氷《ごおり》を食《た》べたいだなんて、開《あ》いた口《くち》がふさがらない。

**参考** びっくりして、口《くち》をぽかんと開《あ》けているようすから。

## 相《あい》づちを打《う》つ

慣用句

相手《あいて》の話《はなし》に合《あ》わせて、うなずいたり、賛成《さんせい》していることをあらわす短《みじか》いことばを言《い》う。

**使い方** 先生《せんせい》は、うまく相《あい》づちを打《う》ってくれるから話《はな》しやすい。

**参考** つちは、木《き》づちや金《かな》づちなどの、物《もの》をたたく道具《どうぐ》。かじ屋《や》が刀《かたな》を作《つく》るときに、ふたりで調子《ちょうし》を合《あ》わせて、つちでかわるがわる鉄《てつ》をたたく動《うご》きから。

## 阿《あ》吽《うん》の呼吸《こきゅう》

ことわざ

ふたり以上《いじょう》の人《ひと》が何《なに》かをするときに、おたがいの気持《きも》ちがぴったりと合《あ》っている。

**参考** 阿《あ》は、はく息《いき》。吽《うん》は、吸《す》う息《いき》をあらわす。

## 青菜《あおな》に塩《しお》

ことわざ

失敗《しっぱい》したりしかられたりして、急《きゅう》に元気《げんき》がなくなってしまう。

**使い方** 先生《せんせい》にしかられて、帰《かえ》り道《みち》の弟《おとうと》は青菜《あおな》に塩《しお》のようだった。

**参考** 青《あお》い野菜《やさい》の葉《は》に塩《しお》をかけると、しおれていくようすから。

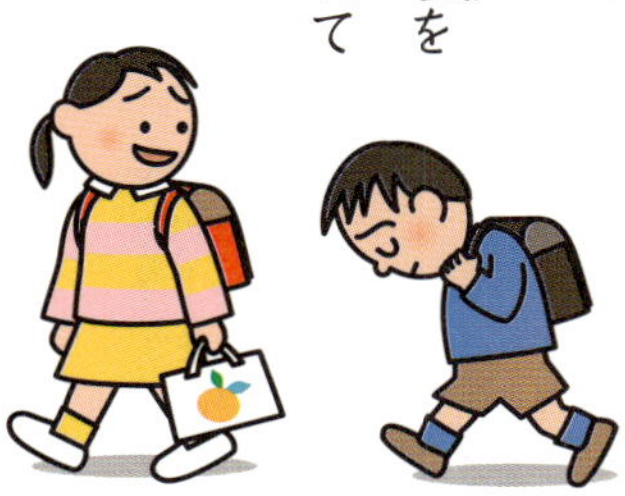

## 青《あお》は藍《あい》より出《い》でて藍《あい》よりも青《あお》し

故事成語

（＝出藍《しゅつらん》のほまれ）

教《おし》えてもらった生徒《せいと》が、教《おし》えてくれた先生《せんせい》よりもりっぱな人《ひと》になる。

**参考** 藍《あい》は、植物《しょくぶつ》の名前《なまえ》で、染《そ》め物《もの》の青《あお》い色《いろ》の原料《げんりょう》になる。染《そ》めた後《あと》の青《あお》い色《いろ》が、もとの藍《あい》の草《くさ》よりもきれいな色《いろ》になるということから。「出藍《しゅつらん》のほまれ」ともいう。出藍《しゅつらん》は、藍《あい》をもとにしているということ。ほまれは、名《めい》よ、よい評判《ひょうばん》という意味《いみ》。

## 赤子《あかご》の手《て》をひねる

慣用句

相手《あいて》をかんたんに負《ま》かしてしまえる。

**使い方** じゅう道二段《どうにだん》のおじいさんにとっては、ぼくをたおすなんて赤子《あかご》の手《て》をひねるようなものだ。

**参考** 赤子《あかご》は、赤《あか》ちゃんのことで、力《ちから》のないものや弱《よわ》いもののたとえ。

## 赤《あか》の他人《たにん》

慣用句

まったく自分《じぶん》に関係《かんけい》のない他人《たにん》。

**使い方** となりの家《いえ》は、うちと同《おな》じみょう字《じ》だけれど赤《あか》の他人《たにん》だ。

**参考** 赤《あか》は、あることばの前《まえ》につけて、まったくの、という意味《いみ》をあらわす。

ことわざ

## 秋《あき》の日《ひ》はつるべ落《お》とし

秋《あき》は太陽《たいよう》が急《きゅう》にしずんでしまうので、暗《くら》くなるのが早《はや》い。

参考 つるべは、なわなどで井戸《いど》につり下《さ》げてある、水《みず》をくむためのおけのこと。手《て》をはなすとまっさかさまに井戸《いど》に落《お》ちていくつるべのようすを、秋《あき》の太陽《たいよう》にたとえた。

故事成語

## 悪事千里《あくじせんり》を走《はし》る

（＝悪事千里《あくじせんり》を行《い》く）

悪《わる》いことをすると、いくらかくしてもそのうわさがすぐに広《ひろ》まってしまう。

参考 里《り》は、昔《むかし》の長《なが》さの単位《たんい》。千里《せんり》もはなれたとても遠《とお》い場所《ばしょ》にいる人《ひと》にまで、うわさが伝《つた》わるということから。「悪事《あくじ》千里《せんり》を行《い》く」ともいう。

四字熟語

## 悪戦苦闘《あくせんくとう》

強《つよ》い敵《てき》を相手《あいて》にして、がんばって力《ちから》を出《だ》して戦《たたか》う。

使い方 去年《きょねん》の優勝《ゆうしょう》チームを相手《あいて》に悪戦苦闘《あくせんくとう》したけれど、負《ま》けてしまった。

とても苦《くる》しみながらも、努力《どりょく》を続《つづ》ける。

使い方 一《いち》メートルもある船《ふね》の模型《もけい》を、悪戦苦闘《あくせんくとう》して組《く》み立《た》てた。

参考 悪戦《あくせん》は、勝《か》てそうにない戦《たたか》い。苦闘《くとう》は、苦《くる》しみながら戦《たたか》うこと。

ことわざ

## 悪銭身《あくせんみ》につかず

悪《わる》いことをして楽《らく》にもうけたお金《かね》は、大事《だいじ》だと思《おも》わないから、むだづかいしてすぐになくなってしまうものだ。

参考 悪銭《あくせん》は、人《ひと》からぬすんだり、だれかをだまして得《え》たお金《かね》。

慣用句

## あげ足《あし》を取《と》る

人《ひと》のちょっとしたまちがいなどを、いちいちからかったり責《せ》めたりする。

使い方 話《はなし》のあげ足《あし》を取《と》ってばかりいないで、ちゃんと聞《き》きなさい。

参考 相手《あいて》のあげた足《あし》を取《と》ってたおす、すもうのわざから。

## 挙句《あげく》の果《は》て

（＝揚句《あげく》の果《は》て）

慣用句

いろいろなことがあった後《あと》で、最後《さいご》に。結局《けっきょく》は。

使い方 時計《とけい》の修理《しゅうり》をたのんだら、何日《なんにち》も待《ま》たされて、挙句《あげく》の果《は》てに部品《ぶひん》がないので直《なお》せないと言《い》われた。

参考 挙句《あげく》は、連歌《れんが》（何人《なんにん》かでかわるがわる短歌《たんか》の句《く》をよんでいくもの）の最後《さいご》の句《く》。「揚句《あげく》の果《は》て」とも書《か》く。いろいろなことがあったが、結局《けっきょく》悪《わる》い結果《けっか》になってしまったという場合《ばあい》に使《つか》う。

## あごで使《つか》う

慣用句

周《まわ》りの人《ひと》にいばって命令《めいれい》して、何《なに》かをさせる。

使い方 班長《はんちょう》だからといって、班《はん》の人《ひと》をあごで使《つか》ってよいというわけではない。

参考 手《て》を使《つか》わずに、あごをつき出《だ》してあちこちを指《さ》すようすから。

## あごを出《だ》す

慣用句

ものすごくつかれてしまう。

使い方 頂上《ちょうじょう》はまだまだなのに、もうあごを出《だ》してしまった。

参考 歩《ある》きつかれると、足《あし》が前《まえ》に出《で》ないで、あごをつき出《だ》すようなかっこうになることから。

## 朝飯前《あさめしまえ》

慣用句

起《お》きてから朝《あさ》ごはんを食《た》べるまでの短《みじか》い時間《じかん》でもできるほど、かんたんだ。

使い方 毎日《まいにち》なわとびの練習《れんしゅう》をしているから、二重《にじゅう》とびなんて朝飯前《あさめしまえ》だ。

## 足《あし》が地《ち》につかない

慣用句

興奮《こうふん》などのために、落《お》ち着《つ》かない。

使い方 初《はじ》めての試合《しあい》で、まったく足《あし》が地《ち》につかず、失敗《しっぱい》ばかりだった。

参考 しっかりと地面《じめん》をふみしめて立《た》つことができないほどだということから。

## 足《あし》がつく

慣用句

何《なに》かの手《て》がかりから、犯人《はんにん》がわかる。にげたりかくれたりしていた人《ひと》のゆくえがわかる。

**使い方**

残《のこ》されていたボールから足《あし》がついて、窓《まど》ガラスを割《わ》った人《ひと》がわかった。

## 足《あし》が出《で》る

慣用句

思《おも》っていたよりも多《おお》くお金《かね》が必要《ひつよう》になって、足《た》りなくなる。

**使い方**

くつも本《ほん》も買《か》うと足《あし》が出《で》るので、どちらか片方《かたほう》でがまんしよう。

**参考**

足《あし》は、お金《かね》という意味《いみ》。

## 足《あし》がにぶる

慣用句

つかれて、歩《ある》くのがおそくなる。

**使い方**

お昼《ひる》が近《ちか》いので、おなかが減《へ》って足《あし》がにぶってきた。

行《い》かなければならないのに、行《い》きたくないと思《おも》う。

**使い方**

月曜日《げつようび》は、どうしても学校《がっこう》へ行《い》く足《あし》がにぶる。

## 足《あし》が棒《ぼう》になる

慣用句

長《なが》い時間歩《じかんある》き続《つづ》けたり、ずっと立《た》ちっぱなしでいたせいで、足《あし》がつかれて動《うご》かなくなる。

**使い方**

こわれた自転車《じてんしゃ》をおして帰《かえ》ってきたので、足《あし》が棒《ぼう》になった。

## 明日《あした》は明日《あした》の風《かぜ》がふく

ことわざ

これから先《さき》のことをあれこれ気《き》にしていても仕方《しかた》ないから、今《いま》のことだけを考《かんが》えていこうということ。

**参考**

あすになれば、きょうとは向《む》きも強《つよ》さもちがう風《かぜ》がふいてようすが変《か》わるので、あすのことはあすになってから考《かんが》えた方《ほう》がよいということから。

## 足手《あして》まとい

慣用句

何《なに》かをするときに、そばにいてじゃまになる。また、じゃまな人《ひと》。

**使い方**

きみのようなやる気《き》のない人《ひと》は、はっきり言《い》って足手《あして》まといだ。

**参考**

足《あし》や手《て》にまとわりつかれて、動《うご》きにくいということから。

## 足《あし》に任《まか》せる

慣用句

行《い》き先《さき》を決《き》めずに、気《き》が向《む》いたように歩《ある》く。

**使い方** おじいさんは、毎日《まいにち》足《あし》に任《まか》せて家《いえ》の近《ちか》くを散歩《さんぽ》している。

つかれて歩《ある》けなくなるまで歩《ある》き続《つづ》ける。

**使い方** きょうは日曜日《にちようび》だし、足《あし》に任《まか》せて行《い》けるところまで行《い》ってみようと思《おも》う。

## 足《あし》もとから鳥《とり》が立《た》つ

ことわざ

自分《じぶん》のすぐ近《ちか》くで、思《おも》いがけないことが急《きゅう》に起《お》こる。

**使い方** 足《あし》もとから鳥《とり》が立《た》つように、お父《とう》さんの転勤《てんきん》が決《き》まった。

急《きゅう》に思《おも》いついて何《なに》かをする。

**使い方** 忘《わす》れ物《もの》に気《き》がついて、足《あし》もとから鳥《とり》が立《た》つように家《いえ》へ引《ひ》き返《かえ》した。

**参考** 草《くさ》むらを歩《ある》いているときに、かくれていた鳥《とり》が足《あし》もとから急《きゅう》に飛《と》び立《た》っていくようすから。

## 足《あし》もとを見《み》る

ことわざ

相手《あいて》の弱《よわ》いところを見《み》つけて、それを利用《りよう》する。

**参考** 昔《むかし》、かご屋《や》（かごに人《ひと》を乗《の》せて目的地《もくてきち》まで走《はし》る仕事《しごと》）が、客《きゃく》の足《あし》もとを見《み》て、つかれていそうな人《ひと》には、高《たか》い料金《りょうきん》をはらわせようとしたことから。

## 足《あし》を洗《あら》う

慣用句

よくない仕事《しごと》をやめたり、暮《く》らしを改《あらた》めて、まじめになる。

**使い方** 夜《よ》ふかしをしてテレビばかり見《み》ている生活《せいかつ》からは足《あし》を洗《あら》おう。

**参考** きれいな場所《ばしょ》を歩《ある》くために、よごれてしまった足《あし》を洗《あら》うということから。

## 足《あし》をうばわれる

慣用句

乗《の》り物《もの》が止《と》まってしまい、それを使《つか》って移動《いどう》することができなくなる。

**使い方** 事故《じこ》で電車《でんしゃ》が止《と》まってしまい、家《いえ》に帰《かえ》るための足《あし》をうばわれた。

**参考** 足《あし》は、移動《いどう》するための方法《ほうほう》という意味《いみ》。

## 味《あじ》をしめる

慣用句

一度《いちど》うまくいったので、同《おな》じことをやればまたうまくいくだろうと思《おも》う。

**使い方** お父《とう》さんは、一度《いちど》宝《たから》くじが当《あ》たったのに味《あじ》をしめて、今《こん》度《ど》は二十枚《にじゅうまい》も買《か》ってきた。

## 足《あし》を延《の》ばす

慣用句

もともと予定《よてい》していた場所《ばしょ》よりも、もっと遠《とお》くまで行《い》く。

**使い方** 近《ちか》くへ来《く》る用事《ようじ》があったら、足《あし》を延《の》ばしてぼくの家《いえ》にも寄《よ》ってください。

## 足《あし》を運《はこ》ぶ

慣用句

用事《ようじ》があって出《で》かけていく。

**使い方** おばあさんのお見《み》まいのために、病院《びょういん》に足《あし》を運《はこ》ぶ。

## 足《あし》を引《ひ》っ張《ぱ》る

慣用句

ほかの人《ひと》が成功《せいこう》するのをじゃまする。みんなで何《なに》かをするとき、そのじゃまになるようなことをする。

**使い方** リレーでバトンを落《お》として、みんなの足《あし》を引《ひ》っ張《ぱ》ってしまった。

## 頭《あたま》が上《あ》がらない

慣用句

お世話《せわ》になった人《ひと》や、自分《じぶん》の弱《よわ》いところを知《し》っている人《ひと》、自分《じぶん》より地位《ちい》が上《うえ》である人《ひと》などと、対等《たいとう》につき合《あ》うことができない。

**使い方** お父《とう》さんは、小学校《しょうがっこう》のときの先生《せんせい》には今《いま》でも頭《あたま》が上《あ》がらないそうだ。

**参考** その人《ひと》に対《たい》しては、頭《あたま》を上《あ》げて向《む》き合《あ》うことができないということから。

## 頭《あたま》が痛《いた》い

慣用句

心配《しんぱい》ごとや解決《かいけつ》できない問題《もんだい》があって、なやんでいる。

**使い方** 夏休《なつやす》みが終《お》わりそうなのに、宿題《しゅくだい》がたくさん残《のこ》っていて頭《あたま》が痛《いた》い。

## 頭《あたま》が固《かた》い

慣用句

一《ひと》つの考《かんが》え方《かた》や見方《みかた》だけしかできず、いろいろな考《かんが》え方《かた》や見方《みかた》ができない。

**使い方** お母《かあ》さんは頭《あたま》が固《かた》いので、わたしの意《い》見《けん》を聞《き》いてくれない。

## 頭《あたま》が切《き》れる

慣用句

頭《あたま》がよく、いろいろな物《もの》ごとに対《たい》して、すばやく正《ただ》しい判断《はんだん》ができる。

**使い方** お姉《ねえ》さんはとても頭《あたま》が切《き》れるので、ぼくが口《くち》ではうまく言《い》えないことでも、すぐにわかってくれる。

## 頭《あたま》かくして尻《しり》かくさず

ことわざ

自分《じぶん》では全部《ぜんぶ》をうまくかくしたつもりになっているが、じっさいには、かくしきれていない部分《ぶぶん》がある。

**参考** きじは、首《くび》を草《くさ》むらにかくしてしまうと、しっぽが丸見《まるみ》えでも平気《へいき》なことから。

## 頭《あたま》が下《さ》がる

慣用句

だれかのすることがとてもりっぱだと思《おも》って、その人《ひと》のことを尊敬《そんけい》する気持《きも》ちになる。

**使い方** 毎朝早《まいあさはや》く来《き》てうさぎの世話《せわ》をしているあの子《こ》には、本当《ほんとう》に頭《あたま》が下《さ》がる。

## 頭《あたま》の上《うえ》のはえを追《お》え

（＝おのれの頭《あたま》のはえを追《お》え）

ことわざ

ほかの人《ひと》におせっかいを焼《や》く前《まえ》に、まずは自分《じぶん》のやるべきことを、きちんとやりなさいということ。

**参考** ほかの人《ひと》のところを飛《と》んでいるはえを追《お》いはらう前《まえ》に、自分《じぶん》の頭《あたま》の上《うえ》を飛《と》んでいるはえを追《お》いはらいなさいということから。「おのれの頭《あたま》のはえを追《お》え」ともいう。

## 頭《あたま》をかかえる

慣用句

どうすればいいかわからず、困《こま》ってしまって、考《かんが》えこむ。

使い方

みんなが本《ほん》を返《かえ》す日《ひ》にちを守《まも》らないので、図書委員《としょいいん》は頭《あたま》をかかえている。

## 頭《あたま》をかく

慣用句

人《ひと》の前《まえ》で照《て》れたり、困《こま》ったりする。

使い方

お兄《にい》さんは、みんなの前《まえ》で手品《てじな》をやろうとして失敗《しっぱい》してしまい、頭《あたま》をかいている。

## 頭《あたま》をひねる

慣用句

難《むずか》しい問題《もんだい》をがんばって考《かんが》える。うまいやり方《かた》を、いろいろとくふうする。

使い方

弟《おとうと》は、友《とも》だちからなぞなぞを出《だ》されて頭《あたま》をひねっていた。

参考

考《かんが》えこむときには、首《くび》をかたむけてひねるようにすることから。

## 頭《あたま》を冷《ひ》やす

慣用句

おこったり、興奮《こうふん》している気持《きも》ちを静《しず》めて、落《お》ち着《つ》く。

使い方

弟《おとうと》とけんかしてしまったけれど、ちょっと頭《あたま》を冷《ひ》やしたら、ぼくの方《ほう》が悪《わる》かったという気《き》がしてきた。

## 頭《あたま》をもたげる

慣用句

今《いま》までもっていなかった考《かんが》えなどが思《おも》いうかぶ。

使い方

道《みち》に迷《まよ》ったかもしれないという不安《ふあん》が頭《あたま》をもたげてきた。

力《ちから》がついたために、今《いま》まで目立《めだ》たなかったものが、目立《めだ》つようになる。

使い方

がんばって勉強《べんきょう》した人《ひと》たちが、だんだん頭《あたま》をもたげてきた。

参考

もたげるは、持《も》ち上《あ》げるという意味《いみ》。

## 当《あ》たるも八卦《はっけ》 当《あ》たらぬも八卦《はっけ》

ことわざ

うらないというのは、当《あ》たったり当《あ》たらなかったりするものなので、あまり気《き》にしない方《ほう》がよい。また、そのような気持《きも》ちで物《もの》ごとをためしてみたら、うまくいくかもしれない。

**参考** 八卦《はっけ》は、うらないのこと。

## あっけに取《と》られる

慣用句

思《おも》いがけないことがあって、おどろいてあきれる。

**使い方** 授業中《じゅぎょうちゅう》に、先生《せんせい》が急《きゅう》に大《おお》きな声《こえ》を出《だ》したので、ぼくらはあっけに取《と》られてしまった。

## 暑《あつ》さ寒《さむ》さも彼岸《ひがん》まで

ことわざ

夏《なつ》の暑《あつ》さは秋《あき》の彼岸《ひがん》のころにはやわらいで、すずしくなるし、冬《ふゆ》の寒《さむ》さは春《はる》の彼岸《ひがん》のころにはおとろえて、暖《あたた》かくなる。

**参考** 彼岸《ひがん》は、春《はる》と秋《あき》の年二回《ねんにかい》、それぞれ春《しゅん》分《ぶん》の日《ひ》と秋分《しゅうぶん》の日《ひ》を真《ま》ん中《なか》にした七日《なのか》間《かん》のことで、仏教《ぶっきょう》で、祖先《そせん》をまつる期《き》間《かん》とされている。

## あつものにこりて なますをふく

故事成語

一度失敗《いちどしっぱい》してこりたために、必要以上《ひつよういじょう》に用心《ようじん》する。

**参考** あつものは、肉《にく》や野菜《やさい》の入《はい》った熱《あつ》い吸《す》い物《もの》のこと。なますは、魚《さかな》や肉《にく》を細《こま》かく切《き》った料理《りょうり》。熱《あつ》いしるで口《くち》にやけどをした人《ひと》が、それにこりて、冷《つめ》たい料《りょう》理《り》までふうふうとふいて冷《さ》まそうとしたという中国《ちゅうごく》の話《はなし》から。

## 後足《あとあし》で砂《すな》をかける

慣用句

お世話《せわ》になったことに感謝《かんしゃ》しないどころか、かえってめいわくをかけるようなことをしていなくなる。

**使い方** そうじを手伝《てつだ》ってくれた友《とも》だちの悪口《わるくち》を言《い》うなんて、後足《あとあし》で砂《すな》をかけるようなものだ。

**参考** 犬《いぬ》などが走《はし》っていくとき、砂《すな》を後《うし》ろ向《む》きにけり出《だ》すようすから。

## 後《あと》の祭《まつ》り

慣用句

物《もの》ごとが終《お》わってしまってから、そのために何《なに》かをしたり考《かんが》えたりしても、もうおそくて役《やく》に立《た》たない。

**使い方** ねぼうしてから早《はや》くねればよかったと思《おも》っても、後《あと》の祭《まつ》りだ。

**参考** お祭《まつ》りが終《お》わってしまった後《あと》では、みこしなどの道具《どうぐ》も役《やく》に立《た》たないということから。

## 後《あと》は野《の》となれ山《やま》となれ

ことわざ

今《いま》さえよければ、その後《あと》はどうなってもかまわない。

**使い方** この宿題《しゅくだい》さえ終《お》われば、後《あと》は野《の》となれ山《やま》となれだ。

**参考** 今《いま》だけ町《まち》が栄《さか》えていれば、その後《あと》に町《まち》があれ果《は》てて野原《のはら》になったり、山《やま》になったりしてもかまわないという意味《いみ》。

## 後《あと》を引《ひ》く

慣用句

物《もの》ごとのえいきょうが、いつまでも続《つづ》いて、なかなか終《お》わらない。

**使い方** サッカーの試合《しあい》で負《ま》けたことが後《あと》を引《ひ》いて、弟《おとうと》は三日《みっか》たっても元気《げんき》がないままだ。

## 穴《あな》があったら入《はい》りたい

慣用句

とてもはずかしくてたまらない。

**使い方** みんなの前《まえ》で大《おお》きなおならをしてしまい、穴《あな》があったら入《はい》りたかった。

**参考** 穴《あな》の中《なか》に入《はい》って、かくれてしまいたいほどはずかしいということから。

## あばたもえくぼ

ことわざ

自分《じぶん》の好《す》きな人《ひと》や、気《き》に入《い》っているものならば、欠点《けってん》や悪《わる》いところでも、よいところに思《おも》えるものだ。

**参考** あばたは、天然《てんねん》とうという病気《びょうき》にかかった人《ひと》の顔《かお》に残《のこ》るあと。自分《じぶん》の好《す》きな相手《あいて》ならば、あばたでさえもえくぼのように見《み》えて、かわいらしいと感《かん》じるということから。

## 危《あぶ》ない橋《はし》をわたる

ことわざ

ある目的《もくてき》のために、危《あぶ》ないだろうとわかっていることを、わざとする。

**使い方** 成功《せいこう》するためには、危《あぶ》ない橋《はし》をわたることも必要《ひつよう》だ。

**参考** くずれてしまいそうな橋《はし》をわたるという意味《いみ》。

## あぶはちとらず

ことわざ

二《ふた》つのものを同時《どうじ》に得《え》ようとして、結局《けっきょく》どちらも得《え》られない。欲《よく》ばりすぎてはうまくいかない。

**参考** くもが、巣《す》にかかったあぶとはちを同時《どうじ》にとろうとしたが、どちらもとれなかったということから。

## 油《あぶら》を売《う》る

慣用句

むだなおしゃべりなどをして時間《じかん》をつぶし、仕事《しごと》をなまける。

**使い方** お使《つか》いに一時間《いちじかん》もかかるなんて、どこで油《あぶら》を売《う》っていたんだろう。

**参考** 昔《むかし》、かみの毛《け》につける油《あぶら》を売《う》る商人《しょうにん》が、お客《きゃく》さんと世間話《せけんばなし》をしながら商売《しょうばい》していたことから。

## 油《あぶら》をしぼる

慣用句

失敗《しっぱい》や悪《わる》いところについて、きびしくしかる。

**使い方** ふざけていて水《みず》の入《はい》ったバケツを引《ひ》っくりかえしてしまい、先生《せんせい》に油《あぶら》をしぼられた。

**参考** 大豆《だいず》やごまから油《あぶら》をとるとき、きつくしぼりとることから。

## 雨垂《あまだ》れ石《いし》をうがつ

ことわざ

わずかな力《ちから》しかなくても、ねばり強《づよ》く続《つづ》けていれば、いつかは成功《せいこう》する。

**参考** 雨垂《あまだ》れは、雨《あめ》のしずく。うがつは、穴《あな》をあけること。雨《あめ》のしずく一《ひと》つぶずつの力《ちから》は弱《よわ》いけれど、長《なが》い間《あいだ》同《おな》じ場所《ばしょ》に落《お》ち続《つづ》ければ、石《いし》にも穴《あな》をあけてしまうということから。

## 雨《あめ》降《ふ》って地《じ》固《かた》まる

ことわざ

うまくいかないことやもめごとがあったが、そのおかげで、かえって前《まえ》よりもよい状態《じょうたい》になる。

**参考** 雨《あめ》が降《ふ》ると地面《じめん》はぬかるんでしまうが、雨《あめ》があがってかわくと、前《まえ》よりも固《かた》くなるということから。

## あわを食《く》う

慣用句

おどろいて、とてもあわててしまう。

**使い方** のんびり朝《あさ》ごはんを食《た》べていたら、時《と》計《けい》が止《と》まっていることに気《き》がついて、あわを食《く》った。

## 案《あん》ずるより産《う》むがやすい

ことわざ

物《もの》ごとをする前《まえ》には、あれこれと考《かんが》えたりなやんだりしてしまうが、やってみると、思《おも》っていたよりもかんたんにできるものだ。

**参考** 案《あん》ずるは、心配《しんぱい》すること。やすいは、かんたんであるということ。赤《あか》ちゃんを産《う》むことは、産《う》んだことのない人《ひと》が思《おも》っているよりもかんたんであるということから。

# い

## 言《い》うはやすく行《おこな》うはかたし

故事成語

物《もの》ごとを口《くち》で言《い》うのはかんたんだが、それをじっさいにやるのは難《むずか》しい。

**使い方** 早起《はやお》きしてジョギングすると言《い》ってみたけれど、言《い》うはやすく行《おこな》うはかたしで、三日《みっか》も続《つづ》かなかった。

**参考** やすくは、かんたん、かたしは、難《むずか》しいという意味《いみ》。

## 生《い》き馬《うま》の目《め》をぬく

ことわざ

動《うご》きがとてもすばやかったり、人《ひと》をだましたりするずるがしこさがあって、油断《ゆだん》できない。

**使い方** 都会《とかい》の生活《せいかつ》は、生《い》き馬《うま》の目《め》をぬくようでつかれる。

**参考** 生《い》きて動《うご》いている馬《うま》の目《め》をくりぬいてしまえるほどすばやいということから。

## 息《いき》が合《あ》う

（＝呼吸《こきゅう》が合《あ》う）

慣用句

ふたり、または何人《なんにん》かで一《ひと》つのことをやるときに、その人《ひと》たちの気持《きも》ちや、動《うご》きなどがよく合《あ》う。

**使い方** むかで競走《きょうそう》に勝《か》つためには、チーム全《ぜん》員《いん》の息《いき》が合《あ》わないといけない。

**参考** 息《いき》は、調子《ちょうし》や気持《きも》ちという意味《いみ》。「呼《こ》吸《きゅう》が合《あ》う」ともいう。

## 息《いき》が切《き》れる

慣用句

やる気《き》がなくなったり、つかれたりして、やっていたことがとちゅうで続《つづ》けられなくなる。

**使い方** 冬休《ふゆやす》みの宿題《しゅくだい》を一日《いちにち》で終《お》わらせようと思《おも》ったけれど、午前中《ごぜんちゅう》で息《いき》が切《き》れてしまった。

**参考** 息《いき》が続《つづ》かなくて、呼吸《こきゅう》が苦《くる》しくなるということから。

## 意《い》気《き》投合《とうごう》

四字熟語

おたがいの気持《きも》ちや考《かんが》え方《かた》が、ぴったりと合《あ》う。

**使い方** 同《おな》じチームのファンだったので、転校《てんこう》生《せい》とすぐに意気投合《いきとうごう》した。

**参考** 投合《とうごう》は、ぴったり合《あ》うという意味《いみ》。

## 息《いき》の根《ね》を止《と》める

慣用句

命《いのち》をうばう。二度《にど》と立《た》ち直《なお》れないように、ひどくやっつける。

**使い方** 九回《きゅうかい》の満《まん》るいホームランで、ぼくたちのチームは息《いき》の根《ね》を止《と》められた。

**参考** 息《いき》の根《ね》は、息《いき》をするもとのところという意味《いみ》。

## 息《いき》を殺《ころ》す

(＝息《いき》をこらす)

慣用句

静《しず》かに息《いき》をして、じっと待《ま》っている。

**使い方** ちょうがにげてしまわないように、息《いき》を殺《ころ》して見《み》ていた。

**参考** 「息《いき》をこらす」ともいう。

## 息《いき》をのむ

慣用句

思《おも》いがけない物《もの》ごとに、息《いき》が止《と》まるくらいおどろく。

**使い方** 山《やま》の頂上《ちょうじょう》から見《み》る風景《ふうけい》は、息《いき》をのむほどの美《うつく》しさだった。

## 息《いき》をはずませる

慣用句

運動《うんどう》した後《あと》や、興奮《こうふん》しているときなどに、はあはあと激《はげ》しく息《いき》をしている。

**使い方** 昼休《ひるやす》みが終《お》わると、校庭《こうてい》で遊《あそ》んでいた人《ひと》たちが、息《いき》をはずませて教室《きょうしつ》にもどってくる。

## 異口同音《いくどうおん》

四字熟語

たくさんの人《ひと》が、一《ひと》つのことについて同《おな》じように言《い》う。たくさんの人《ひと》の意見《いけん》や考《かんが》えが同《おな》じである。

**使い方** わたしがクラスの中《なか》でいちばん字《じ》がきれいだと、みんなが異口同音《いくどうおん》に言《い》ってくれる。

**参考** 異口《いく》は、ちがう口《くち》という意味《いみ》。ちがう口《くち》から同《おな》じ音《おと》がするということから。

## 石《いし》にかじりついても

慣用句

何《なに》かをやりとげるために、どんなに苦《くる》しくてもがんばる。

**使い方** 石《いし》にかじりついても、今度《こんど》のテストでは百点《ひゃくてん》をとる。

## 石《いし》の上《うえ》にも三年《さんねん》

ことわざ

どんなに大変《たいへん》なことでも、がまん強《づよ》く努力《どりょく》すれば、いつかはうまくいく。

**参考** 冷《つめ》たい石《いし》の上《うえ》でも、三年《さんねん》もすわり続《つづ》ければ暖《あたた》まるということから。

## 石橋《いしばし》をたたいてわたる

ことわざ

とても用心深《ようじんぶか》く、よく確《たし》かめてから行動《こうどう》する。

**参考** 石《いし》でできたじょうぶな橋《はし》なのに、たたいてみてくずれないかどうかを確《たし》かめてからでないとわたらないということから。用心深《ようじんぶか》すぎることをからかう意味《いみ》でも使《つか》う。

## 医者《いしゃ》の不養生《ふようじょう》

ことわざ

人《ひと》にはりっぱなことを言《い》っているのに、自分《じぶん》ではそれを実行《じっこう》していない。

**参考** 養生《ようじょう》は、健康《けんこう》に気《き》をつけることで、不《ふ》養生《ようじょう》は、それをしていないという意味《いみ》。かん者《じゃ》には健康《けんこう》に気《き》をつけなさい、と言《い》っている医者《いしゃ》が、自分《じぶん》の健康《けんこう》にはあまり気《き》をつけていないことがあるということから。

## 意地《いじ》を張《は》る

慣用句

人《ひと》の言《い》うことを聞《き》かず、自分《じぶん》の考《かんが》えややり方《かた》を変《か》えずに通《とお》そうとする。

**使い方** 意地《いじ》を張《は》っていないで、仲直《なかなお》りした方《ほう》がいいよ。

## 以心伝心《いしんでんしん》

四字熟語

口《くち》で言《い》わなくても、おたがいに考《かんが》えや気持《きも》ちが伝《つた》わる。

**使い方** お母《かあ》さんには、以心伝心《いしんでんしん》でぼくの食《た》べたい物《もの》がわかる。

**参考** もとは、仏教《ぶっきょう》の教《おし》えで、ことばや文字《もじ》ではあらわせない重要《じゅうよう》なことを心《こころ》から心《こころ》へ伝《つた》えることをいう。

## 急《いそ》がば回《まわ》れ

ことわざ

何《なに》かを行《おこな》うときには、あせってやるよりも、落《お》ち着《つ》いてゆっくりやった方《ほう》が、かえって早《はや》くできる。

**参考** もとは、急《いそ》いでどこかに行《い》きたいときは、危《あぶ》ない近道《ちかみち》を通《とお》るよりも、遠回《とおまわ》りになっても安全《あんぜん》な道《みち》で行《い》った方《ほう》が、かえって早《はや》く着《つ》くという意味《いみ》。

## 痛《いた》くもかゆくもない

慣用句

じゃまになるようなことがあったり、悪口《わるくち》を言《い》われたりしても、まったく困《こま》らないので、何《なん》とも思《おも》わない。

**使い方** あしたの体育《たいいく》の時間《じかん》は、体育館《たいいくかん》でバスケットボールをするので、雨《あめ》が降《ふ》っても痛《いた》くもかゆくもない。

## 痛《いた》しかゆし

慣用句

二《ふた》つの物《もの》ごとがあって、一方《いっぽう》がうまくいくと、もう一方《いっぽう》がうまくいかないので、困《こま》ってしまう。

**使い方** 試合《しあい》に勝《か》ち続《つづ》けるのはうれしいけれど、練習《れんしゅう》もしなければならないので、痛《いた》しかゆしだ。

**参考** 治《なお》りかけた傷口《きずぐち》は、かけば痛《いた》いし、かかなければかゆいということから。

## いたちごっこ

慣用句

おたがいに何回《なんかい》も同《おな》じことをくりかえすだけで、きりがない。

**使い方** ぼくが部屋《へや》をそうじしたと思《おも》ったら、すぐにまた弟《おとうと》が散《ち》らかしてしまう。これではいたちごっこだ。

**参考** ふたりがおたがいに相手《あいて》の手《て》のこうをつねって、「いたちごっこ」「ねずみごっこ」と言《い》いながら手《て》をだんだん高《たか》く重《かさ》ねていく遊《あそ》びから。

## 板《いた》につく

慣用句

ある物《もの》ごとになれて、そのことをしているのがよく似合《にあ》っている。

**使い方** 三《さん》か月《げつ》たって、やっと学級委員《がっきゅういいん》ぶりが板《いた》についてきたと自分《じぶん》でも思《おも》う。

**参考** 板《いた》は、板張《いたば》りのぶたいのこと。役者《やくしゃ》がぶたいになれて、役《やく》をうまく演《えん》じられるようになるということから。

## 至《いた》れりつくせり

慣用句

相手《あいて》に対《たい》して、これ以上《いじょう》ないというくらい細《こま》かいところまで気《き》をつかって世《せ》話《わ》をする。

**使い方** おばあさんの家《いえ》で、ぼくたちは至《いた》れりつくせりのもてなしを受《う》けた。

**参考** 至《いた》れりは、行《い》き届《とど》いて、つくせりは、やりつくして、という意味《いみ》。

## 一《いち》か八《ばち》か

ことわざ

うまくいくかどうかわからないことを、思《おも》い切《き》ってやってみる。

**使い方** 入《はい》るかどうかわからないけれど、一《いち》か八《ばち》かシュートしてみよう。

**参考** もとは、かけごとで使《つか》うことば。

## 一《いち》から十《じゅう》まで

慣用句

始《はじ》めから終《お》わりまで、すべて。

**使い方** テニスのルールを、一《いち》から十《じゅう》まで教《おし》えてもらった。

## 一《いち》期《ご》一《いち》会《え》

四字熟語

ある人《ひと》やできごととの出会《であ》いは一生《いっしょう》に一度《いちど》だけかもしれないので、もう二度《にど》と会《あ》えないつもりで、その出会《であ》いを大切《たいせつ》にしなければならない。

**使い方** 一期一会《いちごいちえ》だと思《おも》って、旅行先《りょこうさき》で会《あ》った人《ひと》と仲《なか》よく話《はなし》をした。

**参考** 一期《いちご》は、一生《いっしょう》という意味《いみ》。もとは茶道《さどう》のことばで、同《おな》じお茶《ちゃ》の会《かい》は二度《にど》とないと思《おも》って、いつでもまごころをこめた会《かい》にしなければならないということ。

## 一《いち》事《じ》が万《ばん》事《じ》

慣用句

ある一《ひと》つのことだけが特別《とくべつ》にそうなのではなく、ほかのこともだいたい同《おな》じようすだ。

**使い方** 弟《おとうと》は、よくズボンのチャックをあけたままでいるけれど、一事《いちじ》が万事《ばんじ》そのようにだらしない。

**参考** よくないところを一《ひと》つ見《み》て、ほかのところも悪《わる》いだろうと思《おも》ったときに使《つか》うことが多《おお》い。

## 一日《いちじつ》《いちにち》千秋《せんしゅう》

四字熟語

とても待《ま》ち遠《どお》しい。

**使い方** 新《あたら》しいゲームの発売日《はつばいび》を一日千秋《いちじつせんしゅう》の思《おも》いで待《ま》つ。

**参考** 千秋《せんしゅう》は、千回秋《せんかいあき》がやって来《く》ること、つまり千年《せんねん》をあらわす。一日《いちにち》が千年《せんねん》に思《おも》えるくらい待《ま》ち遠《どお》しいという意味《いみ》。

## 一日《いちじつ》の長《ちょう》

故事成語

能力《のうりょく》や技術《ぎじゅつ》、知識《ちしき》や経験《けいけん》などが、ほかの人《ひと》よりも少《すこ》しだけすぐれている。

**使い方** 体育《たいいく》はぼくの方《ほう》が得意《とくい》だけれど、歌《うた》のうまさではきみに一日《いちじつ》の長《ちょう》がある。

**参考** 一日早《いちにちはや》く生《う》まれて、少《すこ》しだけ年上《としうえ》であるということから。

## 一難《いちなん》去《さ》ってまた一難《いちなん》

ことわざ

よくないことが一《ひと》つ終《お》わって安心《あんしん》しているところへ、すぐに別《べつ》のよくないことが起《お》こってしまう。

**使い方** がけから落《お》ちて何《なん》とか助《たす》かったと思《おも》っていたら、一難去《いちなんさ》ってまた一難《いちなん》、今度《こんど》ははちに追《お》いかけられた。

## 一年《いちねん》の計《けい》は元旦《がんたん》にあり

ことわざ

物《もの》ごとをするときには、まず始《はじ》めにきちんと計画《けいかく》を立《た》ててからにしなければならない。物《もの》ごとは始《はじ》めが大切《たいせつ》である。

**参考** もともとは、「一日《いちにち》の計《けい》は朝《あさ》にあり、一《いち》年《ねん》の計《けい》は元旦《がんたん》にあり」ということばで、一日《いちにち》の計画《けいかく》は朝《あさ》、一年《いちねん》の計画《けいかく》は一月一日《いちがつついたち》の元旦《がんたん》に立《た》てるべきだ、という意味《いみ》。

## 一念発起《いちねんほっき》

四字熟語

あることをしようと固《かた》く心《こころ》に決《き》める。

**使い方** お父《とう》さんは、一念発起《いちねんほっき》して、朝《あさ》のジョギングを始《はじ》めた。

**参考** 一念《いちねん》は、一《ひと》つの思《おも》い。発起《ほっき》は、思《おも》いついて始《はじ》めること。もとは、仏教《ぶっきょう》のことばで、仏教《ぶっきょう》の道《みち》に入《はい》ろうと決心《けっしん》するという意味《いみ》。

## 一部始終《いちぶしじゅう》

四字熟語

始《はじ》めから終《お》わりまで全部《ぜんぶ》。

**使い方** ぼくはとなりの部屋《へや》で、弟《おとうと》がしかられている一部始終《いちぶしじゅう》を聞《き》いていた。

**参考** 一部《いちぶ》は、一冊《いっさつ》の本《ほん》。一冊《いっさつ》の本《ほん》の始《はじ》まりから終《お》わりまでということから。

## 一網打尽《いちもうだじん》

慣用句

敵《てき》や、悪人《あくにん》などのグループを一度《いちど》に全員《ぜんいん》つかまえる。

**使い方** どろぼうを待《ま》ちぶせして、一網打尽《いちもうだじん》にした。

**参考** 網《もう》は、魚《さかな》をとるあみのこと。一度《いちど》あみを投《な》げるだけで、魚《さかな》の群《む》れを一《いっ》ぴき残《のこ》らずつかまえるということから。

## 一目《いちもく》置《お》く

慣用句

ある人《ひと》のすぐれているところを知《し》っているので、その人《ひと》のことを尊敬《そんけい》する。

**使い方** あの店《みせ》のおじさんはもの知《し》りなので、町《まち》の人《ひと》たちも一目《いちもく》置《お》いている。

**参考** 目《もく》は囲《い》ごで、ご石《いし》を数《かぞ》えるときの単位《たんい》。囲《い》ごで、勝負《しょうぶ》を始《はじ》めるとき、弱《よわ》い方《ほう》の人《ひと》が先《さき》に黒《くろ》いご石《いし》を一《ひと》つ置《お》くことから。

## 一《いち》も二《に》もなく

慣用句

あれこれ反対《はんたい》せず、すぐに。

**使い方** 夕《ゆう》ごはんはすき焼《や》きにしようというお母《かあ》さんの意見《いけん》に、家族全員《かぞくぜんいん》が一《いち》も二《に》もなく賛成《さんせい》した。

**参考** ふつうは、一《ひと》つや二《ふた》つくらいは反対《はんたい》する意見《いけん》があるものだが、それがないということから。

## 一《いち》を聞《き》いて十《じゅう》を知《し》る

故事成語

とても頭《あたま》がよいので、すぐに物《もの》ごとがわかってしまう。

**参考** 一《ひと》つのことを聞《き》けば、そのことから十《じゅう》のことを知《し》ることができる。つまり、少《すこ》しのことを聞《き》いただけで、たくさんのことがわかるということから。

## 一攫千金《いっかくせんきん》

四字熟語

一度《いちど》にたくさんのお金《かね》を手《て》に入《い》れる。たいした仕事《しごと》もせずに、大《おお》もうけする。

**使い方** お父《とう》さんは、一攫千金《いっかくせんきん》を夢見《ゆめみ》て宝《たから》くじを買《か》い続《つづ》けている。

**参考** 一攫《いっかく》は、一《ひと》つかみということ。千金《せんきん》は、たくさんのお金《かね》という意味《いみ》。

## 一巻《いっかん》の終《お》わり

慣用句

続《つづ》いてきた物《もの》ごとが終《お》わる。また特《とく》に、死《し》んでしまうこと。

**使い方** 山道《やまみち》をひとりで歩《ある》いているときに、くまに出会《であ》ったら、一巻《いっかん》の終《お》わりだ。

**参考** 巻《かん》は、映画《えいが》のフィルムを数《かぞ》えるときの単位《たんい》。昔《むかし》、映画《えいが》に音《おと》がついていなかったころ、動《うご》く映像《えいぞう》に合《あ》わせてせりふを言《い》う係《かかり》の人《ひと》が、映画《えいが》が終《お》わると、このように言《い》ったことから。

## 一喜一憂《いっきいちゆう》

四字熟語

物《もの》ごとの全体《ぜんたい》のようすを考《かんが》えずに、小《ちい》さなできごとでいちいち喜《よろこ》んだり心配《しんぱい》したりする。

**使い方** テストの結果《けっか》に一喜《いっき》一憂《いちゆう》せず、毎日《まいにち》の授業《じゅぎょう》をしっかり聞《き》こう。

**参考** 憂《ゆう》は、心配《しんぱい》するという意味《いみ》。

## 一挙両得《いっきょりょうとく》

故事成語

一《ひと》つのことをすることで、同時《どうじ》に二《ふた》つのよい結果《けっか》を得《え》る。

**参考** 一挙《いっきょ》は、一《ひと》つの動作《どうさ》という意味《いみ》。

## 一刻千金《いっこくせんきん》

故事成語

楽《たの》しい時間《じかん》や、大切《たいせつ》なひとときは、あっという間《ま》に終《お》わってしまう。

**参考** 一刻《いっこく》は、わずかな時間《じかん》という意味《いみ》。千金《せんきん》は、たくさんのお金《かね》。ほんの少《すこ》しの時間《じかん》でも、たくさんのお金《かね》と同《おな》じくらいの価値《かち》があるということ。「春宵一刻直千金《しゅんしょういっこくあたいせんきん》（春《はる》の夜《よる》は短《みじか》いが、その価値《かち》は千金《せんきん》と同《おな》じほどだ）」という中国《ちゅうごく》の昔《むかし》の詩《し》の一節《いっせつ》から。

## 一刻《いっこく》を争《あらそ》う

慣用句

急《いそ》いで物《もの》ごとをしなければならないので、ほんの少《すこ》しの時間《じかん》でもむだにすることができない。

**使い方** 一刻《いっこく》を争《あらそ》って病院《びょういん》に向《む》かっている救急《きゅうきゅう》車《しゃ》には、ほかの車《くるま》は道《みち》をゆずらなければいけない。

## 一生懸命《いっしょうけんめい》

（＝一所懸命《いっしょけんめい》）

四字熟語

がんばって、熱心《ねっしん》に物《もの》ごとをする。

**使い方** もうすぐゴールだと思《おも》って、最後《さいご》の百《ひゃく》メートルを一生懸命《いっしょうけんめい》走《はし》った。

**参考** 「一所懸命《いっしょけんめい》」が、もともとのいい方《かた》。懸命《けんめい》は、命《いのち》をかけるという意味《いみ》。昔《むかし》、武士《ぶし》が主人《しゅじん》からもらった一《ひと》つの土地《とち》を命《いのち》をかけて守《まも》ったということから。

## 一矢《いっし》をむくいる

慣用句

相手《あいて》に激《はげ》しくせめられて、ひどく負《ま》けているときに、少《すこ》しだけやり返《かえ》す。

**使い方** ぼくのシュートで一矢《いっし》をむくいたけれど、結局《けっきょく》五対一《ごたいいち》で負《ま》けた。

**参考** 一矢《いっし》は、一本《いっぽん》の矢《や》。むくいるは、やり返《かえ》すこと。相手《あいて》に対《たい》して矢《や》を一本《いっぽん》だけ放《はな》ってやり返《かえ》すということから。

## 一進一退《いっしんいったい》

四字熟語

進《すす》んだり、もどったりする。また、病《びょう》気《き》、戦《たたか》いなどのようすが、よくなったり悪《わる》くなったりする。

**使い方** おじいさんの病気《びょうき》は一進一退《いっしんいったい》で、なかなかよくならないので心配《しんぱい》だ。

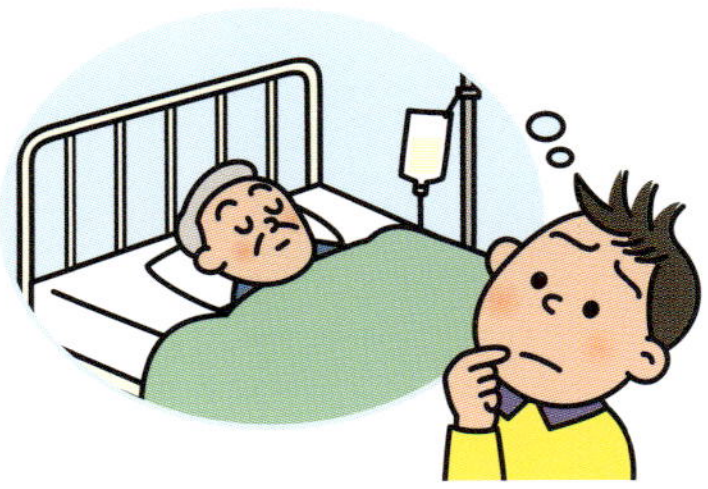

## 一心同体《いっしんどうたい》

四字熟語

何人《なんにん》かの人《ひと》が、心《こころ》を一《ひと》つにして、とても強《つよ》い結《むす》びつきでまとまっている。

**使い方**

ぼくたちの班《はん》は一心同体《いっしんどうたい》だから、ひとりがしかられたら、みんなの責任《せきにん》だ。

**参考**

一心《いっしん》は、心《こころ》を一《ひと》つにすること。同体《どうたい》は、一《ひと》つの体《からだ》のようになるということ。心《こころ》を一《ひと》つにして、まるでひとりの人間《にんげん》であるかのように、まとまるということから。

## 一心不乱《いっしんふらん》

四字熟語

一《ひと》つのことに集中《しゅうちゅう》して、ほかのことは考《かんが》えずに熱心《ねっしん》にやる。

**使い方**

弟《おとうと》は、学校《がっこう》から帰《かえ》ってきてからずっと、一心不乱《いっしんふらん》に本《ほん》を読《よ》んでいる。

**参考**

心《こころ》を一《ひと》つのことだけに向《む》けて、乱《みだ》されないということから。

## 一寸先《いっすんさき》はやみ

ことわざ

これから何《なに》が起《お》こるか、先《さき》のことはまったくわからない。

**参考**

寸《すん》は、昔《むかし》の長《なが》さの単位《たんい》で、一寸《いっすん》はとても短《みじか》いきょりであることのたとえ。ほんの少《すこ》し先《さき》でさえ、真《ま》っ暗《くら》やみで何《なに》も見《み》えないということから。

## 一寸《いっすん》の虫《むし》にも五分《ごぶ》のたましい

ことわざ

どんなに小《ちい》さいもの、弱《よわ》いものにもそれぞれ心《こころ》があり、意地《いじ》もあるので、ばかにしてはいけない。

**参考**

寸《すん》と分《ぶ》は、昔《むかし》の長《なが》さの単位《たんい》で、一寸《いっすん》はおよそ三《さん》センチ。五分《ごぶ》はその半分《はんぶん》。

## 一世一代《いっせいちだい》

慣用句

一生《いっしょう》のうちに、おそらくもう二度《にど》とできないだろうと思《おも》えるほどすばらしい。

**使い方**

一週間《いっしゅうかん》もかけて、一世一代《いっせいちだい》の作文《さくぶん》を書《か》いた。

## 一石二鳥《いっせきにちょう》

四字熟語

一《ひと》つのことをすることで、同時《どうじ》に二《ふた》つのよい結果《けっか》が得《え》られる。

**参考**

石《いし》を一《ひと》つ投《な》げただけで、二《に》わの鳥《とり》を落《お》とすということから。

## 一石《いっせき》を投《とう》じる

慣用句

何《なに》かを言《い》ったりやったりすることで、周《まわ》りの人《ひと》がある問題《もんだい》について考《かんが》えるようになるきっかけを作《つく》る。

**使い方** サッカー部《ぶ》だけが校庭《こうてい》を長《なが》い時間使《じかんつか》っているのは不公平《ふこうへい》だという意見《いけん》が、先生《せんせい》たちの間《あいだ》にも一石《いっせき》を投《とう》じた。

**参考** 静《しず》かな水面《すいめん》に石《いし》を投《な》げると、石《いし》が落《お》ちた場所《ばしょ》から、波《なみ》が輪《わ》をえがくように周《まわ》りに広《ひろ》がっていくようすから。

## 一朝一夕《いっちょういっせき》

故事成語

わずかな期間《きかん》。

**使い方** どんなスポーツでも、一朝一夕《いっちょういっせき》にうまくなれるわけがない。

**参考** 一回《いっかい》の朝《あさ》と一回《いっかい》の夜《よる》、一日《いちにち》か二日《ふつか》という意味《いみ》。

## 一長一短《いっちょういったん》

四字熟語

よいところもあるし悪《わる》いところもある。

**使い方** この二《ふた》つの図《ず》かんには、それぞれ一長《いっちょう》一短《いったん》があるので、どちらを買《か》おうかまよってしまう。

**参考** 長《ちょう》は長所《ちょうしょ》、短《たん》は短所《たんしょ》のこと。

## 一《いっ》ぱい食《く》わされる

慣用句

人《ひと》のうそやじょうだんをうっかり信《しん》じて、うまくだまされてしまう。

**使い方** 去年《きょねん》のエイプリルフールは、弟《おとうと》に一《いっ》ぱい食《く》わされてしまった。

## 犬《いぬ》の遠《とお》ぼえ

慣用句

弱《よわ》い人《ひと》が、強《つよ》い人《ひと》のいないところで、いばったり、その人《ひと》の悪口《わるくち》を言《い》ったりする。

**使い方** 試合《しあい》の後《あと》で、「本気《ほんき》を出《だ》せば負《ま》けなかった」なんて、犬《いぬ》の遠《とお》ぼえはみっともない。

**参考** おくびょうな犬《いぬ》は、自分《じぶん》より強《つよ》い相手《あいて》に対《たい》しては、遠《とお》くからほえることしかできないということから。

ことわざ

## 犬《いぬ》も歩《ある》けば棒《ぼう》に当《あ》たる

でしゃばったりすると、思《おも》いがけないよくないことがある。

何《なに》もしないでいるより、何《なに》か行動《こうどう》した方《ほう》が、思《おも》いがけないよいことがあるものだ。

**参考** もともとは、犬《いぬ》が出歩《であ》くと、棒《ぼう》でたたかれたりするので、用《よう》がないのならおとなしくしていた方《ほう》がよいという意味《いみ》のことばだったが、後《あと》から棒《ぼう》をよいものと考《かんが》え、何《なに》かよいことがあるかもしれないので、じっとしているよりは出《で》歩《ある》いた方《ほう》がよいという意味《いみ》にも使《つか》われるようになった。

慣用句

## 命《いのち》あっての物種《ものだね》

何《なに》ごとも、生《い》きているからこそできるのであって、死《し》んでしまったら何《なに》もできなくなってしまうのだから、命《いのち》は大《たい》切《せつ》だ。

**使い方** 命《いのち》あっての物種《ものだね》だから、ぼくは絶対《ぜったい》に信号《しんごう》を守《まも》っている。

**参考** 物種《ものだね》は、物《もの》ごとのもとになるもの。

慣用句

## 命《いのち》の洗《せん》たく

毎日《まいにち》の仕事《しごと》や苦労《くろう》からはなれて、のびのびと休《やす》みを楽《たの》しむ。

**使い方** お母《かあ》さんは、友《とも》だちと旅行《りょこう》をして、命《いのち》の洗《せん》たくができたようだ。

ことわざ

## 井《い》の中《なか》のかわず大海《たいかい》を知《し》らず

少《すく》ない知識《ちしき》やせまい考《かんが》えしかもっていないのに、得意《とくい》になっていて、広《ひろ》い世《よ》の中《なか》にはいろいろなことがあるのを知《し》らないでいる。

**参考** 井《い》は、水《みず》をくむ井戸《いど》、かわずは、かえるのこと。井戸《いど》の中《なか》にすんでいるかえるは、大《おお》きな海《うみ》があることを知《し》らないということから。

ことわざ

## 今《いま》泣《な》いたからすがもう笑《わら》う

ちょっと前《まえ》まで泣《な》いていた人《ひと》が、すぐに泣《な》きやんで笑《わら》っている。

**参考** 赤《あか》ちゃんや小《ちい》さい子《こ》どものきげんが変《か》わりやすいことをからかうことば。

## いものにえたもご存知《ぞんじ》ない

ことわざ

世《よ》の中《なか》のことや、当《あ》たり前《まえ》のことを知《し》らない。

**参考** いもがにえたのか、にえていないのかも区別《くべつ》できないということから。もとは、ふつうの人《ひと》の暮《く》らしぶりをよく知《し》らない、おひめ様《さま》をからかって言《い》ったことば。

## いもを洗《あら》うよう

慣用句

一《ひと》つの場所《ばしょ》にたくさんの人《ひと》が集《あつ》まって、とてもこみ合《あ》っている。

**使い方** 日曜日《にちようび》は、どこの遊園地《ゆうえんち》もいもを洗《あら》うような混雑《こんざつ》だ。

**参考** 水《みず》を入《い》れたおけの中《なか》にたくさんのいもを入《い》れて、かき回《まわ》してどろを洗《あら》い落《お》とすようすから。

## 色《いろ》を失《うしな》う

慣用句

思《おも》いがけないできごとにおどろいて、顔色《かおいろ》が悪《わる》くなる。青《あお》ざめる。

**使い方** 友《とも》だちがけがで入院《にゅういん》したと聞《き》いて、色《いろ》を失《うしな》った。

**参考** 色《いろ》は、顔色《かおいろ》のこと。

## いわしの頭《あたま》も信心《しんじん》から

ことわざ

どんなにつまらない物《もの》でも、それに何《なに》かの力《ちから》があると信《しん》じている人《ひと》にとっては、とても大事《だいじ》な物《もの》に思《おも》えるものだ。

**参考** 節分《せつぶん》の夜《よる》、いわしの頭《あたま》をひいらぎの木《き》の枝《えだ》にさして、家《いえ》の門《もん》の前《まえ》に置《お》くと、鬼《おに》を追《お》いはらうことができるという言《い》い伝《つた》えがある。

## 言《い》わぬが花《はな》

ことわざ

はっきり口《くち》に出《だ》して言《い》わない方《ほう》が、感《かん》じがよい。

**使い方** テストの点数《てんすう》がクラスで一番《いちばん》だったことは、言《い》わぬが花《はな》だ。

口《くち》に出《だ》すと具合《ぐあい》が悪《わる》いので、わざと言《い》わずにいる。

**使い方** お母《かあ》さんの新《あたら》しいかみ形《がた》は似合《にあ》わないと思《おも》うけれど、言《い》わぬが花《はな》だ。

**参考** 花《はな》は、ひかえ目《め》で感《かん》じのよいもの、美《うつく》しいもののたとえ。

# う

## 上《うえ》には上《うえ》がある

慣用句

これがいちばんだと思《おも》っていても、世《よ》の中《なか》は広《ひろ》いので、もっとすぐれているものがあるものだ。

**使い方** あんなに強《つよ》いチームが負《ま》けてしまうとは、上《うえ》には上《うえ》があるということだ。

## 魚心《うおごころ》あれば水心《みずごころ》

ことわざ

相手《あいて》が自分《じぶん》に親《した》しい気持《きも》ちをもってくれれば、こちらも相手《あいて》に親《した》しい気持《きも》ちをもつ。

**参考** もとは、「魚《うお》、心《こころ》あれば、水《みず》、心《こころ》あり」といい、魚《さかな》が水《みず》に親《した》しみをもてば、水《みず》も魚《さかな》に親《した》しみをもつという意味《いみ》。

## うき足立《あしだ》つ

慣用句

不安《ふあん》になって、そわそわと落《お》ち着《つ》きがなくなる。戦《たたか》いに負《ま》けそうになって弱《よわ》気《き》になる。

**使い方** 一点《いってん》取《と》られたけれど、まだ時間《じかん》はあるからうき足立《あしだ》ってはいけない。

**参考** つま先《さき》だけで立《た》って、しっかり地面《じめん》をふみしめていないということから。

## 烏合《うごう》の衆《しゅう》

故事成語

人数《にんずう》は多《おお》いが、まとまりがなく、役《やく》に立《た》たない集《あつ》まり。

**参考** 烏《う》は、からすのこと。衆《しゅう》は、人《ひと》の集《あつ》まり。からすの群《む》れは、まとまりがなく、うるさいだけであるということから。

## 雨後《うご》のたけのこ

ことわざ

同《おな》じようなものが、いくつも続《つづ》けてあらわれる。また、同《おな》じようなことが続《つづ》けて起《お》こる。

**使い方** 駅前《えきまえ》に、雨後《うご》のたけのこのようにお店《みせ》ができ始《はじ》めた。

**参考** 春《はる》、雨《あめ》が降《ふ》った後《あと》の竹《たけ》やぶに、たけのこが次《つぎ》から次《つぎ》へと生《は》えることから。

## 後《うし》ろがみを引《ひ》かれる

慣用句

気《き》になることがあって、それを忘《わす》れようとしても、なかなか忘《わす》れられない。

**使い方** ねる時間《じかん》になったので、後《うし》ろがみを引《ひ》かれる思《おも》いでテレビを消《け》した。

**参考** 後《うし》ろのかみの毛《け》を引《ひ》っぱられて、前《まえ》に進《すす》めないようだということから。

## 後《うし》ろ指《ゆび》をさされる

ことわざ

自分《じぶん》のいないところで、人《ひと》から悪口《わるくち》を言《い》われる。

**使い方** わたしは、絶対《ぜったい》に後《うし》ろ指《ゆび》をさされるようなことはしていない。

**参考** 自分《じぶん》には見《み》えない後《うし》ろ側《がわ》から、指《ゆび》さされているということから。

## うそから出《で》たまこと

ことわざ

だれかの言《い》ったうそが、ぐうぜん本当《ほんとう》になってしまう。

**使い方** 「今回《こんかい》のテストはたぶん百点《ひゃくてん》だよ」とじょうだんで言《い》っていたら、うそから出《で》たまことで本当《ほんとう》に百点《ひゃくてん》だった。

**参考** まことは、本当《ほんとう》のことという意味《いみ》。

## うそつきはどろぼうの始《はじ》まり

ことわざ

ちょっとしたことでも、一度《いちど》うそをつくと、だんだんと平気《へいき》でうそをつくようになって、そのうち人《ひと》から物《もの》をぬすむことも悪《わる》いと思《おも》わなくなる。

## うそ八百《はっぴゃく》

ことわざ

次《つぎ》から次《つぎ》へと、いくつも続《つづ》けてうそをつく。何《なに》もかもうそで、まったくのでたらめだ。

**使い方** 弟《おとうと》は、うそ八百《はっぴゃく》を並《なら》べて習《なら》いごとをずる休《やす》みしようとして、しかられた。

**参考** 八百《はっぴゃく》は、数《かず》がとても多《おお》いという意味《いみ》。

## うそも方便《ほうべん》

ことわざ

うそをつくのはよくないことだが、何《なに》かをうまくやるために、仕方《しかた》なくうそをつかなければならないこともある。

**使い方** おじいさんが入院《にゅういん》したとき、妹《いもうと》が心配《しんぱい》しないように、うそも方便《ほうべん》で、旅行《りょこう》に行《い》ったと言《い》っておいた。

**参考** 方便《ほうべん》は、ある目的《もくてき》のために、そのときにだけ使《つか》う方法《ほうほう》という意味《いみ》。

## うだつが上《あ》がらない

ことわざ

なかなかえらくならない。なかなか幸《しあわ》せになれない。

**参考** うだつは、家《いえ》の屋根《やね》の中心《ちゅうしん》にある大《おお》きな柱《はしら》を支《ささ》えている、短《みじか》い柱《はしら》。家《いえ》を建《た》てるとき、骨組《ほねぐ》みができて屋根《やね》を作《つく》り始《はじ》めることを「うだつが上《あ》がる」ということから。

## 内弁慶《うちべんけい》の外地蔵《そとじぞう》

ことわざ

家《いえ》の中《なか》ではいばっているが、外《そと》に出《で》るとおとなしい人《ひと》。

**参考** 弁慶《べんけい》は昔《むかし》の人《ひと》で、強《つよ》いことで有名《ゆうめい》な武蔵《むさし》坊弁慶《ぼうべんけい》のこと。地蔵《じぞう》は、おとなしい人《ひと》のたとえ。

## うつつをぬかす

慣用句

ほかのことを忘《わす》れるくらい、何《なに》かにむちゅうになる。

**使い方** テレビゲームにうつつをぬかしていると、成績《せいせき》が下《さ》がってしまう。

**参考** うつつは、落《お》ち着《つ》いてはっきりした気《き》持《も》ち。ぬかすは、失《うしな》うという意味《いみ》。特《とく》に、あまり役《やく》に立《た》たないことに熱中《ねっちゅう》するときに使《つか》う。

## 腕《うで》が上《あ》がる

慣用句

能力《のうりょく》や技術《ぎじゅつ》が、以前《いぜん》よりもよくなる。

**使い方** 一年間《いちねんかん》なまけずに道場《どうじょう》に通《かよ》ったので、だいぶけん道《どう》の腕《うで》が上《あ》がった。

**参考** 腕《うで》は、腕前《うでまえ》のこと。

## 腕《うで》が鳴《な》る

慣用句

自分《じぶん》の能力《のうりょく》や技術《ぎじゅつ》を見《み》せたくて、張《は》り切《き》る。

**使い方** あすの試合《しあい》のことを思《おも》うと、腕《うで》が鳴《な》る。

## 腕《うで》に覚《おぼ》えがある

慣用句

自分《じぶん》の能力《のうりょく》や技術《ぎじゅつ》に自信《じしん》がある。

**使い方** ぼくは、将《しょう》ぎなら腕《うで》に覚《おぼ》えがあるから、きみには負《ま》けないよ。

## 腕《うで》によりをかける

慣用句

自分《じぶん》の能力《のうりょく》や技術《ぎじゅつ》をじゅうぶんに出《だ》そうとして、がんばる。

**使い方** 友《とも》だちが家《いえ》に遊《あそ》びに来《く》るので、腕《うで》によりをかけて、プリンを作《つく》った。

**参考** よりをかけるは、何本《なんぼん》かの糸《いと》をたばねて、ねじって強《つよ》くすること。

## 腕《うで》をふるう

慣用句

何《なに》かをするのに、自分《じぶん》の能力《のうりょく》や技術《ぎじゅつ》をじゅうぶんに使《つか》う。

**使い方** 家族《かぞく》の誕生日《たんじょうび》には、お母《かあ》さんが料理《りょうり》に腕《うで》をふるう。

## 腕《うで》をみがく

慣用句

練習《れんしゅう》や勉強《べんきょう》をして、能力《のうりょく》や技術《ぎじゅつ》がより高《たか》くなるように努力《どりょく》する。

**使い方** ぼくのお姉《ねえ》さんは、毎週《まいしゅう》料理《りょうり》教室《きょうしつ》に通《かよ》って、料理《りょうり》の腕《うで》をみがいている。

## うどの大木《たいぼく》

ことわざ

体《からだ》は大《おお》きいが、能力《のうりょく》や体力《たいりょく》がなくて、役《やく》に立《た》たない人《ひと》。

**参考** うどは、植物《しょくぶつ》の名前《なまえ》。とても大《おお》きく成《せい》長《ちょう》するのに、くきがやわらかいので、使《つか》い道《みち》がないことから。

## うなぎのぼり

ことわざ

物《もの》ごとのようすをあらわす数字《すうじ》や、ある人《ひと》の地位《ちい》、人気《にんき》などが、止《と》まらずにどんどん上《あ》がっていく。

**使い方** このテレビ番組《ばんぐみ》の人気《にんき》は、うなぎのぼりだ。

**参考** うなぎが、急《きゅう》な川《かわ》をまっすぐにのぼっていくようすから。

## うのまねをするからす

ことわざ

（＝うのまねをするからす水《みず》におぼれる）

自分《じぶん》の実力《じつりょく》も考《かんが》えずに、他人《たにん》のまねをして、できないことをやろうとしても失敗《しっぱい》する。

**参考** うは、水《みず》の中《なか》にもぐって魚《さかな》をとるのが得意《とくい》な鳥《とり》。姿《すがた》が似《に》ているだけのからすが、水《みず》にもぐって魚《さかな》をとろうとしても、おぼれてしまうということから。「うのまねをするからす水《みず》におぼれる」ともいう。

## うのみにする

慣用句

本当《ほんとう》かどうかもわからないことを、言《い》われた通《とお》りに信《しん》じこんでしまう。人《ひと》の言《い》うことを、よく理解《りかい》しないまま聞《き》く。

**使い方**
よっぱらっているときのお父《とう》さんの言《い》うことは、うのみにするわけにはいかない。

**参考**
・うは、つかまえた魚《さかな》をそのまま丸《まる》ごとのみこんでしまうことから。

## うの目《め》たかの目《め》

ことわざ

小《ちい》さなものも見《み》のがさないように、熱《ねっ》心《しん》に何《なに》かを探《さが》す。また、そのときのするどい目《め》つき。

**使い方**
おもしろそうな本《ほん》がないかどうか、本《ほん》屋《や》さんでうの目《め》たかの目《め》で探《さが》す。

**参考**
・うや、たかは、えものを探《さが》すときに、とてもするどい目《め》つきをするということから。

## 馬《うま》が合《あ》う

慣用句

おたがいに気持《きも》ちが通《つう》じて、仲《なか》よくできる。

**使い方**
ぼくたちふたりは、つりが好《す》きな者《もの》どうし馬《うま》が合《あ》う。

**参考**
馬《うま》と乗《の》り手《て》の息《いき》が合《あ》っていると、乗《の》りやすいということから。

## 馬《うま》の耳《みみ》に念仏《ねんぶつ》

ことわざ

ほかの人《ひと》の意見《いけん》や注意《ちゅうい》を聞《き》こうとしないので、いくら言《い》ってもまったく効果《こうか》がない。

**参考**
念仏《ねんぶつ》は、仏様《ほとけさま》にいのることば。ありがたい念仏《ねんぶつ》も、ことばのわからない馬《うま》にとっては、意味《いみ》がないということから。

## 海《うみ》千《せん》山《やま》千《せん》

（＝海《うみ》に千年《せんねん》山《やま》に千年《せんねん》）

四字熟語

いろいろな経験《けいけん》をしているので、世《よ》の中《なか》のしくみもよく知《し》っていて、ずるがしこい。また、そのような人《ひと》。

**参考**
海《うみ》に千年《せんねん》、山《やま》に千年《せんねん》すんだ蛇《へび》は竜《りゅう》になるという言《い》い伝《つた》えから。

## 裏目《うらめ》に出《で》る

ことわざ

よいだろうと思《おも》ってやったことが、かえって悪《わる》い結果《けっか》になってしまう。

**使い方**
運動会《うんどうかい》の前《まえ》に練習《れんしゅう》しておこうと思《おも》ったのが裏目《うらめ》に出《で》て、けがをしてしまった。

**参考**
裏目《うらめ》は、さいころをふるとき、出《で》てほしいと思《おも》った目《め》の反対側《はんたいがわ》の目《め》。

## 裏《うら》をかく

慣用句

相手《あいて》が思《おも》いつかないようなことや、相《あい》手《て》が予想《よそう》しているのとは反対《はんたい》のことをする。

**使い方**
相手《あいて》が二回続《にかいつづ》けてチヨキを出《だ》してくることはないだろうと思《おも》ってパーを出《だ》したら、裏《うら》をかかれた。

## 売《う》りことばに買《か》いことば

ことわざ

相手《あいて》の乱暴《らんぼう》な言《い》い方《かた》に対《たい》して、こちらも負《ま》けずに言《い》い返《かえ》す。

**使い方**
友《とも》だちと、どちらが絵《え》がうまいかという話《はなし》をしているうちに、売《う》りことばに買《か》いことばでけんかになってしまった。

**参考**
けんかをしかけることを「けんかを売《う》る」、それを受《う》けて立《た》つことを「けんかを買《か》う」ということから。

## うり二《ふた》つ

慣用句

ふたりの人《ひと》の顔《かお》つきや見《み》た目《め》が、大変《たいへん》よく似《に》ている。

**使い方**
ぼくのお母《かあ》さんとおばさんは、うり二《ふた》つだ。

**参考**
うりを真《ま》ん中《なか》から縦《たて》に切《き》ると、二《ふた》つの切《き》り口《くち》がそっくりな形《かたち》になることから。

## うわさをすればかげがさす

ことわざ

（＝うわさをすればかげ）

だれかのうわさをしていると、その本《ほん》人《にん》がぐうぜんやって来《く》るものだ。

**参考**
かげがさすは、姿《すがた》をあらわすという意味《いみ》。「うわさをすればかげ」ともいう。

## 上《うわ》の空《そら》

慣用句

ほかのことを考《かんが》えていて、今《いま》やらなければいけないことに集中《しゅうちゅう》できずに、ぼんやりしている。

**使い方**
給食《きゅうしょく》のことを考《かんが》えていたので、午前中《ごぜんちゅう》の授業《じゅぎょう》の間《あいだ》は、ずっと上《うわ》の空《そら》だった。

**参考**
まるで、気持《きも》ちが空《そら》の上《うえ》の方《ほう》にあるようだということから。

## 雲泥《うんでい》の差《さ》

ことわざ

すぐれているものと、そうでないものがあって、その二《ふた》つの間《あいだ》のちがいがとても大《おお》きい。

**使い方**
順位《じゅんい》は一《ひと》つしかちがわないけれど、やはり一位《いちい》と二位《にい》の間《あいだ》には、雲泥《うんでい》の差《さ》がある。

**参考**
泥《でい》は、どろのこと。空《そら》にうかんでいる雲《くも》と地面《じめん》のどろとの間《あいだ》ぐらい、はなれているということから。

# え

## 絵《え》にかいたもち

ことわざ

じっさいには役《やく》に立《た》たない考《かんが》えや思《おも》いつき。

**参考** どんなにうまくかけていても、絵《え》の中《なか》のもちを食《た》べることはできないということから。

## えびでたいをつる

ことわざ

あまりお金《かね》をかけずにたくさんもうける。少《すこ》しの努力《どりょく》で大《おお》きな結果《けっか》を得《え》る。

**参考** 安《やす》い、小《ちい》さなえびをえさにして、価値《かち》の高《たか》い、大《おお》きなたいをつるということから。

## えりを正《ただ》す

慣用句

気持《きも》ちを引《ひ》きしめて、きちんとした態度《たいど》をとる。

**使い方** 下級生《かきゅうせい》のぼくたちも、えりを正《ただ》して卒業式《そつぎょうしき》に出席《しゅっせき》する。

**参考** 服《ふく》のえりをきちんと直《なお》すということから。

## えんぎをかつぐ

慣用句

あるできごとが、よいことの前《まえ》ぶれなのか悪《わる》いことの前《まえ》ぶれなのかを気《き》にして行動《こうどう》する。

**使い方** あの選手《せんしゅ》は、えんぎをかついで、勝《か》ち続《つづ》けている間《あいだ》はひげをそらないそうだ。

## えんの下《した》の力持《ちからも》ち

ことわざ

目立《めだ》たないところでほかの人《ひと》のために働《はたら》き、努力《どりょく》している人《ひと》。活《かつ》やくしている人《ひと》を、かげで手助《てだす》けしている人《ひと》。

**参考** えんの下《した》は、家《いえ》のえん側《がわ》の下《した》のことで、あまり人《ひと》が見《み》ていないところのたとえ。

# お

## 負《お》うた子《こ》に教《おし》えられて浅《あさ》せをわたる

ことわざ

時《とき》には、自分《じぶん》より年下《としした》の人《ひと》や、物《もの》ごとを知《し》らない人《ひと》に教《おそ》わることもある。

参考 浅《あさ》せは、川《かわ》の浅《あさ》いところ。背中《せなか》におぶった子《こ》どもに、どこが浅《あさ》いかを教《おし》えてもらいながら、川《かわ》をわたるということから。

## 王手《おうて》をかける

慣用句

あと少《すこ》しで相手《あいて》を負《ま》かすというところになる。

使い方 敵《てき》に王手《おうて》をかけられて、あとひとりアウトになると試合《しあい》に負《ま》けてしまう。

参考 王手《おうて》は、将《しょう》ぎで相手《あいて》の王将《おうしょう》を取《と》ろうとする手《て》を打《う》つこと。

## 大《おお》きな顔《かお》をする

慣用句

えらくないのに、えらい人《ひと》のようにいばっている。悪《わる》いことをしたのに、平気《へいき》でいる。

使い方 約束《やくそく》の時間《じかん》におくれたのに、大《おお》きな顔《かお》をしてやって来《き》た。

## 大口《おおぐち》をたたく

（＝大《おお》きな口《くち》をきく）

慣用句

たいした実力《じつりょく》もないのに、いばってえらそうなことを言《い》う。

使い方 弟《おとうと》は、「どんななぞなぞでも答《こた》えられる」と大口《おおぐち》をたたいている。

参考 「大《おお》きな口《くち》をきく」ともいう。

## 大手《おおで》をふる

慣用句

周《まわ》りの人《ひと》に遠慮《えんりょ》せずに、堂々《どうどう》と物《もの》ごとをする。

使い方 水泳大会《すいえいたいかい》で優勝《ゆうしょう》したので、大手《おおで》をふって帰《かえ》ってきた。

参考 手《て》を大《おお》きくふって歩《ある》くということから。

## 大船《おおぶね》に乗《の》ったよう

慣用句

たよりにできるものがあって、それを信《しん》じてすっかり安心《あんしん》している。

**使い方** このビルは、どんな地《じ》しんでもこわれませんから、大船《おおぶね》に乗《の》ったような気持《きも》ちでいてください。

**参考** 大《おお》きな船《ふね》ならば、そうかんたんにはしずまないので、安心《あんしん》して乗《の》っていられるということから。

## 大《おお》ぶろしきを広《ひろ》げる

ことわざ

できそうにもないことや、じっさいにはありそうもないような大《おお》げさなことを言《い》う。

**使い方** お父《とう》さんは、「百《ひゃっ》ぴきつってくる」と大《おお》ぶろしきを広《ひろ》げてつりに出《で》かけた。

**参考** 大《おお》ぶろしきは、大《おお》げさな話《はなし》のたとえ。

## 大目玉《おおめだま》を食《く》う

（＝お目玉《めだま》を食《く》う）

慣用句

目上《めうえ》の人《ひと》から、ひどくしかられる。

**使い方** 三日《みっか》続《つづ》けてちこくして、先生《せんせい》から大目《おおめ》玉《だま》を食《く》った。

**参考** 目《め》を大《おお》きく見開《みひら》いておこるようすから。「お目玉《めだま》を食《く》う」ともいう。

## 大《おお》目《め》に見《み》る

慣用句

だれかの失敗《しっぱい》や悪《わる》いところなどを、きびしくしからないですます。

**使い方** かぜで学校《がっこう》を休《やす》んでいたので、問題《もんだい》が解《と》けなくても先生《せんせい》は大目《おおめ》に見《み》てくれた。

**参考** 大目《おおめ》は、細《こま》かく考《かんが》えないですませる、あまりきびしくは考《かんが》えないという意味《いみ》。

## おかに上《あ》がったかっぱ

ことわざ

周《まわ》りのようすやいろいろなことが変《か》わったために、それまでのような力《ちから》を出《だ》せなくなる。また、そうなった人《ひと》。

**使い方** どんなつりの名人《めいじん》でも、つりざおを忘《わす》れてしまったら、おかに上《あ》がったかっぱだ。

**参考** おかは、陸《りく》の上《うえ》。かっぱは、水《みず》の中《なか》ではいろいろな力《ちから》が使《つか》えるが、陸《りく》に上《あ》がってしまうと、それが使《つか》えなくなってしまうといわれていたことから。

## お株《かぶ》をうばう

慣用句

ある人《ひと》の得意《とくい》なことを、別《べつ》の人《ひと》がもっとじょうずにやる。

**使い方** このごろお姉《ねえ》さんは歌《うた》がすごくうまくなって、お母《かあ》さんはお株《かぶ》をうばわれてしまいそうだ。

**参考** お株《かぶ》は、その人《ひと》の得意《とくい》な芸《げい》という意味《いみ》。

## おく歯《ば》に物《もの》がはさまったよう

慣用句

言《い》いたいことや言《い》うべきことをはっきり言《い》わないので、何《なに》かをかくしているように感《かん》じる。

**使い方** おく歯《ば》に物《もの》がはさまったような言《い》い方《かた》をしないで、ぼくのどこがいけないのかはっきり言《い》ってほしい。

**参考** 歯《は》に物《もの》がはさまっているとすっきりしないということから。

## おくびにも出《だ》さない

慣用句

自分《じぶん》の考《かんが》えていることや知《し》っていることなどをかくして、ことばや態度《たいど》にまったく出《だ》さない。

**使い方** 先生《せんせい》は、熱《ねつ》があるときでも、授業中《じゅぎょうちゅう》はおくびにも出《だ》さない。

**参考** おくびは、げっぷのこと。げっぷも出《だ》さないほど口《くち》を閉《と》じているということから。

## おごる平家《へいけ》は久《ひさ》しからず

ことわざ

権力《けんりょく》やお金《かね》をもっているからといって、えらそうにいばったり、ぜいたくな暮《く》らしをしていると、すぐにその権力《けんりょく》やお金《かね》を失《うしな》ってしまうことになる。

**参考** 平安時代《へいあんじだい》、平家《へいけ》が権力《けんりょく》をにぎったとき、いばって、ぜいたくな暮《く》らしをしていたが、すぐに源氏《げんじ》にほろぼされてしまったということから。

## おしが強《つよ》い

慣用句

いつでも自分《じぶん》の意見《いけん》や希望《きぼう》をおし通《とお》そうとする。

**使い方** 妹《いもうと》は、おしが強《つよ》いので、おやつはいつも妹《いもうと》の食《た》べたい物《もの》だ。

## お茶《ちゃ》の子《こ》さいさい

慣用句

とてもかんたんにできる。

**使い方** ぼくのお父《とう》さんは板前《いたまえ》だから、魚《さかな》をさばくくらい、お茶《ちゃ》の子《こ》さいさいだよ。

**参考** お茶《ちゃ》の子《こ》は、お茶《ちゃ》といっしょに出《で》てくるおかしのこと。すぐに食《た》べ終《お》わってしまうということから。

## お茶《ちゃ》をにごす

慣用句

困《こま》ったときに、いいかげんなことを言《い》ったりやったりして、その場《ば》をごまかしてしまう。

**使い方** お母《かあ》さんに夕《ゆう》ごはんの手伝《てつだ》いをするように言《い》われたけれど、茶《ちゃ》わんを運《はこ》んだだけでお茶《ちゃ》をにごした。

**参考** 茶道《さどう》の決《き》まりごとを知《し》らない人《ひと》がお茶《ちゃ》の会《かい》に呼《よ》ばれて、いいかげんなやり方《かた》でごまかしてしまうということから。

## 同《おな》じ穴《あな》のむじな

慣用句

（＝一《ひと》つ穴《あな》のむじな）

ちがうもののように見《み》えるが、実《じつ》は同《おな》じような悪《わる》い仲間《なかま》だ。

**使い方** わがままだという点《てん》では、ふたりとも同《おな》じ穴《あな》のむじなだ。

**参考** むじなは、あなぐまのこと。見《み》た目《め》はちがっていても、みな同《おな》じように穴《あな》にすんでいるということから。「一《ひと》つ穴《あな》のむじな」ともいう。

## 同《おな》じかまの飯《めし》を食《く》う

慣用句

いっしょに生活《せいかつ》して、同《おな》じ苦労《くろう》や喜《よろこ》びを経験《けいけん》した親《した》しい間《あいだ》がらだ。

**使い方** お父《とう》さんの親友《しんゆう》は、学生《がくせい》のとき同《おな》じかまの飯《めし》を食《く》った仲間《なかま》だそうだ。

**参考** 同《おな》じ一《ひと》つのかまでたいたごはんを食《た》べたということから。

## 鬼《おに》が出《で》るか蛇《じゃ》が出《で》るか

ことわざ

これから先《さき》にどんなこわいことが起《お》こるか、予想《よそう》がつかない。

**参考** 昔《むかし》、人形《にんぎょう》つかいが箱《はこ》から人形《にんぎょう》を取《と》り出《だ》すときに、客《きゃく》に向《む》かってこのように言《い》ったことから。

## 鬼《おに》に金棒《かなぼう》

ことわざ

もともとすぐれているものに、さらによいところが加《くわ》わって、ますますすぐれたものになる。

**参考** 金棒《かなぼう》は、鬼《おに》が武器《ぶき》にする鉄《てつ》の棒《ぼう》。もともと強《つよ》い鬼《おに》に金棒《かなぼう》を持《も》たせると、ますます強《つよ》くなるということから。

## 鬼《おに》のいぬ間《ま》に洗《せん》たく

ことわざ

こわい人《ひと》やしかる人《ひと》がいない間《あいだ》に、好《す》きなようにのんびりする。

**参考** 鬼《おに》は、こわい人《ひと》のたとえ。洗《せん》たくは、自分《じぶん》の心《こころ》をさっぱりさせるということで、楽《らく》をしたりゆっくりするという意味《いみ》。

## 鬼《おに》の首《くび》を取《と》ったよう

慣用句

周《まわ》りから見《み》ればたいしたことではないのに、とてもすごいことのように喜《よろこ》んだり得意《とくい》になったりする。

**使い方** 弟《おとうと》は、うき輪《わ》をつけているのに、泳《およ》げるようになったと言《い》って、鬼《おに》の首《くび》を取《と》ったように喜《よろこ》んでいる。

**参考** 昔《むかし》は、自分《じぶん》がその相手《あいて》をたおしたことをはっきりと示《しめ》すために、首《くび》を切《き》り取《と》ったので、敵《てき》をたおすことを「首《くび》を取《と》る」といった。まるで、おそろしい鬼《おに》をたおしたときのようであるということから。

## 鬼《おに》の目《め》にもなみだ

ことわざ

どんなに冷《つめ》たい心《こころ》のもち主《ぬし》でも、たまにはだれかをかわいそうだと思《おも》うこともあるものだ。

**参考** おそろしい鬼《おに》でも、何《なに》かに心《こころ》を動《うご》かされて、なみだを流《なが》すときもあるということから。

## 帯《おび》に短《みじか》したすきに長《なが》し

ことわざ

何《なに》をするにもちょうどよくないので、役《やく》に立《た》たない。

**参考** たすきは、着物《きもの》のそでを、じゃまにならないようにまとめるためのひものこと。帯《おび》にするには短《みじか》いが、たすきにするには長《なが》すぎて、どちらにも使《つか》えないということから。

## 尾《お》ひれがつく

慣用句

もとの話《はなし》に、じっさいにはないことが加《くわ》わり、大《おお》げさになって伝《つた》わる。

**使い方** 転《ころ》んですりむいただけなのに、話《はなし》に尾《お》ひれがついて、骨折《こっせつ》したことになっていた。

**参考** 尾《お》ひれは、魚《さかな》のしっぽとひれ。

## おぼれる者《もの》はわらをもつかむ

ことわざ

困《こま》っているときには、どんなにたよりなく思《おも》えるものでも、たよってしまう。

**参考** おぼれかけている人《ひと》は、助《たす》かろうとして、水《みず》にうかんでいる一本《いっぽん》のわらさえつかもうとするということから。

## 親《おや》の心《こころ》子《こ》知《し》らず

ことわざ

親《おや》は子《こ》どものことを思《おも》って、いろいろと考《かんが》えたり心配《しんぱい》したりするのに、子《こ》どもの方《ほう》は、それを知《し》らずに勝手《かって》なことばかりするものだ。

## 親《おや》のすねをかじる

慣用句

（＝すねをかじる）

自分《じぶん》の力《ちから》では生活《せいかつ》できないので、親《おや》にお金《かね》を出《だ》してもらって生活《せいかつ》している。

**使い方** 大人《おとな》になっても親《おや》のすねをかじっているのは、みっともない。

**参考** 「すねをかじる」ともいう。

## 親《おや》の光《ひか》りは七光《ななひか》り

ことわざ

（＝親《おや》の七光《ななひか》り）

親《おや》が有名《ゆうめい》だったり、えらい人《ひと》であるおかげで、その子《こ》どもがいろいろと得《とく》をする。

**参考** 光《ひか》りは、ほかの人《ひと》を従《したが》わせる力《ちから》のことで、七光《ななひか》りは、その力《ちから》がとても強《つよ》いということ。「親《おや》の七光《ななひか》り」ともいう。

## 折《お》り紙《がみ》つき

慣用句

物《もの》ごとや人《ひと》が、信用《しんよう》できると世《よ》の中《なか》から認《みと》められている。また、みんなが認《みと》めるほど評判《ひょうばん》がよい。

**使い方** 妹《いもうと》のまじめさは、折《お》り紙《がみ》つきだ。

**参考** 折《お》り紙《がみ》は、絵《え》などについている、その作品《さくひん》の価値《かち》が確《たし》かであるという証明書《しょうめいしょ》のこと。

## 音頭《おんど》を取《と》る

慣用句

何《なに》かをしようとするときに、みんなの先頭《せんとう》に立《た》って、計画《けいかく》したり用意《ようい》をしたりする。

**使い方** 卒業《そつぎょう》した後《あと》で、みんなで集《あつ》まるときはぼくが音頭《おんど》を取《と》るよ。

**参考** もとは、大《おお》ぜいで合唱《がっしょう》をするときに、最初《さいしょ》に歌《うた》い始《はじ》めて、みんなの調子《ちょうし》を合《あ》わせるという意味《いみ》。

## 恩《おん》をあだで返《かえ》す

ことわざ

自分《じぶん》を助《たす》けてくれた人《ひと》や、お世話《せわ》になった人《ひと》に対《たい》して、感謝《かんしゃ》するのではなく、かえってその人《ひと》を困《こま》らせたり、傷《きず》つけるようなことをする。

# か

## 飼《か》い犬《いぬ》に手《て》をかまれる

ことわざ

めんどうを見《み》てあげたり、かわいがっていた人《ひと》から、めいわくをかけられたり、傷《きず》つけられる。

## かえるの子《こ》はかえる

ことわざ

子《こ》どもの性質《せいしつ》や才能《さいのう》は、親《おや》に似《に》る。また、子《こ》どもは親《おや》と同《おな》じ仕事《しごと》をすることが多《おお》い。

**使い方** おじいさんは先生《せんせい》だったので、かえるの子《こ》はかえるで、お母《かあ》さんも先生《せんせい》になった。

**参考** おたまじゃくしのときは、かえるとは似《に》ていないが、結局《けっきょく》はかえるになるということから。

## かえるのつらに水《みず》

ことわざ

ずうずうしくて、何《なに》を言《い》われても、どんなことをされても、まったく平気《へいき》でいられる。

**使い方** 弟《おとうと》は、何回注意《なんかいちゅうい》されてもかえるのつらに水《みず》で、夜《よ》ふかしをやめない。

**参考** つらは、顔《かお》のこと。水《みず》の中《なか》にすむかえるは、顔《かお》にいくら水《みず》をかけられても平気《へいき》だということから。

## 顔《かお》が売《う》れる

慣用句

有名《ゆうめい》になって、たくさんの人《ひと》に知《し》られるようになる。

**使い方** いとこは、テレビに出《で》るようになって顔《かお》が売《う》れた。

## 顔《かお》がきく

慣用句

相手《あいて》にたのみごとを聞《き》いてもらえたり、よくしてもらえるような、信用《しんよう》や力《ちから》がある。

**使い方** ぼくのお父《とう》さんは、あのお店《みせ》には顔《かお》がきくので、少《すこ》しおまけしてもらえる。

## 顔《かお》がつぶれる

慣用句

評判《ひょうばん》が悪《わる》くなるようなことをされて、信用《しんよう》を失《うしな》う。

**使い方** ぼくが悪《わる》いことをすると、お父《とう》さんやお母《かあ》さんの顔《かお》がつぶれてしまう。

## 顔《かお》が広《ひろ》い

慣用句

たくさんの人《ひと》を知《し》っていたり、つき合《あ》いがある。

**使い方** いろいろな学校《がっこう》のチームと練習試合《れんしゅうじあい》をするので、野球《やきゅう》部《ぶ》の人《ひと》はみんな顔《かお》が広《ひろ》い。

## 顔《かお》から火《ひ》が出《で》る

慣用句

とてもはずかしくて、顔《かお》が赤《あか》くなる。

**使い方** すべって尻《しり》もちをついたところを見《み》られてしまい、顔《かお》から火《ひ》が出《で》た。

**参考** まるで火《ひ》が出《で》たように、顔《かお》が真《ま》っ赤《か》になるということから。

## 顔《かお》にどろをぬる

慣用句

何《なに》かをした結果《けっか》、だれかにはじをかかせたり、その人《ひと》の名《めい》よを傷《きず》つける。

**使い方** 遠足《えんそく》の時《とき》に電車《でんしゃ》の中《なか》でさわいで、先生《せんせい》の顔《かお》にどろをぬってしまった。

## 顔《かお》をくもらせる

慣用句

心配《しんぱい》ごとや悲《かな》しいことについて考《かんが》えて、表情《ひょうじょう》が暗《くら》くなる。

**使い方** おじいさんの病気《びょうき》のことをたずねると、お母《かあ》さんは顔《かお》をくもらせた。

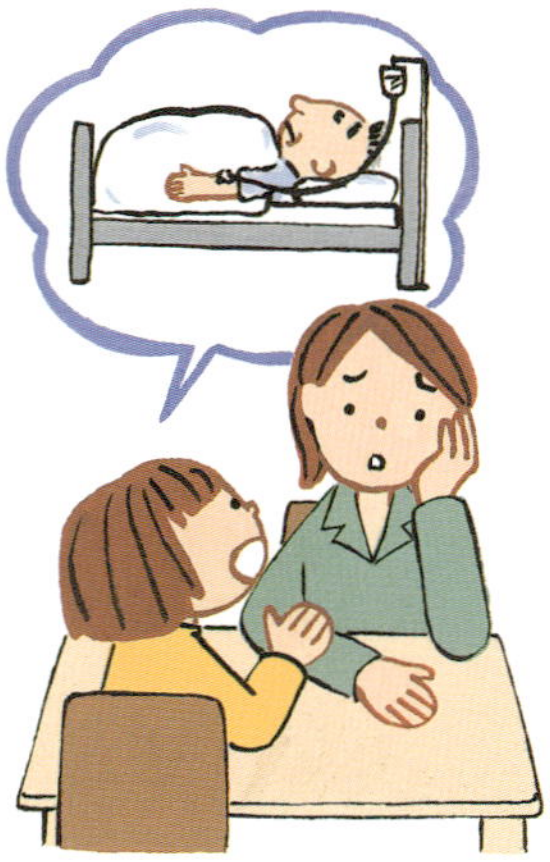

## 顔《かお》を立《た》てる

慣用句

その人《ひと》がはじをかいたりしないようにしてあげる。

**使い方** お兄《にい》さんの顔《かお》を立《た》てて、言《い》うことを聞《き》いた。

## 学問《がくもん》に王道《おうどう》なし

ことわざ

(＝学問《がくもん》に近道《ちかみち》なし)

学問《がくもん》というのは、時間《じかん》をかけて少《すこ》しずつ努力《どりょく》を積《つ》み重《かさ》ねていって、初《はじ》めて身《み》につくもので、かんたんに身《み》につけられる楽《らく》な方法《ほうほう》はない。

**参考** 王道《おうどう》は、王様《おうさま》のための、楽《らく》な近道《ちかみち》という意味《いみ》。「学問《がくもん》に近道《ちかみち》なし」ともいう。

## かげがうすい

慣用句

あまり目立《めだ》たない。元気《げんき》がない。

**使い方** あの子《こ》はいつもはかげがうすいのに、ドッジボールで大活《だいかつ》やくをしたので、びっくりした。

## かげも形《かたち》もない

慣用句

今《いま》までそこにあったはずの物《もの》が、少《すこ》しもあとを残《のこ》さずに消《き》えてなくなる。

**使い方** ケーキをたくさん買《か》ってきたのに、十分《じっぷん》もしないうちにかげも形《かたち》もなくなってしまった。

## 風上《かざかみ》にも置《お》けない

慣用句

よくないことを考《かんが》えたりやったりする人《ひと》を、自分《じぶん》たちの仲間《なかま》にしておけない。

**使い方** ふんをかたづけないなんて、犬《いぬ》を飼《か》う人間《にんげん》の風上《かざかみ》にも置《お》けない。

**参考** 風上《かざかみ》は、風《かぜ》のふいてくる方向《ほうこう》。いやなにおいのする物《もの》は、くさくてたまらないので風上《かざかみ》に置《お》けないということから。

## かさに着《き》る

慣用句

地位《ちい》が高《たか》い人《ひと》や、力《ちから》をもっている人《ひと》と親《した》しいからといって、力《ちから》のない人《ひと》がいばる。

**使い方** あの子《こ》は、じゅう道《どう》の強《つよ》いお兄《にい》さんがいることをかさに着《き》て、いばっている。

**参考** かさは、雨《あめ》や日差《ひざ》しなどを防《ふせ》ぐために頭《あたま》にかぶる物《もの》のこと。ここでは、自分《じぶん》を守《まも》ってくれるものという意味《いみ》。

## かじを取《と》る

慣用句

全体《ぜんたい》をまとめ、物《もの》ごとが正《ただ》しい方向《ほうこう》にうまく進《すす》むようにする。

**使い方** 司会《しかい》の人《ひと》がうまくかじを取《と》ったので、楽《たの》しい会《かい》になった。

## 風《かぜ》がふけばおけ屋《や》がもうかる

ことわざ

(＝大風《おおかぜ》がふけばおけ屋《や》が喜《よろこ》ぶ)

一《ひと》つのことが回《まわ》り回《まわ》って思《おも》いがけない結果《けっか》を招《まね》く。また、あてになりそうもないことをあてにする。

参考 風《かぜ》がふくとほこりが立《た》ち、それが目《め》に入《はい》って目《め》が見《み》えなくなる人《ひと》が増《ふ》える。目《め》の見《み》えない人《ひと》は、生活《せいかつ》するためにしゃみせんを習《なら》う。しゃみせんには猫《ねこ》の皮《かわ》が使《つか》われていたので、しゃみせんが売《う》れると、猫《ねこ》がたくさんつかまえられる。すると、ねずみをとるものがいなくなるので、ねずみが増《ふ》え、おけがたくさんかじられる。そうするとおけを直《なお》す人《ひと》が増《ふ》えて、おけ屋《や》はもうかるので喜《よろこ》ぶ、という笑《わら》い話《ばなし》から。「大風《おおかぜ》がふけばおけ屋《や》が喜《よろこ》ぶ」ともいう。

## 風《かぜ》の便《たよ》り

慣用句

ある人《ひと》のようすなどについて、どこからか伝《つた》わってきたうわさ。

使い方 転校《てんこう》した友《とも》だちが入院《にゅういん》したと、風《かぜ》の便《たよ》りで聞《き》いた。

参考 便《たよ》りは、手紙《てがみ》や知《し》らせという意味《いみ》。風《かぜ》が運《はこ》んできた知《し》らせのようであるということから。

## 肩《かた》すかしを食《く》う

慣用句

やる気《き》になっていたのに、相手《あいて》にうまくそらされてしまう。

使い方 もっとしかられるかと思《おも》っていたのに、先生《せんせい》はすぐに許《ゆる》してくれたので、肩《かた》すかしを食《く》った。

参考 肩《かた》すかしは、向《む》かってくる相手《あいて》をかわしながらそのいきおいを利用《りよう》してたおす、すもうのわざ。

## かたずをのむ

慣用句

物《もの》ごとがこれからどうなるのか気《き》になって、どきどきしている。

使い方 決勝戦《けっしょうせん》を、かたずをのんで見《み》つめる。

参考 かたずは、きん張《ちょう》したときに口《くち》の中《なか》にたまる、つばのこと。

## 肩《かた》で息《いき》をする

慣用句

運動《うんどう》などの後《あと》で、肩《かた》を上下《じょうげ》に動《うご》かして、苦《くる》しそうに激《はげ》しく息《いき》をする。

使い方 弟《おとうと》は、学校《がっこう》から家《いえ》まで走《はし》ってきたらしく、肩《かた》で息《いき》をしながら帰《かえ》ってきた。

## 肩《かた》で風《かぜ》を切《き》る

慣用句

得意《とくい》になって、いばったようすで歩《ある》く。

**使い方** 校内《こうない》マラソンで優勝《ゆうしょう》したお兄《にい》さんは、肩《かた》で風《かぜ》を切《き》って歩《ある》いている。

**参考** 胸《むね》を張《は》って、肩《かた》をつき出《だ》すようにして歩《ある》くということから。

## 肩《かた》の荷《に》が下《お》りる

慣用句

自分《じぶん》のやるべきことをしっかりやり終《お》えて、ほっと安心《あんしん》する。

**使い方** 一年間《いちねんかん》、学級委員《がっきゅういいん》の務《つと》めをどうにか果《は》たして、肩《かた》の荷《に》が下《お》りた。

**参考** 肩《かた》の荷《に》は、肩《かた》にのせた重《おも》い荷物《にもつ》。荷物《にもつ》を下《お》ろして楽《らく》になるということから。

## 片棒《かたぼう》をかつぐ

慣用句

仲間《なかま》になり、力《ちから》を合《あ》わせて仕事《しごと》をする。

**使い方** 知《し》らないうちに、いたずらの片棒《かたぼう》をかつがされてしまった。

**参考** かご屋《や》（かごに客《きゃく》を乗《の》せて目的地《もくてきち》まで走《はし》る仕事《しごと》）のかごを支《ささ》える棒《ぼう》の、片方《かたほう》をかつぐということから。悪《わる》いことをする場合《ばあい》に使《つか》われることが多《おお》い。

## 肩身《かたみ》がせまい

慣用句

世《よ》の中《なか》の人《ひと》に対《たい》してはずかしく、周《まわ》りの人《ひと》に悪《わる》いような気《き》がする。

**使い方** うちの犬《いぬ》は近所《きんじょ》の人《ひと》にうるさくほえるので、肩身《かたみ》がせまい。

**参考** 肩身《かたみ》は、体《からだ》のこと。はずかしくて体《からだ》を小《ちい》さくしていなければならないということから。

## 肩《かた》を入《い》れる

（＝肩入《かたい》れする）

慣用句

熱心《ねっしん》に応《おう》えんする。力《ちから》を貸《か》したり、世《せ》話《わ》をして助《たす》ける。

**使い方** お姉《ねえ》さんは、スポーツを見《み》るとき、かっこいい選手《せんしゅ》に肩《かた》を入《い》れる。

**参考** 荷物《にもつ》などをかつぐときに、下《した》から肩《かた》を入《い》れて支《ささ》えることから。「肩入《かたい》れする」ともいう。

## 肩《かた》を落《お》とす

慣用句

がっかりして元気《げんき》がなくなってしまう。

**使い方** 宝《たから》くじがはずれて、お父《とう》さんはがっくりと肩《かた》を落《お》とした。

**参考** がっかりしたときに、肩《かた》の力《ちから》がぬけて、下《さ》がることから。

## 肩《かた》を並《なら》べる

慣用句

横《よこ》に並《なら》んで立《た》つ。並《なら》んで歩《ある》く。

**使い方** 久《ひさ》しぶりに、おばあさんと肩《かた》を並《なら》べて買《か》い物《もの》に出《で》かけた。

実力《じつりょく》や地位《ちい》などが同《おな》じくらいである。

**使い方** お姉《ねえ》さんのピアノの腕前《うでまえ》は、音楽《おんがく》の先《せん》生《せい》に肩《かた》を並《なら》べるほどだ。

## 肩《かた》をもつ

慣用句

決《き》まっただれかの味方《みかた》をしたり、かばったりする。

**使い方** お父《とう》さんは、いつも妹《いもうと》の肩《かた》をもつ。

## 火中《かちゅう》のくりを拾《ひろ》う

ことわざ

自分《じぶん》の得《とく》にならないのに、わざわざ、とても危険《きけん》なことをする。

**参考** 猫《ねこ》が猿《さる》におだてられて、火《ひ》の中《なか》で焼《や》けているくりを拾《ひろ》って、大《おお》やけどをしてしまうというフランスの話《はなし》から。

## 勝《か》って かぶとのおをしめよ

ことわざ

物《もの》ごとがうまくいっても油断《ゆだん》せず、気《き》を引《ひ》きしめなければならない。

**使い方** 国語《こくご》のテストはよくできたけれど、あすは理科《りか》のテストだから、勝《か》ってかぶとのおをしめよだ。

**参考** おは、かぶとのあごひも。戦《たたか》いに勝《か》っても気《き》をゆるめず、かぶとのおをしめ直《なお》しなさいということから。

## かっぱの川流《かわなが》れ

ことわざ

どんなにじょうずな人《ひと》でも、たまには失敗《しっぱい》することもある。

**参考** 泳《およ》ぎの得意《とくい》なかっぱでも、川《かわ》で流《なが》されてしまうこともあるということから。

## 我田引水《がでんいんすい》

（＝我《わ》が田《た》に水《みず》を引《ひ》く）

四字熟語

ほかの人《ひと》のことを考《かんが》えないで、自分《じぶん》だけに都合《つごう》のいいように物《もの》ごとを進《すす》める。

**参考** 水《みず》があまりなくて、みんなが困《こま》っているときに、よその田《た》んぼのことを考《かんが》えずに、自分《じぶん》の田《た》んぼにだけ水《みず》を引《ひ》くということから。「我《わ》が田《た》に水《みず》を引《ひ》く」ともいう。

## 合点《がてん》がいかない

慣用句

あることの理由《りゆう》がわからず、なっとくできない。

**使い方** いつもうるさい妹《いもうと》が朝《あさ》からおとなしいのは、合点《がてん》がいかない。

**参考** 合点《がてん》は、よく知《し》っているということ。

## 角《かど》が立《た》つ

慣用句

言《い》い方《かた》や態度《たいど》がよくないために、周《まわ》りの人《ひと》との仲《なか》がうまくいかなくなってしまう。

**使い方** へただと言《い》ってしまうと角《かど》が立《た》つので、変《か》わっていておもしろいと言《い》っておいた。

## 角《かど》が取《と》れる

慣用句

きつい性格《せいかく》だった人《ひと》が、苦労《くろう》したり、年《とし》をとったことで、やさしくておだやかな性格《せいかく》に変《か》わる。

**使い方** お父《とう》さんは、最近《さいきん》おじさんは角《かど》が取《と》れたと言《い》っていた。

## 株《かぶ》が上《あ》がる

慣用句

周《まわ》りの人《ひと》から認《みと》められて、評判《ひょうばん》がよくなる。

**使い方** 運動会《うんどうかい》で活《かつ》やくしたので、クラスの中《なか》でぼくの株《かぶ》が上《あ》がった。

## かぶとをぬぐ

慣用句

自分《じぶん》よりすぐれている相手《あいて》に対《たい》して、自分《じぶん》の負《ま》けを認《みと》める。

**使い方** テニスには自信《じしん》があったけれど、かれの強《つよ》さにはかぶとをぬいだ。

**参考** 昔《むかし》、武士《ぶし》が自分《じぶん》の負《ま》けを認《みと》めるときに、敵《てき》の前《まえ》でかぶとをぬいでみせたということから。

## かべに耳《みみ》あり障子《しょうじ》に目《め》あり

ことわざ

どこでだれが見《み》たり聞《き》いたりしているかわからないので、かくしごとは人《ひと》に知《し》られやすいものだ。

参考 かべに耳《みみ》を当《あ》てて聞《き》いている人《ひと》や、障《しょう》子《じ》に穴《あな》をあけて見《み》ている人《ひと》がいるかもしれないということから。

## 果《か》報《ほう》はねて待《ま》て

ことわざ

幸《しあわ》せというのは、人間《にんげん》の力《ちから》で呼《よ》びこむことはできないので、あせらずにじっくり待《ま》った方《ほう》がよい。

参考 果《か》報《ほう》は、幸《しあわ》せのこと。

## かまをかける

慣用句

かくしていることや本当《ほんとう》のことを相手《あいて》がうっかりしゃべるように、うまく話《はな》しかける。

使い方 お母《かあ》さんはかまをかけるのがうまいので、かくしごとはすぐにばれてしまう。

参考 かまは、草《くさ》をかり取《と》るための道具《どうぐ》。かまに引《ひ》っかけて草《くさ》を引《ひ》き寄《よ》せるように、相手《あいて》の話《はなし》を聞《き》き出《だ》すということから。

## かみなりが落《お》ちる

慣用句

目上《めうえ》の人《ひと》から大《おお》きな声《こえ》で、どなってしかられる。

使い方 何度《なんど》言《い》われても机《つくえ》の上《うえ》をかたづけなかったので、とうとうお父《とう》さんのかみなりが落《お》ちた。

## 亀《かめ》の甲《こう》より年《とし》の功《こう》

慣用句

お年寄《としよ》りの、長《なが》い間《あいだ》の経験《けいけん》や身《み》につけた知識《ちしき》は大切《たいせつ》なものである。

使い方 家庭科《かていか》でわからないことがあっても、おばあさんに聞《き》けばすぐに教《おし》えてくれる。亀《かめ》の甲《こう》より年《とし》の功《こう》で、…

参考 功《こう》は、もとは「劫《こう》」と書《か》き、とても長《なが》い時間《じかん》という意味《いみ》。亀《かめ》のこうらの甲《こう》と「劫《こう》」をかけた、しゃれの一種《いっしゅ》。

## かもがねぎをしょって来《く》る

ことわざ

自分《じぶん》にとって都合《つごう》のよいことが二《ふた》つ重《かさ》なって、より都合《つごう》がよくなる。

参考 かもなべを食《た》べたいと思《おも》っていたところへ、かもの肉《にく》だけでなく、具《ぐ》のねぎまでいっぺんに手《て》に入《はい》るということから。だれかをうまく利用《りよう》してやろうと思《おも》っていたら、ちょうどいい時《とき》にその人《ひと》が自分《じぶん》からやって来《き》て、よけいに都《つ》合《ごう》がよいというような場合《ばあい》に使《つか》う。

## 可《か》もなく不《ふ》可《か》もなし
慣用句

特《とく》によいところもないが悪《わる》いところもなく、ふつうだ。

**使い方** カレーを作《つく》ったけれど、可《か》もなく不《ふ》可《か》もなしといった味《あじ》だった。

**参考** 可《か》はよいところ、不《ふ》可《か》は悪《わる》いところ。

## かゆい所《ところ》に手《て》が届《とど》く
慣用句

細《こま》かいところまでよく注意《ちゅうい》して、いろいろと世話《せわ》をする。

**使い方** このお店《みせ》は、かゆい所《ところ》に手《て》が届《とど》くサービスで有名《ゆうめい》だ。

**参考** かゆくても、自分《じぶん》では手《て》が届《とど》かないような所《ところ》を、手《て》でかいてくれるほどていねいだということから。

## からすの行水《ぎょうずい》
慣用句

ふろに入《はい》っている時間《じかん》が、とても短《みじか》い。

**使い方** 冬《ふゆ》は、からすの行水《ぎょうずい》ではなく、ゆっくりお湯《ゆ》につかって温《あたた》まった方《ほう》がいい。

**参考** 行水《ぎょうずい》は、たらいに水《みず》やお湯《ゆ》を入《い》れて体《からだ》を洗《あら》うこと。からすは、水浴《みずあ》びの時間《じかん》がとても短《みじか》いことから。

## 借《か》りてきた猫《ねこ》
慣用句

いつもは元気《げんき》でさわがしい人《ひと》が、その場《ば》ではおとなしくしている。

**使い方** おしゃべりな妹《いもうと》も、校長先生《こうちょうせんせい》の前《まえ》では借《か》りてきた猫《ねこ》のようだ。

**参考** ねずみをとるためにほかの家《いえ》から借《か》りた猫《ねこ》が、慣《な》れない家《いえ》なのでおとなしくしているということから。

## 画竜点睛《がりょうてんせい》
故事成語

物《もの》ごとをやりとげるためにいちばん大《たい》切《せつ》な、最後《さいご》の仕上《しあ》げ。

**参考** 画竜《がりょう》は、絵《え》にかいた竜《りゅう》、点睛《てんせい》は、ひとみをかき入《い》れること。有名《ゆうめい》な画家《がか》がお寺《てら》のかべに四《よん》ひきの竜《りゅう》の絵《え》をかいたが、その絵《え》の竜《りゅう》にはひとみがなかった。ある人《ひと》が、ふしぎに思《おも》ってたずねると、「ひとみをかき入《い》れると、竜《りゅう》が天《てん》にのぼっていってしまうからだ」と答《こた》えた。周《まわ》りの人《ひと》たちがそんなことがあるはずがないと言《い》うので、画家《がか》がひとみをかき入《い》れてみると、絵《え》の竜《りゅう》がたちまち天《てん》にのぼっていってしまったという昔《むかし》の中国《ちゅうごく》の話《はなし》から。「画竜点睛《がりょうてんせい》を欠《か》く」というと、最後《さいご》の仕上《しあ》げや、いちばん大《たい》切《せつ》な部分《ぶぶん》がぬけているために、物《もの》ごとの価値《かち》が下《さ》がってしまうということをあらわす。

ことわざ

## かれ木《き》も山《やま》のにぎわい

どんなにつまらないものでも、ないよりはましである。

**使い方** かれ木《き》も山《やま》のにぎわいだと思《おも》って、マラソン大会《たいかい》に出《で》た。

**参考** かれている木《き》も、切《き》らずにおけば山《やま》がにぎやかに見《み》えるということから。遠《えん》りょして、自分《じぶん》のことをわざと悪《わる》くいうことば。

ことわざ

## かわいい子《こ》には旅《たび》をさせよ

自分《じぶん》の子《こ》どもを本当《ほんとう》にかわいいと思《おも》うなら、いっしょにいてあまやかすよりも、りっぱな人間《にんげん》になれるように、世《よ》の中《なか》でいろいろなことを経験《けいけん》させた方《ほう》がよい。

ことわざ

## かわいさ余《あま》ってにくさ百倍《ひゃくばい》

かわいいと思《おも》う気持《きも》ちが強《つよ》いほど、何《なに》かのきっかけでにくらしいと思《おも》うようになったときの気《き》持《も》ちも強《つよ》い。

**使い方** 妹《いもうと》は本当《ほんとう》にかわいいけれど、けんかした後《あと》は、かわいさ余《あま》ってにくさ百倍《ひゃくばい》だ。

ことわざ

## かんこ鳥《どり》が鳴《な》く

その場所《ばしょ》に人《ひと》の数《かず》が少《すく》なくて、さびしい。店《みせ》などがはやらず、客《きゃく》が少《すく》ない。

**使い方** 日曜日《にちようび》なのに、天気《てんき》が悪《わる》かったので、遊園地《ゆうえんち》はかんこ鳥《どり》が鳴《な》いていた。

**参考** かんこ鳥《どり》は、かっこうのこと。かっこうが、人《ひと》のいない山《やま》おくで、さびしいようすで鳴《な》くということから。

ことわざ

## かんにんぶくろのおが切《き》れる

（＝かんにんぶくろのおを切《き》らす）

ずっとがまんしてきたが、とうとうがまんしきれなくなっておこる。

**使い方** 妹《いもうと》を泣《な》かされて、ついにかんにんぶくろのおが切《き》れた。

**参考** かんにんは、おこりたいのをがまんするという意味《いみ》。おは、ふくろをしばるためのひも。がまんする心《こころ》のよゆうをかんにんぶくろというふくろにたとえた。ずっとがまんしていたので、かんにんぶくろがだんだんいっぱいになり、とうとうひもが切《き》れてしまうということから。「かんにんぶくろのおを切《き》らす」ともいう。

# き

## 聞《き》いて極楽《ごくらく》見《み》て地獄《じごく》

ことわざ

話《はなし》を聞《き》いたときには、とてもよいものに思《おも》えたのに、じっさいに自分《じぶん》で見《み》てみたら、ひどいものだった。

**参考** 極楽《ごくらく》は、苦《くる》しみのない平和《へいわ》な場所《ばしょ》、地《じ》獄《ごく》は、悪《わる》いことをした人《ひと》が苦《くる》しみを受《う》ける場所《ばしょ》のこと。どちらも仏教《ぶっきょう》からきたことば。

## 気《き》が多《おお》い

慣用句

興味《きょうみ》をもっている物《もの》ごとが、次《つぎ》から次《つぎ》へと変《か》わっていって、一《ひと》つの物《もの》ごとに集中《しゅうちゅう》しない。

**使い方** 妹《いもうと》は気《き》が多《おお》いので、習《なら》いごとが長《なが》く続《つづ》かない。

## 気《き》が置《お》けない

慣用句

おたがいに相手《あいて》のことをよくわかっているので、心《こころ》から親《した》しくつき合《あ》うことができる。

**使い方** 一年生《いちねんせい》のときからのつき合《あ》いなので、気《き》が置《お》けない。

**参考** 相手《あいて》のことをよく知《し》らないので、仲《なか》よくできない、という意味《いみ》とまちがえないように注意《ちゅうい》する。

## 気《き》がきく

慣用句

細《こま》かいところまでよく気《き》がついて、物《もの》ごとをすることができる。

**使い方** お姉《ねえ》さんは、ぼくの友《とも》だちが遊《あそ》びに来《く》ると、ジュースを出《だ》してくれたりして、とても気《き》がきく。

## 気《き》が気《き》でない

慣用句

とても気《き》になることがあって、落《お》ち着《つ》いていられない。

**使い方** かぜをひいて試合《しあい》に出《で》られなくなってしまったけれど、家《いえ》でねていても気《き》が気《き》でない。

## 気《き》が進《すす》まない

慣用句

進《すす》んでしようという気《き》になれない。

**使い方**

お父《とう》さんはスキーに行《い》こうと言《い》うけれど、わたしは寒《さむ》いのが苦手《にがて》なので気《き》が進《すす》まない。

## 気《き》が長《なが》い

慣用句

とてものんびりしていて、あせったりしない。

**使い方**

バスが来《く》るのを一時間《いちじかん》も待《ま》っていたなんて、きみも気《き》が長《なが》い人《ひと》だ。

## 気《き》がぬける

慣用句

きん張《ちょう》したり張《は》り切《き》っていた気持《きも》ちが、なくなる。

**使い方**

張《は》り切《き》っていたのに、雨《あめ》で遠足《えんそく》が延《の》びてしまい、気《き》がぬけた。

飲《の》み物《もの》などの、もとの味《あじ》やかおりがなくなってしまう。

**使い方**

飲《の》みかけのジュースを、ふたをあけたまま置《お》いておいたら、気《き》がぬけてしまった。

## 気《き》が引《ひ》ける

慣用句

相手《あいて》や周《まわ》りの人《ひと》のことが気《き》になって、思《おも》い切《き》って物《もの》ごとができない。

**使い方**

試合《しあい》にあまり出《で》なかったぼくが優勝《ゆうしょう》カップを受《う》け取《と》るのは、気《き》が引《ひ》ける。

## 気《き》が短《みじか》い

慣用句

ゆっくりと待《ま》つことができずに、すぐにいらいらする。

**使い方**

お父《とう》さんは気《き》が短《みじか》いので、呼《よ》ばれたらすぐに行《い》かないと、おこられる。

## 気《き》がもめる

慣用句

気《き》になることがあって、落《お》ち着《つ》かない。また、物《もの》ごとが思《おも》い通《どお》りにいかずにいらいらする。

**使い方** 約束《やくそく》の時間《じかん》に間《ま》に合《あ》うかどうか、気《き》がもめる。

## 気《き》が弱《よわ》い

慣用句

周《まわ》りのことを気《き》にしたりして、自分《じぶん》が思《おも》っていることを言《い》ったり、自分《じぶん》のやりたいことができない。

**使い方** 気《き》が弱《よわ》いので、みんなの前《まえ》で発表《はっぴょう》するのが苦手《にがて》だ。

## 危機《きき》一髪《いっぱつ》

四字熟語

危険《きけん》な物《もの》ごとが、すぐ近《ちか》くにせまっている。

**使い方** 自転車《じてんしゃ》で走《はし》っていたら、もう少《すこ》しで車《くるま》とぶつかりそうになったけれど、危機《きき》一髪《いっぱつ》でかわした。

**参考** 危機《きき》は、危《あぶ》ないとき。一髪《いっぱつ》は、かみの毛《け》一本分《いっぽんぶん》という意味《いみ》。危《あぶ》ないことが、かみの毛《け》一本分《いっぽんぶん》の近《ちか》さまでせまってくるということから。ぎりぎりのところで助《たす》かったときに使《つか》うことが多《おお》い。

## 聞《き》きしにまさる

慣用句

うわさで聞《き》いていたよりも上《うえ》だ。

**使い方** 新《あたら》しくできたお店《みせ》のケーキは、どれも聞《き》きしにまさるおいしさだった。

## 聞《き》き耳《みみ》を立《た》てる

慣用句

話《はな》し声《ごえ》や物音《ものおと》を、注意《ちゅうい》して聞《き》き取《と》ろうとする。

**使い方** 夜中《よなか》に、何《なに》か聞《き》こえたような気《き》がして、聞《き》き耳《みみ》を立《た》てた。

## 聞《き》くは一時《いっとき》のはじ 聞《き》かぬは一生《いっしょう》のはじ

ことわざ

知《し》らないことやわからないことがあったら、すぐにだれかに聞《き》いた方《ほう》がよい。

**参考** 知《し》らないことを人《ひと》に聞《き》くのははずかしいが、はずかしいのはその時《とき》だけである。しかし、はずかしいからといって聞《き》かずにいると、ずっと知《し》らないままで一生《いっしょう》はずかしい思《おも》いをし続《つづ》けることになってしまうということから。

## 起《き》死《し》回生《かいせい》

四字熟語

そのままではだめになってしまいそうなものを、立《た》ち直《なお》らせる。

**使い方** 起死回生《きしかいせい》のホームランで、ついに同点《どうてん》に追《お》いついた。

**参考** 起死《きし》と回生《かいせい》は、どちらも死《し》にそうな人《ひと》を生《い》き返《かえ》らせるということ。

## きじも 鳴《な》かずばうたれまい

ことわざ

言《い》わなくてもいいことを言《い》って、自分《じぶん》で困《こま》ったことを引《ひ》き起《お》こしてしまう。

**参考** 草《くさ》むらにかくれていたきじが、鳴《な》かなければ見《み》つかってうたれることもなかったということから。

## 疑《ぎ》心《しん》暗《あん》鬼《き》

慣用句

疑《うたが》う気《き》持《も》ちをもっているために、何《なん》でもないものまであやしく思《おも》えて、おそろしくなったり信《しん》じられなくなる。

**使い方** みんながきみの悪口《わるくち》を言《い》っているだなんて、疑心暗鬼《ぎしんあんき》になっているよ。

**参考** 疑《うたが》いの心《こころ》があると、暗《くら》やみの中《なか》に鬼《おに》の姿《すがた》を見《み》たと思《おも》うようになるということから。「疑心暗鬼《ぎしんあんき》を生《しょう》ず」ということばが短《みじか》くなったもの。

## きつねに つままれたよう

ことわざ

どうしてそうなったのかわからずに、ぼんやりしている。

**使い方** 会社《かいしゃ》に行《い》っているはずのお父《とう》さんが、部屋《へや》でテレビを見《み》ていたので、妹《いもうと》はきつねにつままれたようだった。

**参考** つままれるは、だまされるという意味《いみ》。

## 木《き》で鼻《はな》をくくる

ことわざ

人《ひと》に対《たい》して冷《つめ》たくて、親切《しんせつ》でない。

**使い方** あの店員《てんいん》は、いつも木《き》で鼻《はな》をくくるような態度《たいど》だ。

**参考** くくるは、もとは「こくる」といい、こするという意味《いみ》。紙《かみ》ではなく、木《き》で鼻《はな》をかむようだということから。

慣用句

## き道《どう》に乗《の》る

物《もの》ごとが、予定《よてい》していた通《とお》りにうまく進《すす》み始《はじ》める。

**使い方** 毎日《まいにち》の練習《れんしゅう》も、き道《どう》に乗《の》ってきた。

**参考** き道《どう》は、列車《れっしゃ》の線路《せんろ》のこと。

慣用句

## 気《き》にさわる

相手《あいて》の言《い》ったことや、したことを、不《ふ》ゆかいだと感《かん》じる。

**使い方** 子《こ》どもあつかいされたことが、妹《いもうと》の気《き》にさわったらしい。

ことわざ

## 木《き》に竹《たけ》をつぐ

物《もの》ごとの前後《ぜんご》のつながりがおかしい。また、二《ふた》つの物《もの》ごとのつり合《あ》いがとれていない。

**使い方** 先生《せんせい》は、上《うえ》はワイシャツとネクタイなのに下《した》は半《はん》ズボンという、木《き》に竹《たけ》をついだようなかっこうをしてきた。

**参考** つぐは、つぎ木《き》をするという意味《いみ》で、木《き》の枝《えだ》や芽《め》を切《き》り取《と》って、似《に》た種類《しゅるい》の別《べつ》の木《き》の幹《みき》につなげて育《そだ》てること。しかし、木《き》と竹《たけ》では種類《しゅるい》がちがうので、つぎ木《き》はできないということから。

故事成語

## 木《き》によりて魚《うお》を求《もと》む

やり方《かた》がまちがっていれば、どんなに努力《どりょく》をしてもむだで、いつまでたっても求《もと》めるものを得《え》ることはできない。

**参考** 木《き》に登《のぼ》って魚《さかな》をとろうとしても、そんなことはできるはずがないという意味《いみ》。昔《むかし》、中国《ちゅうごく》で、ある国《くに》の王《おう》が、戦争《せんそう》でほかの国《くに》を負《ま》かして、自分《じぶん》の国《くに》を広《ひろ》げようとしていた。それを聞《き》いたある学者《がくしゃ》が、「それでは木《き》に登《のぼ》って魚《さかな》をとろうとするようなものだ」と言《い》って、よい政治《せいじ》を行《おこな》うことで国《くに》を豊《ゆた》かにする方《ほう》が発展《はってん》につながると言《い》い聞《き》かせたという話《はなし》から。

ことわざ

## 昨日《きのう》の敵《てき》は今日《きょう》の友《とも》

（＝昨日《きのう》の友《とも》は今日《きょう》の敵《てき》）

人《ひと》と人《ひと》との関係《かんけい》は変《か》わりやすく、あてにならない。

**参考** 今《いま》まで敵《てき》だった人《ひと》が、急《きゅう》に味方《みかた》になるということから。「昨日《きのう》の友《とも》は今日《きょう》の敵《てき》」ともいう。

慣用句

## きびすを返《かえ》す

引《ひ》き返《かえ》す。後《あと》もどりする。

**使い方** さいふを忘《わす》れたことに気《き》がついて、きびすを返《かえ》して家《いえ》にもどった。

**参考** きびすは、かかとのこと。かかとを逆《ぎゃく》にして、後《うし》ろを向《む》くということから。

慣用句

## 決《き》まりが悪《わる》い

はずかしくて、人《ひと》に会《あ》えないくらいだ。

**使い方** 水着《みずぎ》を忘《わす》れて体育《たいいく》を見学《けんがく》するなんて、とても決《き》まりが悪《わる》い。

**参考** 決《き》まりは、見《み》る人《ひと》にあたえる感《かん》じ。

慣用句

## 肝《きも》がすわる

どんなときにも落《お》ち着《つ》いていて、あわてたり、こわがったりしない。

**使い方** おじいさんはとても肝《きも》がすわった人《ひと》で、地《じ》しんのときも、のんびりとごはんを食《た》べていた。

**参考** 肝《きも》は「胆《きも》」とも書《か》き、もとは肝臓《かんぞう》をあらわすことばだが、ここでは心《こころ》、物《もの》ごとをおそれたりしない落《お》ち着《つ》いた気持《きも》ちという意味《いみ》。

慣用句

## 肝《きも》にめいじる

忘《わす》れないように、しっかりと自分《じぶん》に言《い》い聞《き》かせる。

**使い方** 油断《ゆだん》して失敗《しっぱい》しないようにと、肝《きも》にめいじる。

**参考** めいじるは、刻《きざ》みつけること。

慣用句

## 肝《きも》をつぶす

とてもびっくりする。

**使い方** 停電《ていでん》で急《きゅう》に部屋《へや》が真《ま》っ暗《くら》になり、肝《きも》をつぶした。

## 肝《きも》を冷《ひ》やす

慣用句

おそろしいことがあったり、危険《きけん》な目《め》にあって、思《おも》わずぞっとする。

**使い方** 道《みち》を歩《ある》いていたら、とつぜん上《うえ》から何《なに》かが落《お》ちてきて、肝《きも》を冷《ひ》やした。

## 脚光《きゃっこう》を浴《あ》びる

慣用句

たくさんの人《ひと》から注目《ちゅうもく》される。

**使い方** かれは、コンクールで優勝《ゆうしょう》して脚光《きゃっこう》を浴《あ》びた。

**参考** 脚光《きゃっこう》は、ぶたいで足《あし》もとから照《て》らすライトのこと。ぶたいでライトを浴《あ》びて、観客《かんきゃく》から注目《ちゅうもく》されるということから。

## 九死《きゅうし》に一生《いっしょう》を得《え》る

ことわざ

もう少《すこ》しで死《し》んでしまうような危険《きけん》な目《め》にあったが、どうにか命《いのち》が助《たす》かる。

**使い方** おぼれかかったけれど、助《たす》けてもらって九死《きゅうし》に一生《いっしょう》を得《え》た。

**参考** 十《じゅう》のうち九《きゅう》は死《し》んでしまい、助《たす》かる見《み》こみは一《いち》しかないだろうと思《おも》っていたが、助《たす》かるということから。

## 窮《きゅう》すれば通《つう》ず

故事成語

困《こま》ったときや追《お》いつめられてどうしようもないときには、かえってよい考《かんが》えなどがうかんで、うまくいくものだ。

**参考** 窮《きゅう》するは、とても困《こま》るという意味《いみ》。

## 窮鼠《きゅうそ》猫《ねこ》をかむ

故事成語

どんなに弱《よわ》いものでも、追《お》いつめられて必死《ひっし》になると、強《つよ》いものに立《た》ち向《む》かっていくことがある。

**参考** 窮鼠《きゅうそ》は、追《お》いつめられたねずみという意味《いみ》。猫《ねこ》に追《お》いかけられていたねずみも、追《お》いつめられてにげる場所《ばしょ》がなくなると、猫《ねこ》にかみつくということから。

## 器用貧乏《きようびんぼう》

四字熟語

何《なん》でも一応《いちおう》はじょうずにでき、いろいろなことをやるので、一《ひと》つのことに集中《しゅうちゅう》できなくて成功《せいこう》しない。何《なん》でもうまくこなすが、これだけはだれにも負《ま》けないというものがない。

**使い方** スポーツは何《なん》でも得意《とくい》だけれど、器用《きよう》貧乏《びんぼう》にならないようにサッカーに集中《しゅうちゅう》しよう。

## 漁夫《ぎょふ》の利《り》

故事成語

ふたりの人《ひと》が争《あらそ》っているうちに、その争《あらそ》いには関係《かんけい》のない別《べつ》の人《ひと》が得《とく》をする。

**使い方** お兄《にい》さんと妹《いもうと》がけんかをしているすきに、わたしが漁夫《ぎょふ》の利《り》を得《え》て、一《ひと》つだけ残《のこ》っていたアイスクリームを食《た》べてしまった。

**参考** 漁夫《ぎょふ》は、漁師《りょうし》のこと。あるとき、しぎという鳥《とり》がくちばしで貝《かい》の肉《にく》をつついたら、くちばしをはさみつけられてしまった。しぎが「このままでは、お前《まえ》はひからびてしまうぞ」と言《い》うと、貝《かい》も「このままでは、お前《まえ》は何《なに》も食《た》べることができないぞ」と言《い》い、どちらもゆずろうとしない。そこへ、ひとりの漁師《りょうし》が通《とお》りかかり、両方《りょうほう》ともつかまえてしまったという中国《ちゅうごく》の話《はなし》から。

## 清水《きよみず》のぶたいから飛《と》び下《お》りる

ことわざ

とても固《かた》く決心《けっしん》して、思《おも》い切《き》って何《なに》かをする。

**使い方** 清水《きよみず》のぶたいから飛《と》び下《お》りるつもりで、ひとりで旅行《りょこう》をした。

**参考** 清水《きよみず》は、京都《きょうと》の清水寺《きよみずでら》のこと。高《たか》いがけの上《うえ》に造《つく》られた清水寺《きよみずでら》のぶたいから飛《と》び下《お》りるほどの強《つよ》い気持《きも》ちであるということから。

## 虚《きょ》をつく

慣用句

相手《あいて》が油断《ゆだん》しているところや、まだ準《じゅん》備《び》ができていないところを、とつぜんせめる。

**使い方** 試合《しあい》が始《はじ》まってすぐ、虚《きょ》をつかれてシュートを決《き》められた。

## 気《き》をはく

慣用句

いきおいのいいことばを言《い》ったり、いきおいがよく元気《げんき》なところを見《み》せる。

**使い方** 弟《おとうと》はきょうの試合《しあい》で、ヒットを二本《にほん》打《う》って気《き》をはいた。

## 木《き》を見《み》て森《もり》を見《み》ず

ことわざ

物《もの》ごとの細《こま》かい部分《ぶぶん》ばかりを気《き》にして、全体《ぜんたい》を見《み》ていない。

**使い方** 値札《ねふだ》ばかり気《き》にしていて、にせ物《もの》を買《か》わされてしまっては、木《き》を見《み》て森《もり》を見《み》ずだ。

**参考** 一本一本《いっぽんいっぽん》の木《き》ばかりを見《み》ていては、森《もり》全体《ぜんたい》のようすはわからないということから。

## 空前絶後《くうぜんぜつご》

四字熟語

今《いま》までにもなく、これからもないだろうと思《おも》われるほど、とてもめずらしい。

**使い方**

二十点《にじってん》という、サッカーでは空前絶後《くうぜんぜつご》の点差《てんさ》がついてしまった。

**参考**

空前《くうぜん》は、今《いま》より前《まえ》になかったこと。絶《ぜつ》後《ご》は、これから後《あと》にはないだろうということ。

## くぎをさす

慣用句

まちがいのないように、同《おな》じことをくりかえしたりして強《つよ》く言《い》って聞《き》かせる。

**使い方**

あすの朝《あさ》は絶対《ぜったい》にちこくをしないようにと、先生《せんせい》にくぎをさされた。

**参考**

物《もの》が動《うご》かないように、くぎで打《う》ちつけるということから。

## くさいものにふたをする

ことわざ

自分《じぶん》の失敗《しっぱい》や悪《わる》い行《おこな》いなどの知《し》られたくないことを、そのときだけとりあえずかくして、ごまかそうとする。

**参考**

くさいものを捨《す》てて、においのもとをなくそうとするのではなく、そのときだけにおいがしなければよいと、入《い》れ物《もの》にふたをしてしまうということから。

## くさってもたい

ことわざ

本当《ほんとう》にりっぱなものや価値《かち》のあるものは、時間《じかん》がたったりしても、すぐれていることに変《か》わりはない。

**使い方**

ぼくのお父《とう》さんは、若《わか》いころ陸上競技《りくじょうきょうぎ》の選手《せんしゅ》だったから、くさってもたいで、今《いま》でも足《あし》が速《はや》い。

**参考**

たいは、味《あじ》も見《み》た目《め》も魚《さかな》の中《なか》では一番《いちばん》だとされているので、少《すこ》しぐらい古《ふる》くなっても、やはり価値《かち》があるということから。

## 草《くさ》の根《ね》を分《わ》けても

（＝草《くさ》の根《ね》を分《わ》けて探《さが》す）

慣用句

あらゆる方法《ほうほう》で、すみからすみまでよく探《さが》す。

**使い方** 草《くさ》の根《ね》を分《わ》けても弟《おとうと》を見《み》つけてくるようにと、お母《かあ》さんに言《い》われた。

**参考** 「草《くさ》の根《ね》を分《わ》けて探《さが》す」ともいう。

## 口裏《くちうら》を合《あ》わせる

慣用句

人《ひと》に聞《き》かれたときに、おたがいの話《はなし》の内容《ないよう》が食《く》いちがわないようにするために、前《まえ》もって打《う》ち合《あ》わせておく。

**使い方** 気《き》がついたら花《か》びんが割《わ》れていたことにしようと、弟《おとうと》と口裏《くちうら》を合《あ》わせた。

## 口《くち》がうまい

慣用句

おせじや言《い》い訳《わけ》がじょうずだ。相手《あいて》が気《き》に入《い》るような話《はな》し方《かた》をして、その気《き》にさせてしまうのが得意《とくい》だ。

**使い方** この店《みせ》のおじさんは口《くち》がうまいから、ついつい、よけいな物《もの》まで買《か》ってしまう。

## 口《くち》が重《おも》い

慣用句

おとなしくて、あまりしゃべらない。

**使い方** おじさんは、ふだんは口《くち》が重《おも》いけれど、お酒《さけ》を飲《の》むとよくしゃべる。

## 口《くち》がかたい

慣用句

言《い》ってはいけないことを、話《はな》さないでいられる。

**使い方** ぼくは口《くち》がかたいから、なやみごとがあるなら言《い》ってごらん。

## 口《くち》が軽《かる》い

慣用句

言《い》ってはいけないことを、すぐしゃべってしまう。

**使い方** あの人《ひと》は口《くち》が軽《かる》いから、みんなに知《し》られたくないことは話《はな》さない方《ほう》がいい。

## 口《くち》がすっぱくなる

慣用句

（＝口《くち》をすっぱくする）

同《おな》じことばを、いやというほど何度《なんど》もくりかえして言《い》う。

**使い方** 口《くち》がすっぱくなるほど注意《ちゅうい》したのに、弟《おとうと》はまたねぼうした。

**参考** 「口《くち》をすっぱくする」ともいう。

## 口《くち》がすべる

慣用句

（＝口《くち》をすべらす）

本当《ほんとう》は言《い》ってはいけないことや、言《い》うつもりではなかったことを、うっかり言《い》ってしまう。

**使い方** 母《はは》の日《ひ》にいきなりプレゼントをしておどろかせようと思《おも》っていたのに、口《くち》がすべって言《い》ってしまった。

**参考** 「口《くち》をすべらす」ともいう。

## 口《くち》が減《へ》らない

慣用句

いつまでも、へ理《り》くつや負《ま》けおしみを言《い》っている。

**使い方** わざと負《ま》けてやったんだなんて、まったく口《くち》が減《へ》らない人《ひと》たちだ。

**参考** 減《へ》るは、負《ま》けるという意味《いみ》。

## 口《くち》から先《さき》に生《う》まれる

慣用句

おしゃべりだ。よくしゃべって止《と》まらない。

**使い方** 三時間《さんじかん》もおしゃべりを続《つづ》けていられるなんて、まるで口《くち》から先《さき》に生《う》まれてきたような人《ひと》だ。

**参考** 相手《あいて》のことを悪《わる》くいうことば。

## 口《くち》が悪《わる》い

慣用句

人《ひと》が気《き》にしていることや悪《わる》いところなどをわざと取《と》り上《あ》げて、その人《ひと》がいやがるような言《い》い方《かた》をする。

**使い方** あの子《こ》は口《くち》が悪《わる》いので、ほかの子《こ》とよくけんかになる。

## 口車《くちぐるま》に乗《の》せる

慣用句

都合《つごう》のよいうそや作《つく》り話《ばなし》で、相手《あいて》をうまくだます。

**使い方** お姉《ねえ》さんの口車《くちぐるま》に乗《の》せられて、いっしょに部屋《へや》をかたづけさせられた。

**参考** 口車《くちぐるま》は、うまい言《い》い方《かた》という意味《いみ》。

## 口《くち》に合《あ》う

慣用句

食《た》べ物《もの》や飲《の》み物《もの》の味《あじ》が、その人《ひと》の好《この》みに合《あ》っている。

**使い方** そばよりも、うどんの方《ほう》がぼくの口《くち》に合《あ》う。

## くちばしを入《い》れる

慣用句

人《ひと》のすることに、横《よこ》からあれこれ言《い》う。人《ひと》の話《はなし》に割《わ》りこんで口出《くちだ》しする。

**使い方** せっかく子《こ》どもどうしで話《はなし》が盛《も》り上《あ》がっていたのに、お母《かあ》さんがくちばしを入《い》れてきたので、しらけてしまった。

## 口《くち》はわざわいの門《かど》《もん》

故事成語

（＝口《くち》はわざわいのもと）

軽《かる》い気持《きも》ちで言《い》ったことばが、だれかを傷《きず》つけたり、思《おも》いがけない困《こま》ったことにつながることもあるので、しゃべるときはよく注意《ちゅうい》しなければならないということ。

**参考** わざわいは、災難《さいなん》や困《こま》ったこと、門《かど》は、入《い》り口《ぐち》という意味《いみ》。「口《くち》はわざわいのもと」ともいう。

## 口火《くちび》を切《き》る

慣用句

いちばん最初《さいしょ》に始《はじ》めて、その後《あと》のきっかけを作《つく》る。

**使い方** 家族《かぞく》でレストランに行《い》くと、かならず妹《いもうと》が口火《くちび》を切《き》って注文《ちゅうもん》する。

**参考** 口火《くちび》は、火《ひ》なわじゅうやばくだんの火《か》薬《やく》に火《ひ》をつけるときに使《つか》う、もとの火《ひ》のこと。

## 口《くち》も八丁《はっちょう》手《て》も八丁《はっちょう》

慣用句

（＝口八丁手八丁《くちはっちょうてはっちょう》）

しゃべることも、何《なに》かをすることも、どちらもとてもじょうずにできて、すきがない。

**使い方** かれは口《くち》も八丁《はっちょう》手《て》も八丁《はっちょう》だけれど、何《なん》だか信用《しんよう》できない。

**参考** 八丁《はっちょう》は、八《やっ》つの道具《どうぐ》という意味《いみ》。八《やっ》つの道具《どうぐ》を使《つか》いこなすほどじょうずであるということから。ほめるときにはあまり使《つか》わない。「口八丁手八丁《くちはっちょうてはっちょう》」ともいう。

## 口《くち》をきく

慣用句

両方《りょうほう》の間《あいだ》に立《た》って、うまくいくように仲立《なかだ》ちをする。

**使い方** 先生《せんせい》が口《くち》をきいてくれたおかげで、けんかしていた友《とも》だちと仲直《なかなお》りできた。

**参考** もともとは、話《はなし》をするという意味《いみ》。

## 口《くち》をそろえる

慣用句

多《おお》くの人《ひと》が同《おな》じことを言《い》う。

**使い方** 勉強《べんきょう》もスポーツも得意《とくい》なので、親《しん》せきの人《ひと》たちは、口《くち》をそろえてお姉《ねえ》さんのことをほめる。

## 口《くち》を出《だ》す

慣用句

自分《じぶん》には関係《かんけい》のない話《はなし》に、割《わ》りこんで意見《いけん》を言《い》う。

**使い方** これは、ぼくらのクラスの問題《もんだい》だから、ほかのクラスの人《ひと》は口《くち》を出《だ》さないでほしい。

## 口《くち》をとがらせる

慣用句

気《き》に入《い》らないという顔《かお》をする。不満《ふまん》そうな顔《かお》つきをする。

**使い方** 雨《あめ》が降《ふ》って外《そと》で遊《あそ》べないので、妹《いもうと》は朝《あさ》からずっと口《くち》をとがらせている。

## 口《くち》を割《わ》る

慣用句

かくしていることを、かくしきれずにしゃべってしまう。

**使い方** 妹《いもうと》が口《くち》を割《わ》ったので、お母《かあ》さんにないしょで子犬《こいぬ》を拾《ひろ》ってきたことがばれてしまった。

## 苦肉《くにく》の策《さく》

(＝苦肉《くにく》の計《けい》)

どうしてよいのかわからないほど困《こま》ったときに、何《なん》とかしようとして考《かんが》え出《だ》した、苦《くる》しまぎれの思《おも》い切《き》った方法《ほうほう》。

**使い方** おもちゃを買《か》ってもらうための苦肉《くにく》の策《さく》で、毎日《まいにち》お手伝《てつだ》いをすると言《い》った。

**参考** 苦肉《くにく》は、相手《あいて》をだますために自分《じぶん》の体《からだ》を苦《くる》しめるという意味《いみ》。「苦肉《くにく》の計《けい》」ともいう。

## 首《くび》が回《まわ》らない

慣用句

お金《かね》がなくて困《こま》る。借《か》りたお金《かね》が返《かえ》せなくなる。

**使い方** お兄《にい》さんはたくさん本《ほん》を買《か》ってしまったので、おこづかいでは首《くび》が回《まわ》らないようだ。

## 首《くび》にする

（＝首《くび》を切《き》る）

慣用句

勤《つと》めをやめさせる。やとっている人《ひと》をやめさせる。

**使い方** まじめに働《はたら》かないと首《くび》にするぞ。

**参考** 打《う》ち首《くび》（罪人《ざいにん》の首《くび》を刀《かたな》で切《き》ること）にするということから。「首《くび》を切《き》る」ともいう。

## 首《くび》をかしげる

慣用句

おかしいと思《おも》うことがあって、首《くび》を横《よこ》にかたむけて考《かんが》えこんでいる。

**使い方** 何回《なんかい》も数《かぞ》えたはずなのに、どうしても数《かず》が合《あ》わず、首《くび》をかしげる。

**参考** かしげるは、かたむけること。

## 首《くび》をつっこむ

（＝頭《あたま》をつっこむ）

慣用句

あることに興味《きょうみ》をもって、自分《じぶん》から近《ちか》づいていってかかわる。

**使い方** あまり人《ひと》の問題《もんだい》に首《くび》をつっこまない方《ほう》がいい。

**参考** 「頭《あたま》をつっこむ」ともいう。

## 首《くび》を長《なが》くする

慣用句

とても待《ま》ち遠《どお》しい思《おも》いでいる。

**使い方** 妹《いもうと》は、入学式《にゅうがくしき》の日《ひ》を首《くび》を長《なが》くして待《ま》っている。

## 首《くび》をひねる

慣用句

わからないこと、ふしぎに思《おも》っていることについて考《かんが》えこむ。

**使い方** このごろ牛乳《ぎゅうにゅう》の減《へ》り方《かた》が前《まえ》よりも早《はや》いといって、お母《かあ》さんは首《くび》をひねっている。

## くもの子《こ》を散《ち》らすよう

ことわざ

一《ひと》つの場所《ばしょ》に集《あつ》まっていたたくさんの人《ひと》が、何《なに》かのきっかけで、いっせいに散《ち》らばっていく。

**参考** くもは、ふくろの中《なか》に何百個《なんびゃっこ》もの卵《たまご》を産《う》む。このふくろを破《やぶ》ると、卵《たまご》からかえったくもの子《こ》どもがいっせいに散《ち》らばっていくことから。

## 雲《くも》をつかむよう

慣用句

物《もの》ごとがぼんやりとしていたり、あいまいではっきりとしない。

**使い方** 宝探《たからさが》しに行《い》くだなんて、雲《くも》をつかむような話《はなし》だ。

**参考** 空《そら》にうかんでいる雲《くも》をつかむようで、手《て》ごたえがないということから。

## 苦《くる》しいときの神《かみ》だのみ

ことわざ

自分《じぶん》が困《こま》っているときだけ、何《なに》かに助《たす》けてもらいたいと願《ねが》う。

**参考** ふだんは神様《かみさま》や仏様《ほとけさま》を信《しん》じたり拝《おが》んだりしていない人《ひと》が、何《なに》か災難《さいなん》にあったときにだけ、神様《かみさま》に助《たす》けてくれるようにいのるということから。

## 君子《くんし》危《あや》うきに近寄《ちかよ》らず

ことわざ

危険《きけん》なことに近寄《ちかよ》らなければ、災難《さいなん》にもあわない。

**参考** 君子《くんし》は、人《ひと》がらや行《おこな》いのりっぱな人《ひと》。りっぱな人《ひと》は、むやみに危険《きけん》なことはしないということから。

## 軍配《ぐんばい》が上《あ》がる

慣用句

争《あらそ》っていた二《ふた》つのもののうち、どちらかの勝《か》ちが決《き》まる。

**使い方** お父《とう》さんとお母《かあ》さんの口《くち》げんかは、お母《かあ》さんに軍配《ぐんばい》が上《あ》がった。

**参考** 軍配《ぐんばい》は、すもうの行司《ぎょうじ》が持《も》っている、うちわに似《に》た道具《どうぐ》。行司《ぎょうじ》が、勝《か》った方《ほう》の力士《りきし》に軍配《ぐんばい》を上《あ》げることから。

## 群《ぐん》をぬく

慣用句

たくさんのものの中《なか》で特《とく》に目立《めだ》つほど、すぐれている。

**使い方** 大賞《たいしょう》をとった作品《さくひん》は、やはり群《ぐん》をぬいてすばらしかった。

# け

## 芸《げい》がない

慣用句

よくあるようなふつうのやり方《かた》で、くふうが見《み》られず、おもしろくない。

**使い方** いつも同《おな》じかみ型《がた》では芸《げい》がないからと言《い》って、お母《かあ》さんはパーマをかけた。

## 鶏口《けいこう》となるも牛後《ぎゅうご》となるなかれ

故事成語

大《おお》きな集団《しゅうだん》に後《あと》からついていくよりも、たとえ小《ちい》さな集団《しゅうだん》でも、上《うえ》に立《た》つ人間《にんげん》になるべきだ。

**参考** 鶏口《けいこう》はにわとりの口《くち》、牛後《ぎゅうご》は牛《うし》のしっぽという意味《いみ》。昔《むかし》、中国《ちゅうごく》がいくつかの国《くに》に分《わ》かれていたころ、秦《しん》という国《くに》が力《ちから》をつけ、周《まわ》りの国《くに》をなやませていたとき、「力《ちから》のある秦《しん》に従《したが》って牛《うし》のしっぽのようになるよりも、それぞれは小《ちい》さい国《くに》でも、自分《じぶん》たちの国《くに》を守《まも》るために力《ちから》を合《あ》わせて戦《たたか》いましょう」と王《おう》たちを説得《せっとく》した人《ひと》がいたという話《はなし》から。

## 蛍雪《けいせつ》の功《こう》

故事成語

苦労《くろう》して勉強《べんきょう》した結果《けっか》、得《え》たもの。

**参考** 昔《むかし》、中国《ちゅうごく》で、貧《まず》しくて、明《あ》かりにする油《あぶら》を買《か》えなかったが、夏《なつ》の夜《よる》は蛍《ほたる》を集《あつ》めた明《あ》かりで、冬《ふゆ》の夜《よる》は雪《ゆき》の明《あ》かりで勉強《べんきょう》をして、りっぱな役人《やくにん》になった人《ひと》たちがいたという話《はなし》から。

## 芸《げい》は身《み》を助《たす》ける

ことわざ

しゅ味《み》などで身《み》につけた芸《げい》やわざは、生活《せいかつ》に困《こま》ったときには助《たす》けになる。

**使い方** 会社《かいしゃ》をやめたおじさんは、芸《げい》は身《み》を助《たす》けるで、近所《きんじょ》の人《ひと》たちにしゅ味《み》のギターを教《おし》えて生活《せいかつ》しているそうだ。

## けがの功名《こうみょう》

ことわざ

何《なん》となくやったことや、自分《じぶん》では失敗《しっぱい》だと思《おも》っていたことが、思《おも》いがけずよい結果《けっか》につながる。

**使い方** 放課後先生《ほうかごせんせい》に残《のこ》されたけれど、けがの功名《こうみょう》で夕立《ゆうだち》にあわずにすんだ。

**参考** けがは、失敗《しっぱい》やまちがいという意味《いみ》。功名《こうみょう》は、手《て》がらのこと。

## げたを預《あず》ける

慣用句

問題《もんだい》の解決《かいけつ》や物《もの》ごとの決定《けってい》をすべて相《あい》手《て》に任《まか》せて、やってもらう。

**使い方** どんなに話《はな》し合《あ》っても意見《いけん》がうまくまとまらないので、委員長《いいんちょう》にげたを預《あず》けることにした。

**参考** げたを人《ひと》に預《あず》けてしまうと、どこにも出《で》かけられないということから。

## けむに巻《ま》く

慣用句

訳《わけ》のわからないことなどをいろいろと言《い》って相手《あいて》を困《こま》らせて、話《はなし》の大事《だいじ》な点《てん》をごまかす。

**使い方** お兄《にい》さんは、都合《つごう》が悪《わる》くなると難《むずか》しいことばでぼくをけむに巻《ま》こうとする。

**参考** けむは、けむりのこと。けむりの中《なか》にまぎれて、自分《じぶん》の姿《すがた》を相手《あいて》から見《み》えないようにするということから。

## けりをつける

慣用句

物《もの》ごとの結論《けつろん》を出《だ》し、終《お》わりにする。

**使い方** 今《いま》解《と》いている問題《もんだい》にけりをつけないと、宿題《しゅくだい》が終《お》わらない。

**参考** けりは、和歌《わか》や俳句《はいく》の終《お》わりによく使《つか》われることば。

## 犬猿《けんえん》の仲《なか》（＝犬《いぬ》と猿《さる》）

慣用句

とても仲《なか》が悪《わる》い。

**使い方** あのふたりは犬猿《けんえん》の仲《なか》で、町《まち》ですれちがってもあいさつもしない。

**参考** 犬《いぬ》と猿《さる》はとても仲《なか》が悪《わる》いといわれていることから。「犬《いぬ》と猿《さる》」ともいう。

## けんか両成敗《りょうせいばい》

ことわざ

けんかをしていた人《ひと》たちは、どちらか一方《いっぽう》だけが悪《わる》いと決《き》めつけないで、ふたりともこらしめるべきだということ。

**参考** 成敗《せいばい》は、こらしめる、ばつをあたえるという意味《いみ》。

# こ

## 紅一点《こういってん》
故事成語

何人《なんにん》かの男《おとこ》の人《ひと》の中《なか》に、女《おんな》の人《ひと》がひとりだけいる。

**使い方** お母《かあ》さんは、ぼくの家族《かぞく》の紅一点《こういってん》だ。

**参考** 紅《こう》は、あざやかな赤《あか》い色《いろ》のこと。「万《ばん》緑叢中紅一点《りょくそうちゅうこういってん》（緑《みどり》の草《くさ》むらの中《なか》に一《ひと》つだけ赤《あか》い花《はな》がさいている）」という中国《ちゅうごく》の古《ふる》い詩《し》から。

## 光陰矢《こういんや》のごとし
ことわざ

月日《つきひ》は、あっという間《ま》にどんどん過《す》ぎていく。

**使い方** ついこの間《あいだ》生《う》まれたばかりだと思《おも》っていた妹《いもうと》が、もうすぐ小学生《しょうがくせい》だなんて、正《まさ》に光陰矢《こういんや》のごとしだ。

**参考** 光《こう》は太陽《たいよう》、陰《いん》は月《つき》のことで、光陰《こういん》は月《つき》日《ひ》をあらわす。月日《つきひ》は矢《や》が飛《と》んでいくような早《はや》さで過《す》ぎるということから。

## 甲乙《こうおつ》つけがたい
慣用句

二《ふた》つのものが、どちらも同《おな》じくらいすばらしいので、どちらが上《うえ》か決《き》められない。

**使い方** 弟《おとうと》の絵《え》と妹《いもうと》の絵《え》は、甲乙《こうおつ》つけがたいできだった。

**参考** 物《もの》ごとに順番《じゅんばん》をつけるときの、昔《むかし》のいい方《かた》から。甲《こう》は一番目《いちばんめ》、乙《おつ》は二番目《にばんめ》をあらわす。

## 後《こう》かい先《さき》に立《た》たず
ことわざ

物《もの》ごとが終《お》わってしまってから、あれこれくやんでもどうにもならないので、始《はじ》まる前《まえ》によく考《かんが》えたり努力《どりょく》しなければならない。

**使い方** 後《こう》かい先《さき》に立《た》たずだから、試合《しあい》に負《ま》けたくなかったら、とにかく練習《れんしゅう》するしかない。

**参考** 後《こう》かいは、物《もの》ごとが始《はじ》まるよりも先《さき》にすることはできないということから。

## 好事魔多《こうじまおお》し
慣用句

よいことやうまくいきそうなことには、じゃまが入《はい》りやすい。

**使い方** 遠足《えんそく》も無事《ぶじ》に終《お》わりそうだけれど、好事魔多《こうじまおお》しというから、油断《ゆだん》はできない。

**参考** 好事《こうじ》は、めでたいこと。魔《ま》は、よくないこと。

## 郷《ごう》に入《い》っては郷《ごう》に従《したが》え

ことわざ

物《もの》ごとのやり方《かた》やしきたりというのは場所《ばしょ》によってちがうので、ほかの土地《とち》へ行《い》ったら、それぞれのやり方《かた》に従《したが》った方《ほう》がよい。

**参考** 郷《ごう》は、地方《ちほう》やいなかという意味《いみ》。

## 弘法《こうぼう》にも筆《ふで》の誤《あやま》り

ことわざ

どんな名人《めいじん》でも、たまには失敗《しっぱい》をすることもある。

**参考** 弘法《こうぼう》は、弘法大師《こうぼうだいし》(空海《くうかい》)のこと。書道《しょどう》の名人《めいじん》として有名《ゆうめい》な弘法大師《こうぼうだいし》でも、たまには字《じ》を書《か》きまちがえることもあるということから。

## 弘法筆《こうぼうふで》を選《えら》ばず

ことわざ

本当《ほんとう》の名人《めいじん》は、道具《どうぐ》のよい悪《わる》いにかかわらず、りっぱな仕事《しごと》をする。

**参考** 弘法大師《こうぼうだいし》は、筆《ふで》が悪《わる》くてもすばらしい字《じ》を書《か》くことができたということから。

## 公明正大《こうめいせいだい》

四字熟語

かくしごとなどがなく、だれが見《み》ても公平《こうへい》で正《ただ》しくて、堂々《どうどう》としている。

**使い方** 公明正大《こうめいせいだい》に、選挙《せんきょ》で学級委員《がっきゅういいん》を決《き》めることになった。

## 紺屋《こうや》《こんや》の白《しろ》ばかま

ことわざ

人《ひと》のためにばかりいそがしくしていて、自分《じぶん》のために何《なに》かをするひまがない。また、いつでもできると思《おも》っていて、結局《けっきょく》はできないで終《お》わる。

**参考** 紺屋《こうや》は、もともとは、あい染《ぞ》めを仕事《しごと》にしている人《ひと》をあらわすことば。その後《ご》、染《そ》め物屋《ものや》のことをいうようになった。染《そ》め物屋《ものや》が、自分《じぶん》は染《そ》めていない白《しろ》いはかまをはいているのは、おかしなことだということから。

## 業《ごう》をにやす

慣用句

なかなか思《おも》い通《どお》りにならずいらいらし、がまんできなくなっておこる。

**使い方** ぼくたちがかたづけないので、業《ごう》をにやしたお母《かあ》さんは、まんがをみんな捨《す》ててしまった。

**参考** 業《ごう》は、「業腹《ごうはら》」ということばが短《みじか》くなったもの。とても腹《はら》が立《た》つという意味《いみ》。

## 呉越同舟《ごえつどうしゅう》

故事成語

仲《なか》の悪《わる》い者《もの》どうしが、一《ひと》つの場所《ばしょ》にいっしょにいたり、力《ちから》を合《あ》わせて一《ひと》つのことをする。

**参考** 呉《ご》と越《えつ》は、昔《むかし》の中国《ちゅうごく》にあった国《くに》の名前《なまえ》。呉《ご》と越《えつ》は仲《なか》が悪《わる》く、長《なが》い間戦争《あいだせんそう》をしていた。ところが、あるとき二《ふた》つの国《くに》の人《ひと》たちが乗《の》っていた船《ふね》があらしにあうと、船《ふね》がしずまないようにおたがいに力《ちから》を合《あ》わせて助《たす》け合《あ》ったという話《はなし》から。

## 故郷《こきょう》へにしきをかざる

（＝にしきを着《き》て故郷《こきょう》に帰《かえ》る）

ことわざ

故郷《こきょう》を出《で》ていって別《べつ》の土地《とち》で成功《せいこう》した人《ひと》が、故郷《こきょう》に帰《かえ》ってきて、りっぱになったところを見《み》せる。

**参考** にしきは、金色《きんいろ》や銀色《ぎんいろ》などの糸《いと》で織《お》った、りっぱな絹織物《きぬおりもの》。にしきで着《き》かざって故郷《こきょう》に帰《かえ》るということから。「にしきを着《き》て故郷《こきょう》に帰《かえ》る」ともいう。

## 黒白《こくびゃく》をつける

（＝白黒《しろくろ》をつける）

慣用句

正《ただ》しいのはどちらか、よい悪《わる》いをはっきりとさせる。

**使い方** ぼくと弟《おとうと》、どちらが正《ただ》しいか、お父《とう》さんに黒白《こくびゃく》をつけてもらった。

**参考** 黒《こく》は、まちがっていること、悪《わる》いことをあらわし、白《びゃく》は、正《ただ》しいこと、よいことをあらわす。「白黒《しろくろ》をつける」ともいう。

## 虎穴《こけつ》に入《い》らずんば虎子《こじ》《こし》を得《え》ず

故事成語

目的《もくてき》を果《は》たすためには、少《すこ》しは危険《きけん》なことをしなければ、よい結果《けっか》は出《で》ない。また、自分《じぶん》の安全《あんぜん》のことばかり考《かんが》えていては、何《なに》も得《え》ることはできない。

**参考** 虎《とら》がすんでいる穴《あな》に入《はい》らなければ、虎《とら》の子《こ》どもをつかまえることはできないということから。

## 心《こころ》が通《かよ》う

慣用句

おたがいの気持《きも》ちが相手《あいて》に伝《つた》わり、よくわかり合《あ》える。

**使い方** キャンプでいっしょに生活《せいかつ》するうちに、みんなと心《こころ》が通《かよ》い合《あ》った。

## 心《こころ》がはずむ

慣用句

喜《よろこ》びや期待《きたい》で、気持《きも》ちがうきうきする。

**使い方**

転校《てんこう》してしまった友《とも》だちに久《ひさ》しぶりに会《あ》えると思《おも》うと、心《こころ》がはずむ。

## 心《こころ》もとない

慣用句

何《なん》となくたよりないように思《おも》えて、不《ふ》安《あん》だ。

**使い方**

弟《おとうと》にひとりで留守番《るすばん》をさせるのは、心《こころ》もとない。

## 心《こころ》を打《う》たれる

慣用句

深《ふか》く感心《かんしん》する。感動《かんどう》する。

**使い方**

卒業生《そつぎょうせい》のお別《わか》れのことばに、強《つよ》く心《こころ》を打《う》たれた。

## 心《こころ》をうばわれる

慣用句

ほかのことは忘《わす》れてしまうほど、あることに引《ひ》きつけられ、むちゅうになる。

**使い方**

妹《いもうと》は、かわいい服《ふく》にすっかり心《こころ》をうばわれてしまって、そこから動《うご》かなくなってしまった。

## 心《こころ》を鬼《おに》にする

慣用句

かわいそうだとは思《おも》うけれど、その人《ひと》のためになるように、わざときびしくする。

**使い方**

先生《せんせい》は、ぼくたちのために心《こころ》を鬼《おに》にして、何度《なんど》も漢字《かんじ》の書《か》き取《と》りをやらせているんだろう。

**参考**

鬼《おに》は、冷《つめ》たい人《ひと》、思《おも》いやりのない人《ひと》のたとえ。

## 心《こころ》をくだく

慣用句

あることについて、いろいろとなやんだり、心配《しんぱい》をする。うまくいくように、あれこれと考《かんが》える。

**使い方**

先生《せんせい》はいつも、クラス全員《ぜんいん》が仲《なか》よくなれるようにと、心《こころ》をくだいてくれている。

## 腰《こし》がぬける
（＝腰《こし》をぬかす）

慣用句

立《た》っていられなくなるほど、ひどくおどろく。また、おどろきのあまり力《ちから》がぬける。

**使い方** 目《め》の前《まえ》にねずみが飛《と》び出《だ》してきたので、びっくりして腰《こし》がぬけてしまった。

**参考** 「腰《こし》をぬかす」ともいう。

## 腰《こし》が低《ひく》い

慣用句

ほかの人《ひと》に対《たい》して、いばらず、ていねいな態度《たいど》で接《せっ》する。

**使い方** この店《みせ》のおじさんは、お客《きゃく》さんだけではなく、だれに対《たい》しても腰《こし》が低《ひく》い。

**参考** 腰《こし》を低《ひく》くした姿勢《しせい》で話《はな》すようすから。

## 虎視眈々《こしたんたん》

故事成語

目的《もくてき》を果《は》たすためによいときが来《こ》ないかと、待《ま》ち構《かま》えている。

**使い方** 二位《にい》のチームも、優勝《ゆうしょう》のチャンスを虎《こ》視眈々《したんたん》とねらっている。

**参考** 虎視《こし》は、虎《とら》のおそろしい目《め》つきのこと。眈々《たんたん》は、えものをねらって、じっとにらんでいるようす。

## 五十歩百歩《ごじっぽひゃっぽ》

故事成語

似《に》たようなもので、あまりちがいがなく、どちらがよいともいえない。

**参考** 昔《むかし》、中国《ちゅうごく》で、戦場《せんじょう》からふたりの兵士《へいし》がにげ出《だ》したが、後《あと》で五十歩《ごじっぽ》にげた兵士《へいし》が、百歩《ひゃっぽ》にげた兵士《へいし》をおくびょうだと言《い》ってばかにした。しかし、ふたりともこわくてにげ出《だ》したことには変《か》わりないという話《はなし》から。

## 腰《こし》をすえる

慣用句

落《お》ち着《つ》いて一《ひと》つのことに集中《しゅうちゅう》する。ある場所《ばしょ》にずっといて、何《なに》かをする。

**使い方** 今《いま》まで遊《あそ》んでいたけれど、そろそろ腰《こし》をすえて勉強《べんきょう》しよう。

**参考** どっかりとすわりこんで、何《なに》かをするようすから。

## ことばをにごす

慣用句

都合《つごう》の悪《わる》いことなどを、はっきり言《い》わずにごまかす。

**使い方** 妹《いもうと》の作《つく》った料理《りょうり》をおいしくないとは言《い》えず、ことばをにごした。

## 子《こ》どものけんかに親《おや》が出《で》る

ことわざ

小《ちい》さなことによけいな口《くち》を出《だ》して、さわぎを大《おお》きくする。

**参考** 子《こ》どもどうしのけんかに親《おや》が口《くち》を出《だ》すと、さわぎが大《おお》きくなってしまうので、子《こ》どもに任《まか》せておいた方《ほう》がよいということから。

## ごまめの歯《は》ぎしり

ことわざ

力《ちから》の差《さ》が大《おお》きく、負《ま》けて当《あ》たり前《まえ》な弱《よわ》い者《もの》が、やたらとくやしがる。

**参考** ごまめは、小《ちい》さな魚《さかな》を干《ほ》した食《た》べ物《もの》で、おせち料理《りょうり》などに使《つか》われる。ごまめのような小《ちい》さいものが歯《は》ぎしりをしてくやしがっても、どうにもならないということから。

## ごまをする

慣用句

気《き》に入《い》られようとしたり、自分《じぶん》が得《とく》をするように、人《ひと》のごきげんをとる。

**使い方** 先生《せんせい》はクラスのみんなに平等《びょうどう》だから、ごまをすってもむだだ。

**参考** すりばちでごまをすったときに、すりばちの内側全体《うちがわぜんたい》にくっついてしまうようすを、いろいろな人《ひと》にくっついて、ごきげんをとるようすにたとえた。

## 小耳《こみみ》にはさむ

慣用句

きちんと聞《き》くのではなく、ちらっと、何《なん》となく聞《き》く。

**使い方** 先生《せんせい》が結《けっ》こんするといううわさを小耳《こみみ》にはさんだ。

## 五里霧中《ごりむちゅう》

故事成語

物《もの》ごとのようすがまったくわからず、これからどうしようか迷《まよ》ってしまう。

**参考** 里《り》は、昔《むかし》の長《なが》さの単位《たんい》。五里《ごり》は、およそ二十《にじっ》キロ。昔《むかし》、ふしぎな術《じゅつ》を使《つか》って五里《ごり》にわたって霧《きり》を起《お》こし、道《みち》や方向《ほうこう》をわからなくしてしまう人《ひと》がいたという中国《ちゅうごく》の話《はなし》から。

## 転《ころ》ばぬ先《さき》のつえ

ことわざ

失敗《しっぱい》したときや何《なに》か起《お》こったときに困《こま》らないように、前《まえ》もってしっかり準備《じゅんび》をしておくことが大切《たいせつ》だ。

**使い方** いつどんな災害《さいがい》が起《お》こるかわからないので、転《ころ》ばぬ先《さき》のつえで、ふだんからラジオやかんづめを用意《ようい》してある。

**参考** 何《なに》かにつまずいて転《ころ》ばないように、つえをついて歩《ある》くということから。

慣用句

## 転《ころ》んでも ただでは起《お》きぬ

失敗《しっぱい》したときでも、かならず何《なに》か一《ひと》つは自分《じぶん》の得《とく》になるようなものを見《み》つけようとする。また、それくらい欲《よく》ばりである。

**使い方** かれは転《ころ》んでもただでは起《お》きぬ性格《せいかく》で、ちこくしても、走《はし》ってきたからいい運《うん》動《どう》になったと言《い》っている。

**参考** 転《ころ》んでも、そこに落《お》ちている物《もの》を拾《ひろ》ってからでないと立《た》ち上《あ》がらないということから。

ことわざ

## コロンブスの卵《たまご》

かんたんなように思《おも》えることでも、最《さい》初《しょ》に思《おも》いついたり、実行《じっこう》することは難《むずか》しいものだ。

**参考** コロンブスがアメリカ大陸《たいりく》にたどり着《つ》いたことについて、「だれでもできることだ」と言《い》う人《ひと》がいた。それを聞《き》いたコロンブスは、テーブルの上《うえ》にあったゆで卵《たまご》を立《た》ててみるようにと言《い》ったが、だれもできなかった。その後《あと》でコロンブスは、卵《たまご》の底《そこ》を少《すこ》しつぶして立《た》ててみせ、「アメリカ大陸《たいりく》にたどり着《つ》いたのもこれと同《おな》じで、何《なに》かを思《おも》いついたりくふうしたからできたのだ」と言《い》ったという話《はなし》から。

慣用句

## こわいもの見《み》たさ

おそろしいものだということを聞《き》くと、かえって興味《きょうみ》がわいて、見《み》たくなるものだ。

**使い方** ゆうれいが出《で》るといううわさの旅館《りょかん》には、毎年《まいとし》こわいもの見《み》たさにたくさんの人《ひと》がやって来《く》る。

四字熟語

## 言語道断《ごんごどうだん》

ことばも出《で》ないほど、ひどい。

**使い方** ちこくした上《うえ》に、宿題《しゅくだい》もやっていないなんて、言語道断《ごんごどうだん》だ。

**参考** ことばで説明《せつめい》する道《みち》（方法《ほうほう》）がないということから。もとは、仏教《ぶっきょう》の深《ふか》い教《おし》えは、とてもことばで説明《せつめい》できるものではないという意味《いみ》。

# さ

## 歳月人《さいげつひと》を待《ま》たず

故事成語

年月《としつき》はどんどん過《す》ぎていってしまい、人間《にんげん》の都合《つごう》に合《あ》わせてはくれないのだから、今《いま》という時《とき》を大切《たいせつ》にしようということ。

**参考** 昔《むかし》の中国《ちゅうごく》の詩《し》に出《で》てくることば。

## 再三再四《さいさんさいし》

四字熟語

何度《なんど》も何度《なんど》も。くりかえして何度《なんど》も。

**使い方** お母《かあ》さんは、火《ひ》のもとにはじゅうぶん注意《ちゅうい》するようにと、再三再四《さいさんさいし》言《い》って、出《で》かけた。

**参考** 再三《さいさん》は、二度《にど》も三度《さんど》もという意味《いみ》。再《さい》四《し》は、さらにもう一《ひと》つつけ加《くわ》えて強《つよ》めたことば。

## 先《さき》んずれば人《ひと》を制《せい》す

故事成語

何《なに》ごとも先《さき》に行《おこな》えば、相手《あいて》をおさえて有利《ゆうり》になる。

**参考** 制《せい》すは、おさえるという意味《いみ》。

## 酒《さけ》は百薬《ひゃくやく》の長《ちょう》

故事成語

酒《さけ》は、ほどほどに飲《の》んでいれば、どんな薬《くすり》よりも体《からだ》によい。

**使い方** おじさんは、酒《さけ》は百薬《ひゃくやく》の長《ちょう》だからと、お父《とう》さんへのおみやげにめずらしいお酒《さけ》を買《か》ってきてくれた。

**参考** 百薬《ひゃくやく》の長《ちょう》は、あらゆる薬《くすり》の中《なか》でももっともすぐれているという意味《いみ》。

## さじを投《な》げる

慣用句

どんなに努力《どりょく》しても、よくなる見《み》こみがないので、あきらめてしまう。

**使い方** 弟《おとうと》の宿題《しゅくだい》を見《み》てあげていたけれど、何《なん》回《かい》教《おし》えてもわからないので、とうとうさじを投《な》げてしまった。

**参考** 医者《いしゃ》が病気《びょうき》を治《なお》すのをあきらめて、薬《くすり》を作《つく》るのに使《つか》うさじを投《な》げ出《だ》してしまうということから。

## さばを読《よ》む

ことわざ

自分《じぶん》の都合《つごう》のよいように、数《かず》をごまかして、正《ただ》しくない数字《すうじ》をいう。

**使い方** お母《かあ》さんはこの間《あいだ》、三才《さんさい》さばを読《よ》んで自分《じぶん》の年《とし》をいっていた。

**参考** 魚市場《うおいちば》で早口《はやくち》でさばを数《かぞ》えて、数《かず》をごまかしたということから。

## 様《さま》になる

慣用句

かっこうや、何《なに》かをするときのようすが、それにちょうど合《あ》ったものになる。

**使い方** 弟《おとうと》も二年生《にねんせい》になり、ランドセルを背負《せお》う姿《すがた》も様《さま》になってきた。

**参考** 様《さま》は、物《もの》ごとのようすという意味《いみ》。

## 猿《さる》も木《き》から落《お》ちる

ことわざ

どんな名人《めいじん》でも、失敗《しっぱい》することがある。

**参考** 木登《きのぼ》りが得意《とくい》といわれている猿《さる》でも、木《き》から落《お》ちてしまうことがあるということから。

## 去《さ》る者《もの》は追《お》わず

故事成語

自分《じぶん》のところを去《さ》っていく人《ひと》を、無理《むり》に引《ひ》きとめることはしない。

**参考** 昔《むかし》の中国《ちゅうごく》の学者《がくしゃ》が、自分《じぶん》の教《おし》えを学《まな》ぶ人《ひと》について言《い》ったことば。この後《あと》「来《く》る者《もの》はこばまず（自分《じぶん》のところにやって来《く》る人《ひと》は、どんな人《ひと》でも断《ことわ》らない）」と続《つづ》く。

## さわらぬ神《かみ》にたたりなし

慣用句

困《こま》ったことになりそうなできごとには、手《て》を出《だ》さない方《ほう》がよい。

**使い方** お父《とう》さんはきげんが悪《わる》いから、さわらぬ神《かみ》にたたりなしで、相談《そうだん》するのは、あすにしよう。

**参考** 神様《かみさま》とかかわりをもたなければ、たたり（神様《かみさま》や仏様《ほとけさま》が人《ひと》にあたえるばつ）にあうこともないということから。

## 三寒四温《さんかんしおん》

四字熟語

寒《さむ》い日《ひ》が三日《みっか》ほど続《つづ》いた後《あと》、暖《あたた》かい日《ひ》が四日《よっか》ほど続《つづ》くことをくりかえしながら、だんだん暖《あたた》かくなっていく。

**参考** 冬《ふゆ》から春《はる》にかけての時期《じき》の、天気《てんき》の特《とく》ようをあらわしたことば。

## 三十六計《さんじゅうろっけい》にげるにしかず

ことわざ

めんどうなことが起《お》きたら、いろいろとなやんだり、相手《あいて》と争《あらそ》ったりするよりも、にげてしまった方《ほう》がよい。

**参考** 三十六計《さんじゅうろっけい》は、昔《むかし》の中国《ちゅうごく》で、戦争《せんそう》のときに使《つか》われた三十六種類《さんじゅうろくしゅるい》の作戦《さくせん》。しかずは、かなわないという意味《いみ》。自分《じぶん》に不利《ふり》なときには、どんな作戦《さくせん》を使《つか》うよりも、にげるのがいちばんよいということから。

## 山《さん》しょうは小《こ》つぶでもぴりりとからい

ことわざ

体《からだ》が小《ちい》さくても、才能《さいのう》や実力《じつりょく》がある人《ひと》はいるのだから、小《ちい》さいからといって、ばかにしてはいけない。

**参考** 山《さん》しょうの実《み》は、小《ちい》さくても、舌《した》がしびれるほどからいということから。

## 三度目《さんどめ》の正直《しょうじき》

ことわざ

何《なに》かをするときには、一度《いちど》や二度《にど》は失敗《しっぱい》しても、三度目《さんどめ》くらいには、うまくいくものだ。

**使い方** 二度《にど》失敗《しっぱい》したけれど、三度目《さんどめ》の正直《しょうじき》でとび箱《ばこ》をとべた。

**参考** 正直《しょうじき》は、うそやごまかしがないという意味《いみ》。

## 三人《さんにん》寄《よ》れば文殊《もんじゅ》の知恵《ちえ》

ことわざ

難《むずか》しい問題《もんだい》があっても、三人集《さんにんあつ》まれば、よい考《かんが》えがうかんでくるものだ。

**参考** 文殊《もんじゅ》は、仏教《ぶっきょう》で知《ち》えの仏様《ほとけさま》といわれる、文殊菩薩《もんじゅぼさつ》のこと。

## 残念無念《ざんねんむねん》

四字熟語

とてもくやしくてたまらない。

**使い方** 決勝《けっしょう》まで勝《か》ち進《すす》んだのに、負《ま》けてしまい、残念無念《ざんねんむねん》だ。

**参考** 残念《ざんねん》も無念《むねん》も、くやしいという意味《いみ》。

## 三《さん》びょう子《し》そろう

ことわざ

必要《ひつよう》とされる三《みっ》つの条件《じょうけん》を、すべてそろっている。

**使い方** 頭《あたま》がよくて、走《はし》るのも速《はや》い。しかも、友《とも》だちにはやさしい。そんな、三《さん》びょう子《し》そろった人《ひと》になりたい。

**参考** 日本《にっぽん》の昔《むかし》からの音楽《おんがく》で、三《みっ》つの楽器《がっき》のひょう子《し》がそろうと、美《うつく》しく演奏《えんそう》できるということから。

# し

## 自《じ》画《が》自《じ》賛《さん》

四字熟語

自分《じぶん》で、自分《じぶん》のことや、自分《じぶん》のしたことをほめる。

参考 賛《さん》は、絵《え》につけるほめことばのこと。自分《じぶん》の絵《え》に対《たい》するほめことばを、自分《じぶん》で書《か》くということから。

## しき居《い》が高《たか》い

慣用句

めいわくをかけたり、失礼《しつれい》なことをしてしまったので、その人《ひと》の家《いえ》に行《い》きづらい。

使い方 年賀状《ねんがじょう》の返事《へんじ》を出《だ》さなかったので、友《とも》だちの家《いえ》のしき居《い》が高《たか》い。

参考 しき居《い》は、戸《と》やふすまなどの下《した》にある、みぞがついた板《いた》。げん関《かん》のしき居《い》が高《たか》いと、またいで入《はい》りにくいということから。

## 四《し》苦《く》八《はっ》苦《く》

四字熟語

物《もの》ごとをするのに、大変《たいへん》苦労《くろう》をする。

使い方 家《いえ》じゅうをひとりでそうじしなければならなかったので、四《し》苦《く》八《はっ》苦《く》した。

参考 もとは、人間《にんげん》のあらゆる苦《くる》しみをあらわす、仏教《ぶっきょう》のことば。

## 試《し》行《こう》錯《さく》誤《ご》

四字熟語

いろいろな方法《ほうほう》をためしてみて、失敗《しっぱい》をくりかえしながら正《ただ》しい方法《ほうほう》を探《さが》す。

使い方 試《し》行《こう》錯《さく》誤《ご》を重《かさ》ねて、ついによく飛《と》ぶ紙《かみ》飛《ひ》行《こう》機《き》の折《お》り方《かた》を見《み》つけた。

参考 試《し》行《こう》は、ためしにやってみること。錯《さく》誤《ご》は、まちがいという意味《いみ》。

## 自《じ》業《ごう》自《じ》得《とく》

四字熟語

自分《じぶん》が悪《わる》いことをしたので、その結果《けっか》、自分《じぶん》がばつを受《う》ける。

使い方 勉強《べんきょう》しないで遊《あそ》んでばかりいたから、成績《せいせき》が悪《わる》いのは自《じ》業《ごう》自《じ》得《とく》だ。

参考 自《じ》業《ごう》は、自分《じぶん》の行《おこな》い。自《じ》得《とく》は、ある物《もの》ごとの結果《けっか》として自分《じぶん》に起《お》こること。

ことわざ

## 地獄《じごく》で仏《ほとけ》に会《あ》ったよう

（＝地獄《じごく》で仏《ほとけ》）

とても困《こま》っているときに、思《おも》いがけない助《たす》けを受《う》けて、心《こころ》からうれしく思《おも》う。

**使い方** 迷《まよ》いこんだ山《やま》の中《なか》で、助《たす》けに来《き》てくれた人《ひと》を見《み》つけたときは、地獄《じごく》で仏《ほとけ》に会《あ》ったようだと思《おも》った。

**参考** 「地獄《じごく》で仏《ほとけ》」ともいう。

慣用句

## 舌《した》が肥《こ》える

いつもおいしいものを食《た》べているので、食《た》べ物《もの》の味《あじ》がよいか悪《わる》いかがわかる。

**使い方** おじいさんは、昔《むかし》コックをしていたので、舌《した》が肥《こ》えている。

慣用句

## 舌《した》が回《まわ》る

（＝口《くち》が回《まわ》る）

つかえたりしないで、すらすらとよくしゃべる。

**使い方** かれは、急《きゅう》に意見《いけん》を言《い》うように言《い》われても、よく舌《した》が回《まわ》る。

**参考** 「口《くち》が回《まわ》る」ともいう。

ことわざ

## 親《した》しき仲《なか》にも礼《れい》ぎあり

どんなに仲《なか》がよい相手《あいて》でも、礼《れい》ぎは守《まも》らなくてはいけない。

**参考** 仲《なか》よくなると、ついなれなれしくしたり、遠《えん》りょを忘《わす》れて、そのせいでかえって仲《なか》が悪《わる》くなってしまうことがあるということから。

慣用句

## 舌《した》つづみを打《う》つ

（＝舌《した》づつみを打《う》つ）

食《た》べ物《もの》を、おいしく味《あじ》わって食《た》べる。

**使い方** 夕《ゆう》ごはんの新《しん》せんな魚料理《さかなりょうり》に、みんなで舌《した》つづみを打《う》った。

**参考** おいしい物《もの》を食《た》べて、舌《した》を鳴《な》らす音《おと》が、つづみという楽器《がっき》を打《う》つ音《おと》のようだということから。「舌《した》づつみを打《う》つ」ともいう。

慣用句

## 下《した》にも置《お》かない

お客《きゃく》さんなどを、ていねいにもてなしたり、世話《せわ》をする。

**使い方** おじさんの家《いえ》に遊《あそ》びに行《い》ったら、下《した》にも置《お》かないもてなしを受《う》けた。

**参考** 下《した》は、下座《しもざ》のことで、地位《ちい》の低《ひく》い人《ひと》がすわる席《せき》。相手《あいて》を、下座《しもざ》にはすわらせないということから。

## 舌《した》の根《ね》のかわかぬうち
慣用句

あることを言《い》った、すぐ後《あと》。

**使い方** 弟《おとうと》は、勉強《べんきょう》すると言《い》った舌《した》の根《ね》のかわかぬうちに、もうテレビを見《み》ている。

**参考** ついさっき言《い》ったのと反対《はんたい》のことを言《い》ったりやったりしているのを、注意《ちゅうい》する場合《ばあい》などに使《つか》う。

## 舌《した》を巻《ま》く
慣用句

何《なに》も言《い》えなくなるほど、びっくりしたり、感心《かんしん》する。

**使い方** 弟《おとうと》の書《か》く字《じ》は、お父《とう》さんも舌《した》を巻《ま》くほどのうまさだ。

## 地団駄《じだんだ》をふむ
慣用句

音《おと》がするほどはげしく地面《じめん》をふんで、とてもくやしがる。

**使い方** 残《のこ》り十《じゅう》メートルというところで追《お》いぬかれて優勝《ゆうしょう》をのがし、地団駄《じだんだ》をふんでくやしがった。

**参考** 地団駄《じだんだ》は、地面《じめん》をふむようすからきたことば。

## 七転八倒《しちてんばっとう》
四字熟語

転《ころ》げ回《まわ》るほど苦《くる》しくて、もがいている。

**参考** 七《しち》や八《はち》は、たくさんという意味《いみ》。何度《なんど》も転《ころ》がったりたおれたりするということから。

## 失敗《しっぱい》は成功《せいこう》のもと
（＝失敗《しっぱい》は成功《せいこう》の母《はは》）
ことわざ

失敗《しっぱい》しても、どうして失敗《しっぱい》したのかを考《かんが》えて反省《はんせい》し、まちがっているところを直《なお》せば、次《つぎ》には成功《せいこう》する。

**参考** 「失敗《しっぱい》は成功《せいこう》の母《はは》」ともいう。母《はは》は、お母《かあ》さんが子《こ》どもを生《う》むことから、物《もの》ごとを生《う》み出《だ》すもとという意味《いみ》で使《つか》われる。

## しっぽを出《だ》す
慣用句

かくしていた悪《わる》いことや、ごまかしていたことなどが、ほかの人《ひと》に知《し》られてしまう。

**使い方** 妹《いもうと》は、ないしょでおかしを買《か》って食《た》べたけれど、口《くち》にチョコレートをつけていたためにしっぽを出《だ》した。

**参考** 化《ば》けているたぬきやきつねが、しっぽを見《み》られたために、正体《しょうたい》がわかってしまったということから。

## しっぽを巻《ま》く

慣用句

相手《あいて》にとてもかないそうにないことがわかり、自分《じぶん》が負《ま》けたことを認《みと》める。

**使い方** 口《くち》げんかになったけれど、何《なに》も言《い》い返《かえ》せず、しっぽを巻《ま》いてにげ出《だ》した。

**参考** けんかに負《ま》けた犬《いぬ》が、しっぽを巻《ま》いてにげていくことから。

## しのぎをけずる

ことわざ

同《おな》じぐらいの力《ちから》をもっている人《ひと》どうしが、たがいに負《ま》けないようにと激《はげ》しく争《あらそ》う。

**参考** しのぎは、刀《かたな》の刃《は》の反対側《はんたいがわ》。しのぎがけずれるほど、激《はげ》しく刀《かたな》と刀《かたな》をぶつけ合《あ》って争《あらそ》うようすから。

## しびれを切《き》らす

慣用句

長《なが》い間《あいだ》待《ま》たされて、がまんできなくなってしまう。

**使い方** 三十分《さんじっぷん》待《ま》っても友《とも》だちが来《こ》ないので、しびれを切《き》らして帰《かえ》ってきてしまった。

**参考** 長《なが》い時間《じかん》すわっていると、足《あし》がしびれてしまうことから。

## 始末《しまつ》に負《お》えない

慣用句

自分《じぶん》の力《ちから》ではどうすることもできなくて、困《こま》ってしまう。

**使い方** 親《しん》せきの子《こ》どもが家《いえ》に遊《あそ》びに来《き》たけれど、いたずらばかりしていて始末《しまつ》に負《お》えなかった。

**参考** 始末《しまつ》は、物《もの》ごとをきちんと終《お》わらせるという意味《いみ》。

## 四面楚歌《しめんそか》

故事成語

周《まわ》りがみんな、敵《てき》か自分《じぶん》のことをよく思《おも》っていない人《ひと》ばかりで、だれも助《たす》けてくれない。

**参考** 四面《しめん》は、前後左右《ぜんごさゆう》、四《よっ》つの方向《ほうこう》。昔《むかし》、中国《ちゅうごく》で漢《かん》と楚《そ》という国《くに》が戦《たたか》っていたとき、漢《かん》の軍《ぐん》が楚《そ》の城《しろ》を取《と》り囲《かこ》んだ。漢《かん》の武将《ぶしょう》が兵隊《へいたい》たちに楚《そ》の歌《うた》を歌《うた》わせるという作戦《さくせん》を実行《じっこう》したところ、楚《そ》の武将《ぶしょう》は「楚《そ》の人《ひと》たちはみんな敵《てき》になってしまったのか」と思《おも》いこんで、負《ま》けを覚《かく》ごしたという話《はなし》から。

## 釈迦《しゃか》に説法《せっぽう》

ことわざ

そのことをよく知《し》っている人《ひと》に、わざわざ教《おし》えようとするのは、むだでばかげている。

**参考** 仏教《ぶっきょう》を開《ひら》いた人《ひと》であるお釈迦様《しゃかさま》に、仏《ぶっ》教《きょう》の教《おし》えを説明《せつめい》して聞《き》かせるようなものだということから。

## しゃくし定規《じょうぎ》

慣用句

ある決《き》まった考《かんが》え方《かた》や規則《きそく》にとらわれて、どんな物《もの》ごとにも、それを当《あ》てはめようとする。

**使い方** 時間《じかん》を一分《いっぷん》過《す》ぎただけで受《う》けつけてくれないとは、ずいぶんしゃくし定規《じょうぎ》だ。

**参考** しゃくしは、しゃもじや、おたまのこと。まっすぐではないしゃくしを、無《む》理《り》やり定規《じょうぎ》にしようとするということから。

## 弱肉強食《じゃくにくきょうしょく》

故事成語

弱《よわ》い者《もの》が強《つよ》い者《もの》の食《た》べ物《もの》になる。強《つよ》い者《もの》が弱《よわ》い者《もの》をほろぼして、強《つよ》い者《もの》だけが残《のこ》って栄《さか》える。

**使い方** ジャングルは、弱肉強食《じゃくにくきょうしょく》の世界《せかい》だ。

## 蛇《じゃ》の道《みち》は蛇《へび》

ことわざ

同《おな》じ仲間《なかま》のすることは、ほかの人《ひと》にはわからなくても、仲間《なかま》どうしならばすぐにわかる。

**使い方** 蛇《じゃ》の道《みち》は蛇《へび》で、友《とも》だちの顔《かお》を見《み》て、いたずらしようとしているのがわかった。

**参考** 蛇《へび》の通《とお》った道《みち》は、人間《にんげん》にはわからなくても、仲間《なかま》の蛇《へび》にはよくわかるということから。悪《わる》いことをする仲間《なかま》どうしの場合《ばあい》に使《つか》うことが多《おお》い。

## 終止符《しゅうしふ》を打《う》つ

（＝ピリオドを打《う》つ）

慣用句

物《もの》ごとに区切《くぎ》りをつけ、終《お》わりにする。

**使い方** 卒業式《そつぎょうしき》は、小学校《しょうがっこう》での生活《せいかつ》に終止符《しゅうしふ》を打《う》つための行事《ぎょうじ》だ。

**参考** 終止符《しゅうしふ》は、英語《えいご》などで、文《ぶん》の終《お》わりにつける印《しるし》（「.」）のことで、ピリオドともいう。日本語《にほんご》の句点《くてん》（「。」）にあたる。

## 十人十色《じゅうにんといろ》

慣用句

好《この》みや考《かんが》え方《かた》は、人《ひと》によってそれぞれちがっている。

**使い方** 好《す》きな本《ほん》は十人十色《じゅうにんといろ》だから、図書館《としょかん》でいちばんおもしろい本《ほん》はどれかなんて、決《き》められない。

**参考** 色《いろ》は、顔《かお》つきや見《み》かけという意味《いみ》。十《じゅう》人《にん》の人《ひと》がいれば十通《じっとお》りの顔《かお》つきや見《み》かけがあるということから。

慣用句

# 重箱《じゅうばこ》のすみをようじでほじくる

（＝重箱《じゅうばこ》のすみをつつく）

どうでもいいような細《こま》かいことまで、あれこれ意見《いけん》を言《い》ったり、問題《もんだい》にしたりする。

**使い方** ちょっとしたまちがいをいちいち直《なお》すなんて、重箱《じゅうばこ》のすみをようじでほじくるようなことはやめてほしい。

**参考** 重箱《じゅうばこ》は、お正月《しょうがつ》などに食《た》べ物《もの》を入《い》れておく、重《かさ》ねることのできる箱《はこ》。重箱《じゅうばこ》のすみに残《のこ》っている食《た》べ物《もの》を、つまようじでほじくって食《た》べるようだということから。「重箱《じゅうばこ》のすみをつつく」ともいう。

故事成語

# 柔《じゅう》よく剛《ごう》を制《せい》す

弱《よわ》いように見《み》える者《もの》も、そのやわらかさを利用《りよう》して強《つよ》い者《もの》の力《ちから》をかわし、勝《か》つことができる。

**参考** もとは、「柔《じゅう》よく剛《ごう》を制《せい》し、弱《じゃく》はよく強《きょう》を制《せい》す」ということば。柔《じゅう》は、やわらかくてしなやかであること。剛《ごう》は、かたくて強《つよ》いこと。制《せい》すは、おさえるという意味《いみ》。

ことわざ

# 朱《しゅ》に交《まじ》われば赤《あか》くなる

人《ひと》は、つき合《あ》っている友《とも》だちや周《まわ》りのようすによって変《か》わりやすい。悪《わる》い友《とも》だちとつき合《あ》っていると、悪《わる》い人間《にんげん》になってしまう。

**参考** 朱《しゅ》は、赤《あか》い色《いろ》のこと。赤《あか》い色《いろ》といっしょになると、すぐ赤《あか》い色《いろ》に染《そ》まってしまうということから。

四字熟語

# 首尾一貫《しゅびいっかん》

（＝終始一貫《しゅうしいっかん》）

考《かんが》え方《かた》や態度《たいど》がしっかりしていて、始《はじ》めから終《お》わりまで変《か》わらずにいる。

**参考** 首尾《しゅび》は、首《くび》からしっぽまでということで、始《はじ》めから終《お》わりをあらわす。一貫《いっかん》は、つらぬくということ。「終始一貫《しゅうしいっかん》」ともいう。

慣用句

# 順風満帆《じゅんぷうまんぱん》

（＝順風《じゅんぷう》に帆《ほ》を上《あ》げる）

物《もの》ごとがすべて、具合《ぐあい》よく進《すす》む。

**使い方** お兄《にい》さんの人生《じんせい》は、今《いま》のところ順風満帆《じゅんぷうまんぱん》だ。

**参考** 順風《じゅんぷう》は、船《ふね》の後《うし》ろからふいてくる風《かぜ》。順風《じゅんぷう》を受《う》けて、船《ふね》がどんどん進《すす》むということから。「順風《じゅんぷう》に帆《ほ》を上《あ》げる」ともいう。

## 春眠《しゅんみん》あかつきを覚《おぼ》えず

故事成語

春《はる》の夜《よる》は暑《あつ》くも寒《さむ》くもなく、ねごこちがよいし、夜《よ》が明《あ》けるのも早《はや》いので、朝《あさ》になっても気《き》がつかずに、ついねすごしてしまうものだ。

**参考** 春眠《しゅんみん》は、春《はる》の夜《よる》のねむり、あかつきは、夜《よ》明《あ》けのこと。覚《おぼ》えずは、気《き》がつかないという意味《いみ》。昔《むかし》の中国《ちゅうごく》の詩《し》から。

## 上手《じょうず》の手《て》から水《みず》がもる

ことわざ

（＝上手《じょうず》の手《て》から水《みず》がもれる）

どんなに上手《じょうず》な人《ひと》でも、時《とき》には失敗《しっぱい》することもある。

**参考** 「上手《じょうず》の手《て》から水《みず》がもれる」ともいう。

## 少年老《しょうねんお》いやすく学成《がくな》りがたし

故事成語

月日《つきひ》のたつのは早《はや》くて、若《わか》いと思《おも》っていても、すぐ老人《ろうじん》になってしまう。しかし、学問《がくもん》の道《みち》は険《けわ》しく、なかなか身《み》につかないものだから、少《すこ》しの時間《じかん》でも大切《たいせつ》にして勉強《べんきょう》しなければならない。

## 小《しょう》の虫《むし》を殺《ころ》して大《だい》の虫《むし》を助《たす》ける

ことわざ

（＝大《だい》の虫《むし》を生《い》かして小《しょう》の虫《むし》を殺《ころ》す）

大《おお》きなことや大事《だいじ》なことを成《な》しとげるために、小《ちい》さいことはがまんする。

**使い方** 小《しょう》の虫《むし》を殺《ころ》して大《だい》の虫《むし》を助《たす》けるで、新《あたら》しい自転車《じてんしゃ》を買《か》うために、おかしはがまんして、おこづかいをためている。

**参考** 「大《だい》の虫《むし》を生《い》かして小《しょう》の虫《むし》を殺《ころ》す」ともいう。

## 枝葉末節《しようまっせつ》

四字熟語

あまり重要《じゅうよう》ではない、どうでもいいことがら。

**参考** 枝葉《しよう》は、木《き》の枝《えだ》と葉《は》っぱのことで、幹《みき》に比《くら》べて大事《だいじ》ではないということをあらわす。末節《まっせつ》は、はしの方《ほう》ということで、どうでもいいことという意味《いみ》。

## 将《しょう》を射《い》んとほっすればまず馬《うま》を射《い》よ

故事成語

（＝人《ひと》を射《い》んとすればまず馬《うま》を射《い》よ）

目的《もくてき》を果《は》たすためには、周《まわ》りから働《はたら》きかけた方《ほう》がうまくいく。

**参考** 相手《あいて》が乗《の》っている馬《うま》を矢《や》で射《い》って殺《ころ》してしまえば、有利《ゆうり》に戦《たたか》いを進《すす》めることができるという、昔《むかし》の中国《ちゅうごく》の話《はなし》から。「人《ひと》を射《い》んとすればまず馬《うま》を射《い》よ」ともいう。

## 食指《しょくし》が動《うご》く

故事成語

ある物《もの》をほしいと思《おも》ったり、あることをしたいという気持《きも》ちになる。

**使い方** お父《とう》さんは、新《あたら》しい車《くるま》のコマーシャルを見《み》て食指《しょくし》が動《うご》いたようだったが、お母《かあ》さんが反対《はんたい》したのであきらめた。

**参考** 食指《しょくし》は、人《ひと》さし指《ゆび》のこと。もとは、食《しょく》欲《よく》が起《お》こるという意味《いみ》のことば。

## 初心忘《しょしんわす》るべからず

ことわざ

どんなことでも、それを始《はじ》めようと思《おも》ったときの、まじめな気持《きも》ちを忘《わす》れてはいけない。

**参考** 初心《しょしん》は、最初《さいしょ》のときの、まじめな気持《きも》ちという意味《いみ》。

## 知《し》らぬが仏《ほとけ》

ことわざ

知《し》っていれば、おこったり気《き》になったりするようなことも、知《し》らなければ、気《き》にならずにおだやかな気持《きも》ちでいられる。

**参考** 仏《ほとけ》は、おだやかな人《ひと》のたとえ。周《まわ》りの人《ひと》がみんな知《し》っているのに、本人《ほんにん》だけが知《し》らないようなときに、からかって言《い》う場合《ばあい》が多《おお》い。

## 白羽《しらは》の矢《や》が立《た》つ

慣用句

たくさんの中《なか》から、特《とく》に選《えら》ばれる。

**使い方** 学級委員長《がっきゅういいんちょう》として、かれに白羽《しらは》の矢《や》が立《た》った。

**参考** 昔《むかし》、神様《かみさま》にささげる人間《にんげん》を出《だ》す家《いえ》の屋《や》根《ね》に、神様《かみさま》が白《しろ》い羽《はね》の矢《や》を立《た》てたという言《い》い伝《つた》えから。

## 尻馬《しりうま》に乗《の》る

慣用句

自分《じぶん》では何《なに》も考《かんが》えずに、ほかの人《ひと》と同《おな》じことをしたり、ほかの人《ひと》の意見《いけん》に賛《さん》成《せい》する。

**使い方** 友《とも》だちの尻馬《しりうま》に乗《の》って、授業中《じゅぎょうちゅう》さわいではいけない。

**参考** 人《ひと》の乗《の》っている馬《うま》のお尻《しり》に、いっしょに乗《の》るということから。

## 尻《しり》が重《おも》い

慣用句

物《もの》ごとをしようとするときに、めんどうだと思《おも》って、なかなかやり始《はじ》めない。

**使い方** 大《おお》そうじをしようと思《おも》ったのだけれど、みんな尻《しり》が重《おも》いせいで、まだ何《なに》もできていない。

## 尻《しり》が軽《かる》い

慣用句

よく考《かんが》えずに、どんなことでも気軽《きがる》にやってしまう。

**使い方** かれは尻《しり》が軽《かる》いので、いろいろなことをたのまれてしまう。

## 尻《しり》が長《なが》い

慣用句

人《ひと》の家《いえ》をたずねると、話《はなし》をしていたりして、なかなか帰《かえ》らない。

**使い方** きょう来《く》るお客《きゃく》さんは尻《しり》が長《なが》いから、夜《よる》までいるかもしれない。

## 尻《しり》切《き》れとんぼ

ことわざ

物《もの》ごとがとちゅうで終《お》わってしまって、後《あと》が続《つづ》かない。

**使い方** 国語《こくご》の授業《じゅぎょう》で作文《さくぶん》を書《か》いたけれど、時間《じかん》が足《た》りなくて尻《しり》切《き》れとんぼになってしまった。

## 尻《しり》に火《ひ》がつく

慣用句

予定《よてい》の期限《きげん》がせまってきて、のんびりしていられなくなる。

**使い方** 弟《おとうと》は、いつもテストの前《まえ》の日《ひ》になって尻《しり》に火《ひ》がついてから勉強《べんきょう》を始《はじ》める。

## 支《し》離《り》滅裂《めつれつ》

四字熟語

話《はなし》などが、まとまりがなくてめちゃくちゃである。

**使い方** あわてて話《はな》すと支離滅裂《しりめつれつ》になるから、落《お》ち着《つ》いてから話《はな》してごらん。

**参考** 支離《しり》は、ばらばらである、滅裂《めつれつ》は、まとまりがないという意味《いみ》。

## 尻《しり》をたたく

慣用句

何《なに》かをやらせるために、はげましたり、せかしたり、しかったりする。

**使い方** お母《かあ》さんに尻《しり》をたたかれて、しぶしぶ宿題《しゅくだい》を始《はじ》めた。

## 尻《しり》をぬぐう

（＝尻《しり》ぬぐいをする）

慣用句

ほかの人《ひと》がした失敗《しっぱい》の後始末《あとしまつ》をする。

**使い方** 弟《おとうと》の失敗《しっぱい》の尻《しり》をぬぐうのは、いつもわたしだ。

**参考** 「尻《しり》ぬぐいをする」ともいう。

## 白《しろ》い目《め》で見《み》る

慣用句

疑《うたが》いやにくしみの気持《きも》ちをもって、何《なに》かを見《み》る。

**使い方** 電車《でんしゃ》の中《なか》で大声《おおごえ》で話《はな》していたら、周《まわ》りの人《ひと》から白《しろ》い目《め》で見《み》られた。

## 心機一転《しんきいってん》

慣用句

あることをきっかけにして、気持《きも》ちをよい方向《ほうこう》に切《き》りかえる。

**使い方** 今回《こんかい》のテストは、できが悪《わる》かったけれど、心機一転《しんきいってん》、次《つぎ》のテストではがんばろう。

**参考** 心機《しんき》は、心《こころ》の移《うつ》り変《か》わり。一転《いってん》は、一《いち》度《ど》にすっかり変《か》わるという意味《いみ》。

## 針小棒大《しんしょうぼうだい》

四字熟語

物《もの》ごとを、とても大《おお》げさに言《い》う。

**使い方** 妹《いもうと》の話《はなし》は、いつも針小棒大《しんしょうぼうだい》だから、あまり信用《しんよう》できない。

**参考** 針《はり》のように細《ほそ》くて小《ちい》さい物《もの》のことを、棒《ぼう》のように大《おお》きいと言《い》うということから。

## 人事《じんじ》をつくして天命《てんめい》を待《ま》つ

ことわざ

やるだけのことをやったので、あとは運命《うんめい》に任《まか》せてあせらずに待《ま》ち、どんな結果《けっか》になっても後《こう》かいはしないということ。

**参考** 人事《じんじ》は、人間《にんげん》の力《ちから》でできること、天命《てんめい》は、変《か》えられない運命《うんめい》という意味《いみ》。

## 心頭《しんとう》を滅却《めっきゃく》すれば火《ひ》もまたすずし

故事成語

どのようなつらい目《め》にあっても、それに打《う》ち勝《か》つ強《つよ》い心《こころ》があれば、苦《くる》しさや痛《いた》さを感《かん》じないものだ。

**参考** 昔《むかし》の中国《ちゅうごく》の詩《し》の中《なか》にあることば。心頭《しんとう》は、心《こころ》の中《なか》、滅却《めっきゃく》は、消《け》し去《さ》るという意味《いみ》。

# す

## 水魚《すいぎょ》の交《まじ》わり

故事成語

友《とも》だちと、大変《たいへん》仲《なか》よくつき合《あ》う。

**参考** ある人《ひと》が、新《あたら》しくむかえた仲間《なかま》との関係《かんけい》について、昔《むかし》からの仲間《なかま》に説明《せつめい》するときに、「魚《さかな》にとって水《みず》はなくてはならないものであるように、その人《ひと》がいないと生《い》きていけないほど、自分《じぶん》にとって大切《たいせつ》な人《ひと》である」と言《い》ったという、昔《むかし》の中国《ちゅうごく》の話《はなし》から。

## 推敲《すいこう》

故事成語

よい作品《さくひん》にするために、詩《し》や文章《ぶんしょう》を何度《なんど》も読《よ》み返《かえ》して直《なお》す。

**使い方** きみの作文《さくぶん》は推敲《すいこう》ができていないから、むだな部分《ぶぶん》が多《おお》い。

**参考** ある詩人《しじん》が、詩《し》を作《つく》っていて、「僧《そう》は推《お》す月下《げっか》の門《もん》」という句《く》の「推《お》す」のところを、「敲《たた》く」に変えようかどうか迷《まよ》ってしまった。考《かんが》えながら進《すす》んでいくと、ぐうぜん詩人《しじん》としても有名《ゆうめい》なある役人《やくにん》に出会《であ》ったので、相談《そうだん》したところ、「敲《たた》く」の方《ほう》がよいと言《い》ってくれたという昔《むかし》の中国《ちゅうごく》の話《はなし》から。

## すいもあまいもかみ分《わ》ける

ことわざ

いろいろな経験《けいけん》をしているので、人《ひと》の気持《きも》ちや、世《よ》の中《なか》のことがよくわかっている。

**参考** すいは、すっぱい、かみ分《わ》けるは、かんで味《あじ》のちがいがわかるという意味《いみ》。

## 頭寒足熱《ずかんそくねつ》

四字熟語

頭《あたま》は冷《つめ》たくして、足《あし》もとは暖《あたた》かくするのが、健康《けんこう》のためによいということ。

**使い方** おじいさんは、ふだんから頭寒足熱《ずかんそくねつ》を心《こころ》がけているおかげで、いくつになっても健康《けんこう》でいられるそうだ。

ことわざ

## 好《す》きこそ ものの上手《じょうず》なれ

自分《じぶん》の好《す》きなことは、熱心《ねっしん》にけいこしたり、練習《れんしゅう》したりするので、すぐに上手《じょうず》になる。

故事成語

## 過《す》ぎたるは なおおよばざるがごとし

何《なに》ごとも、やりすぎるのは、じゅうぶんやらないのと同《おな》じで、あまりよいことではない。ちょうどよいくらいを考《かんが》えてやることが大切《たいせつ》だ。

**使い方** 熱心《ねっしん》に練習《れんしゅう》するのはいいけれど、過《す》ぎたるはなおおよばざるがごとし、やりすぎるとけがをするよ。

故事成語

## 杜撰《ずさん》

まちがいが多《おお》くて、いいかげんだ。

**使い方** 計画《けいかく》が杜撰《ずさん》だったせいで、夏休《なつやす》みの宿題《しゅくだい》が予定通《よていどお》りに終《お》わらなかった。

**参考** もとは、杜黙《ともく》の撰《さん》（作《つく》った詩《し》）という意味《いみ》。杜黙《ともく》は、昔《むかし》の中国《ちゅうごく》の詩人《しじん》で、この人《ひと》の作《つく》る詩《し》は、詩《し》の決《き》まりごとに合《あ》わないものが多《おお》かったということから。

慣用句

## すずしい顔《かお》

自分《じぶん》がやったのにやっていないふりをしたり、知《し》っているのに知《し》らないふりをしている顔《かお》つき。

**使い方** 妹《いもうと》は、自分《じぶん》がいたずらしておきながら、弟《おとうと》のせいにして、すずしい顔《かお》をしている。

ことわざ

## すずめのなみだ

量《りょう》などが、とても少《すく》ない。

**使い方** がんばってお手伝《てつだ》いをしたのに、すずめのなみだほどのおこづかいしかもらえなかった。

**参考** 小《ちい》さなすずめが流《なが》すなみだぐらいの、わずかな量《りょう》だということから。

ことわざ

## すずめ百《ひゃく》まで おどり忘《わす》れず

小《ちい》さいころに身《み》についたくせや、習《なら》って覚《おぼ》えたことは、年《とし》をとっても変《か》わったり忘《わす》れたりしないものだ。

**参考** 百《ひゃく》までは、死《し》んでしまうまでという意味《いみ》。すずめは、まるでおどっているような歩《ある》き方《かた》を、死《し》ぬまでやめないということから。

## 捨《す》てる神《かみ》あれば拾《ひろ》う神《かみ》あり

ことわざ

自分《じぶん》のことを見捨《みす》てる人《ひと》もいるが、助《たす》けてくれる人《ひと》もきっとどこかにいるはずだから、あまりくよくよしない方《ほう》がよい。

**参考** 人《ひと》の運命《うんめい》は神様任《かみさままか》せだけれど、神様《かみさま》もひとりではないから、心配《しんぱい》しなくてもよいということから。

## 砂《すな》をかむよう

慣用句

物《もの》ごとにおもしろみがなく、つまらなくてうんざりする。

**使い方** 夏休《なつやす》みなのに、友《とも》だちがみんな旅行《りょこう》に行《い》ってしまって遊《あそ》べないので、砂《すな》をかむような毎日《まいにち》だ。

## 図《ず》に乗《の》る

慣用句

物《もの》ごとが自分《じぶん》の思《おも》い通《どお》りになり、いい気《き》になって調子《ちょうし》に乗《の》る。

**使い方** 弟《おとうと》は、とび箱《ばこ》で五段《ごだん》をとべてほめられたので、図《ず》に乗《の》って体操《たいそう》の選手《せんしゅ》になると言《い》い出《だ》した。

## すべての道《みち》はローマに通《つう》ず

ことわざ

ある目的《もくてき》を果《は》たすための方法《ほうほう》は、一《ひと》つだけではない。また、本当《ほんとう》に重要《じゅうよう》な理《り》くつというのは、どんな物《もの》ごとにも当《あ》てはまるものだ。

**参考** 昔《むかし》、ヨーロッパでローマという国《くに》が栄《さか》えていたころ、世界《せかい》じゅうのいろいろな場所《ばしょ》から、ローマに道《みち》が通《つう》じていたことから。

## すみに置《お》けない

慣用句

思《おも》っていたより、いろいろなことを知《し》っていたり、能力《のうりょく》があったりして、軽《かる》く見《み》ることができない。

**使い方** あの子《こ》は、おとなしいけれど、なかなかすみに置《お》けない子《こ》だとわかった。

## 住《す》めば都《みやこ》

ことわざ

どんな所《ところ》でも、しばらく住《す》んでいると、自分《じぶん》に合《あ》った所《ところ》だと思《おも》えるようになって、住《す》みやすくなる。

**使い方** 新《あたら》しい家《いえ》は駅《えき》から遠《とお》くて、最初《さいしょ》は不便《ふべん》だと思《おも》っていたけれど、住《す》めば都《みやこ》で、今《いま》ではとても静《しず》かなところが気《き》に入《い》っている。

**参考** 都《みやこ》は、人《ひと》がたくさん住《す》んでいる大《おお》きな町《まち》、住《す》みやすい場所《ばしょ》ということ。

# せ

## 晴耕雨読《せいこううどく》

四字熟語

世《よ》の中《なか》のできごととはかかわりをもたずに、のんびりと生活《せいかつ》する。

**参考** 晴《は》れた日《ひ》には畑《はたけ》を耕《たがや》し、雨《あめ》が降《ふ》ったら本《ほん》を読《よ》んで過《す》ごすということから。

## せいては ことをし損《そん》ずる

ことわざ

物《もの》ごとをあせってやろうとすると、失《しっ》敗《ぱい》しやすいものだから、急《いそ》いでいるときほどゆっくりやった方《ほう》がよい。

**参考** せくは、あせるという意味《いみ》。

## 青天《せいてん》のへきれき

故事成語

とつぜん起《お》きた、思《おも》いがけないできごとや事件《じけん》。

**使い方** 先生《せんせい》の入院《にゅういん》は、ぼくらにとって青天《せいてん》のへきれきだった。

**参考** へきれきは、かみなりのこと。晴《は》れた青空《あおぞら》なのに、とつぜんかみなりが鳴《な》るということから。

## せきを切《き》る

慣用句

それまでおさえられていた物《もの》ごとが、急《きゅう》に激《はげ》しく動《うご》き始《はじ》める。

**使い方** お母《かあ》さんの顔《かお》を見《み》て安心《あんしん》したのか、妹《いもうと》はせきを切《き》ったように泣《な》き出《だ》した。

**参考** せきは、川《かわ》の流《なが》れを止《と》めておくためのしきり。せきが外《はず》れて、止《と》められていた川《かわ》の水《みず》がいきおいよく流《なが》れ出《だ》すということから。

## 絶体絶命《ぜったいぜつめい》

四字熟語

追《お》いつめられて、危《あぶ》ないことなどから、どうしてもにげることができない。

**使い方** 負《ま》けているのに、あと一分《いっぷん》で試合《しあい》が終《お》わるという絶体絶命《ぜったいぜつめい》のところまで追《お》いこまれた。

**参考** 絶体《ぜったい》と絶命《ぜつめい》は、運命《うんめい》が悪《わる》い方向《ほうこう》へ向《む》かうということをあらわす、うらないで使《つか》うことば。

## 切羽《せっぱ》つまる

慣用句

どうやっても切《き》りぬけられないほど、追《お》いつめられる。

**使い方** いくら切羽《せっぱ》つまったからといっても、弟《おとうと》に宿題《しゅくだい》を手伝《てつだ》ってもらうわけにはいかない。

**参考** 切羽《せっぱ》は、刀《かたな》のつばを固定《こてい》する金具《かなぐ》のこと。これがつまると、刀《かたな》がぬけなくなることから。

## 背《せ》に腹《はら》はかえられぬ

ことわざ

目《め》の前《まえ》の重大《じゅうだい》なことのためには、ほかのことをあきらめたり、失《うしな》ったりするのも仕方《しかた》がない。

**参考** 大事《だいじ》な内臓《ないぞう》のあるおなかは、背中《せなか》のかわりにすることはできないということから。

## せまき門《もん》

慣用句

競争《きょうそう》が激《はげ》しくて、試験《しけん》などに受《う》かるのが難《むずか》しい。

**使い方** この試験《しけん》は、百人《ひゃくにん》にひとりしか合格《ごうかく》できないというせまき門《もん》だ。

**参考** もとは、キリスト教《きょう》の聖書《せいしょ》の中《なか》にある、天国《てんごく》に行《い》くための道《みち》のりのきびしさをいったことば。

## 世話《せわ》を焼《や》く

慣用句

自分《じぶん》から進《すす》んで、人《ひと》のためにあれこれとやってあげる。

**使い方** お母《かあ》さんがいないので、お姉《ねえ》さんが世話《せわ》を焼《や》いてくれる。

## 先見《せんけん》の明《めい》

慣用句

これから先《さき》のことを見通《みとお》すことができる頭《あたま》のよさ。

**使い方** おじいさんは、先見《せんけん》の明《めい》があったので、商売《しょうばい》で大成功《だいせいこう》した。

## 千載一遇《せんざいいちぐう》

故事成語

めったに出会《であ》うことがないほど、すばらしい。

**使い方** 有名人《ゆうめいじん》にサインをもらえる千載一遇《せんざいいちぐう》のチャンスをのがすわけにはいかない。

**参考** 千載《せんざい》は、千年《せんねん》のこと。一遇《いちぐう》は、一回出《いっかいで》会《あ》うという意味《いみ》。千年《せんねん》に一回《いっかい》しか出会《であ》えないほどめずらしいということから。

## 千差万別《せんさばんべつ》

四字熟語

たくさんのものがあって、それぞれ一《ひと》つ一《ひと》つにちがいがある。

**使い方** みんなに聞《き》いてみたら、好《す》きなスポーツは千差万別《せんさばんべつ》だった。

## 前代未聞《ぜんだいみもん》

四字熟語

今《いま》まで聞《き》いたこともないほど、めずらしい。

**使い方** 六年生《ろくねんせい》の担任《たんにん》の三人《さんにん》の先生《せんせい》が、そろってかぜで休《やす》むなんて前代未聞《ぜんだいみもん》だ。

**参考** 前代《ぜんだい》は、今《いま》までの世《よ》の中《なか》、未聞《みもん》は、これまでに聞《き》いたことがないという意味《いみ》。

## 船頭多《せんどうおお》くして船山《ふねやま》にのぼる

ことわざ

何《なに》かをするときに、指示《しじ》する人《ひと》が多《おお》いとうまく話《はなし》がまとまらず、思《おも》ってもみないような方向《ほうこう》に進《すす》んでしまう。

**参考** 船頭《せんどう》は、その船《ふね》でいちばんえらい人《ひと》。一《いっ》そうの船《ふね》に船頭《せんどう》が何人《なんにん》もいると、それぞれが別《べつ》な指示《しじ》をして混乱《こんらん》するので、船《ふね》が山《やま》にのぼるようなおかしなことになってしまうということから。

## 善《ぜん》は急《いそ》げ

ことわざ

もたもたしていると、じゃまが入《はい》ったり、気《き》が変《か》わったりするので、よいと思《おも》ったことはすぐ実行《じっこう》した方《ほう》がよい。

**使い方** 自由研究《じゆうけんきゅう》のテーマを思《おも》いついたので、善《ぜん》は急《いそ》げで、すぐに始《はじ》めよう。

## 前門《ぜんもん》の虎《とら》後門《こうもん》のおおかみ

故事成語

一《ひと》つのわざわいをのがれたと思《おも》ったら、またすぐに次《つぎ》のわざわいに出会《であ》う。

**参考** 前《まえ》の門《もん》の虎《とら》を追《お》いはらったら、後《うし》ろの門《もん》におおかみが来《き》たという、昔《むかし》の中国《ちゅうごく》の話《はなし》から。

## 千里《せんり》の道《みち》も一歩《いっぽ》から

（＝千里《せんり》の行《こう》も一歩《いっぽ》から始《はじ》まる）

故事成語

どんなに大《おお》きな仕事《しごと》も、まず身近《みぢか》なところから始《はじ》まるのだから、まずは自分《じぶん》にできることからしっかりやらなければならない。

**参考** 里《り》は、昔《むかし》の長《なが》さの単位《たんい》。千里《せんり》もある長《なが》い道《みち》のりの旅《たび》でも、まず一歩目《いっぽめ》から始《はじ》まるということから。「千里《せんり》の行《こう》も一歩《いっぽ》から始《はじ》まる」ともいう。

# そ

## 創意工夫《そういくふう》

四字熟語

今《いま》までになかった方法《ほうほう》などを考《かんが》え出《だ》したり、いろいろと工夫《くふう》をする。

**使い方**　みんなが自分《じぶん》なりに創意工夫《そういくふう》して、夏《なつ》休《やす》みの工作《こうさく》を作《つく》ってきた。

**参考**　創意《そうい》は、新《あたら》しい思《おも》いつき。

## そうは問屋《とんや》がおろさない

ことわざ

物《もの》ごとは、自分《じぶん》の都合《つごう》のよいようにばかりは進《すす》まない。

**使い方**　そうじをしないで帰《かえ》ろうと思《おも》っても、そうは問屋《とんや》がおろさないよ。

**参考**　商品《しょうひん》を安《やす》い値段《ねだん》で買《か》って、その分《ぶん》もうけを増《ふ》やそうと思《おも》っても、問屋《とんや》は、思《おも》っているような値段《ねだん》では売《う》ってくれないということから。

## 総領《そうりょう》の甚六《じんろく》

ことわざ

最初《さいしょ》に生《う》まれた子《こ》どもは大切《たいせつ》に育《そだ》てられるので、弟《おとうと》や妹《いもうと》に比《くら》べて、のんびりしておとなしいことが多《おお》い。

**参考**　総領《そうりょう》は、家《いえ》のあとつぎ、最初《さいしょ》の子《こ》どもという意味《いみ》。甚六《じんろく》は、のんびりしていても、家《いえ》のあとをつぐことができる人《ひと》をばかにすることば。

## 底《そこ》をつく

慣用句

ためておいた物《もの》を使《つか》ってしまい、全部《ぜんぶ》なくなる。

**使い方**　本《ほん》を買《か》いすぎてしまい、ついに貯金《ちょきん》が底《そこ》をついた。

値段《ねだん》が、これまででいちばん安《やす》くなる。

**使い方**　とれすぎたせいで、みかんの値段《ねだん》が底《そこ》をついた。

## そつがない

慣用句

細《こま》かい部分《ぶぶん》にまで気《き》をつかっていて、やることに見落《みお》としやむだがない。

**使い方**　同級生全員《どうきゅうせいぜんいん》に年賀状《ねんがじょう》を出《だ》すとは、弟《おとうと》のやることにはそつがない。

## そでふり合《あ》うも他生《たしょう》のえん

ことわざ

(＝そですり合《あ》うも他生《たしょう》のえん)

ふとしたきっかけでできた、人《ひと》とのつき合《あ》いは、大事《だいじ》にしなければならない。

**参考** ふり合《あ》うは、ふれ合《あ》うという意味《いみ》。他生《たしょう》は、「多生《たしょう》」と書《か》くこともある。他生《たしょう》は、今《いま》いる世界《せかい》ではなくて、生《う》まれる前《まえ》や死《し》んだ後《あと》に生《う》まれ変《か》わる世界《せかい》のこと。「多生《たしょう》」は、何度《なんど》も生《う》まれ変《か》わるということ。道《みち》を歩《ある》いていて、知《し》らない人《ひと》と服《ふく》のそでがふれ合《あ》うのも、ぐうぜんではなく、別《べつ》の世界《せかい》でその人《ひと》と何《なに》か関係《かんけい》があったからだという仏教《ぶっきょう》の教《おし》えから。「そですり合《あ》うも他生《たしょう》のえん」ともいう。

## 備《そな》えあればうれいなし

故事成語

ふだんから、何《なに》か起《お》きたときのための準備《じゅんび》をしておけば、心配《しんぱい》ごともなくなるし、いざというときにあわてなくてすむ。

**参考** うれいは、心配《しんぱい》ごとという意味《いみ》。

## 反《そ》りが合《あ》わない

慣用句

性格《せいかく》や考《かんが》え方《かた》がちがうので、仲《なか》よくなれない。

**使い方** あの子《こ》とは反《そ》りが合《あ》わないから、となりにすわりたくない。

**参考** 反《そ》りは、刀《かたな》やそのさやの曲《ま》がり具合《ぐあい》。刀《かたな》とさやの曲《ま》がり具合《ぐあい》が合《あ》っていないと、刀《かたな》がうまくさやに収《おさ》まらないことから。

## そろばんをはじく

慣用句

ある物《もの》ごとが自分《じぶん》にとって損《そん》になるか得《とく》になるかを、考《かんが》えたり計算《けいさん》する。

**使い方** 妹《いもうと》はけちなので、何《なに》をするにも、すぐにそろばんをはじく。

## 損《そん》して得《とく》とれ

ことわざ

今《いま》は少《すこ》し損《そん》をするとしても、後《あと》でもっと大《おお》きなもうけをとることを考《かんが》えて行動《こうどう》するべきだ。また、ちょっとずつもうけようなどと思《おも》わずに、大《おお》きくもうけるようにしなさいということ。

# た

## 対岸《たいがん》の火事《かじ》

慣用句

自分《じぶん》には関係《かんけい》がないから、心配《しんぱい》することはないだろうと思《おも》える物《もの》ごと。

**使い方** となりのクラスでかぜがはやっているのは、対岸《たいがん》の火事《かじ》ではない。

**参考** 対岸《たいがん》は、川《かわ》をはさんだ向《む》こう側《がわ》の岸《きし》。向《む》こう岸《ぎし》の火事《かじ》は、こちらの岸《きし》には燃《も》え移《うつ》る危険《きけん》がないということから。

## 大器晩成《たいきばんせい》

故事成語

本当《ほんとう》にすぐれている人《ひと》は、若《わか》いうちは目立《めだ》たないが、だんだん才能《さいのう》をあらわし、成功《せいこう》する。

**使い方** かれはのんびりしているけれど、実力《じつりょく》はあるので、大器晩成《たいきばんせい》すると思《おも》う。

**参考** 大器《たいき》は、大《おお》きなうつわ。晩成《ばんせい》は、ほかよりおくれて完成《かんせい》するという意味《いみ》。大《おお》きなうつわは、作《つく》るのに時間《じかん》がかかるということから。すぐれた人《ひと》を大《おお》きなうつわにたとえた、昔《むかし》の中国《ちゅうごく》の学者《がくしゃ》のことば。

## 太鼓判《たいこばん》をおす

慣用句

まちがいない、絶対《ぜったい》にだいじょうぶだと、自信《じしん》をもって保証《ほしょう》する。

**使い方** お店《みせ》のおじさんが太鼓判《たいこばん》をおしただけあって、このすいかはとてもあまい。

**参考** 太鼓判《たいこばん》は、太鼓《たいこ》のように大《おお》きなはんこのこと。

## 大山鳴動《たいざんめいどう》して ねずみ一《いっ》ぴき

ことわざ

大《おお》さわぎしたわりに、じっさいはたいしたことが起《お》こらなかった。

**参考** 大《おお》きな山《やま》が音《おと》を鳴《な》りひびかせて動《うご》くので、どうしたのかと見《み》てみたら、たった一《いっ》ぴきのねずみが出《で》てきただけだったということから。大山《たいざん》は「泰山《たいざん》」とも書《か》く。

## 大《だい》同《どう》小《しょう》異《い》

故事成語

細《こま》かいところにはちがいがあっても、全体《ぜんたい》で見《み》ればだいたい同《おな》じで、たいしたちがいがない。

**使い方** 最近《さいきん》のまんがは、みんな大同小異《だいどうしょうい》でおもしろくない。

## 大《だい》は小《しょう》をかねる

故事成語

大《おお》きい物《もの》は小《ちい》さい物《もの》のかわりにも使《つか》える。大《おお》きい物《もの》の方《ほう》が、小《ちい》さい物《もの》より使《つか》い道《みち》がいろいろあって役立《やくだ》つ。

**使い方** 大《だい》は小《しょう》をかねるから、少《すこ》し大《おお》きめのかばんを買《か》おう。

## たががゆるむ

慣用句

きん張《ちょう》していたのがゆるんで、だらしなくなる。グループのまとまりがなくなる。

**使い方** 休《やす》みの後《あと》は、たががゆるんでいるせいか、忘《わす》れ物《もの》が多《おお》い。

**参考** たがは、おけやたるをしめつけるために周《まわ》りにはめる、竹《たけ》や金属《きんぞく》の輪《わ》。

## 高《たか》ねの花《はな》

慣用句

ほしいけれど、見《み》ているだけで手《て》に入《い》れることができないもの。

**使い方** あのかばんがほしいけれど、高《たか》いので、わたしにとっては高《たか》ねの花《はな》だ。

**参考** 高《たか》ねは、高《たか》い山《やま》の頂上《ちょうじょう》のこと。

## 高《たか》みの見物《けんぶつ》

慣用句

自分《じぶん》には関係《かんけい》ない物《もの》ごとの成《な》り行《ゆ》きを、おもしろがってながめている。

**使い方** 高《たか》みの見物《けんぶつ》とばかり、弟《おとうと》たちのけんかを止《と》めずにながめていたら、お母《かあ》さんにしかられた。

**参考** 高《たか》みは、高《たか》い所《ところ》のこと。高《たか》い所《ところ》から下《した》のさわぎを見物《けんぶつ》するようだということから。

## 宝《たから》の持《も》ちぐされ

ことわざ

せっかく役《やく》に立《た》つ物《もの》や才能《さいのう》をもっているのに、うまく使《つか》っていない。

**使い方** いくらいい辞典《じてん》を買《か》ってもらっても、ひかなければ宝《たから》の持《も》ちぐされだ。

**参考** 宝物《たからもの》のようなすばらしい物《もの》を持《も》ったまま、使《つか》わずにくさらせてしまうということから。

## 高《たか》をくくる

慣用句

たいしたことはないだろうと、あまく考《かんが》える。

**使い方** このくらいの宿題《しゅくだい》なら三日《みっか》でできると高《たか》をくくっていたら、一週間《いっしゅうかん》もかかってしまった。

**参考** 高《たか》は、物《もの》ごとの程度《ていど》。くくるは、考《かんが》えなどをまとめるという意味《いみ》。

## 他山《たざん》の石《いし》

故事成語

ほかの人《ひと》の失敗《しっぱい》やまちがい、言《い》ったことなどを、自分《じぶん》の能力《のうりょく》を高《たか》めるための参考《さんこう》にして役立《やくだ》てる。

**使い方** 弟《おとうと》の意見《いけん》も、他山《たざん》の石《いし》としよう。

**参考** よその山《やま》でとれる、何《なん》の価値《かち》もないただの石《いし》でも、自分《じぶん》の宝石《ほうせき》をみがくのに役《やく》に立《た》つということから。

## 蛇足《だそく》

故事成語

あってもむだで、役《やく》に立《た》たないもの。物《もの》ごとの価値《かち》を下《さ》げてしまうような、よけいなつけ足《た》し。

**使い方** 作文《さくぶん》を読《よ》み直《なお》したら、最後《さいご》の段落《だんらく》は蛇足《だそく》だと思《おも》った。

**参考** 昔《むかし》、何人《なんにん》かで、蛇《へび》の絵《え》を早《はや》くかく競争《きょうそう》をしたとき、一番早《いちばんはや》くかけた人《ひと》が、時間《じかん》が余《あま》ったからといって必要《ひつよう》のない足《あし》までつけ足《た》した。そのため、蛇《へび》ではないと言《い》われて負《ま》けてしまったという中国《ちゅうごく》の話《はなし》から。

## ただより高《たか》い物《もの》はない

ことわざ

ただで物《もの》をもらうと、お礼《れい》に何《なに》かを買《か》ったり、たのまれたことを断《ことわ》りづらくなったりと、結局《けっきょく》は、お金《かね》を出《だ》して買《か》うよりかえって高《たか》くつく。

## だだをこねる

慣用句

小《ちい》さい子《こ》があまえて、わがままや無理《むり》なことを言《い》い張《は》る。

**使い方** 妹《いもうと》は、海《うみ》へ行《い》きたいとだだをこねて、仕事《しごと》でいそがしいお父《とう》さんを困《こま》らせている。

**参考** だだは、足《あし》をばたばたさせること。

## 立《た》つ鳥《とり》あとをにごさず

ことわざ

（＝飛《と》ぶ鳥《とり》あとをにごさず）

残《のこ》っている人《ひと》にめいわくがかからないように、きちんと後始末《あとしまつ》をしてから立《た》ち去《さ》る。

**使い方** 立《た》つ鳥《とり》あとをにごさずで、出《で》たごみは全部《ぜんぶ》持《も》ち帰《かえ》ろう。

**参考** 水鳥《みずどり》が、水《みず》をにごらせずに飛《と》び立《た》つようすから。「飛《と》ぶ鳥《とり》あとをにごさず」ともいう。

## 立《た》て板《いた》に水《みず》

ことわざ

つかえたりせずに、すらすらとじょうずに話《はな》す。

**使い方** 朝礼《ちょうれい》の校長先生《こうちょうせんせい》のお話《はなし》は、いつも立《た》て板《いた》に水《みず》のようだ。

**参考** 立《た》てかけた板《いた》に水《みず》を流《なが》すと、すっと流《なが》れることから。

## たで食《く》う虫《むし》も好《す》き好《ず》き

ことわざ

何《なに》が好《す》きかは人《ひと》それぞれ、いろいろあるということ。

**使い方** 蛇《へび》をペットにするなんて、たで食《く》う虫《むし》も好《す》き好《ず》きだね。

**参考** からいたでの葉《は》を、好《この》んで食《た》べる虫《むし》もいるということから。周《まわ》りの人《ひと》はあまりよいと思《おも》わないようなことについて使《つか》われることが多《おお》い。

## たてをつく

慣用句

目上《めうえ》の人《ひと》や、力《ちから》のある人《ひと》に逆《さか》らう。

**使い方** お父《とう》さんにたてをつくなんて、弟《おとうと》はこわいもの知《し》らずだ。

**参考** 敵《てき》の矢《や》などを防《ふせ》ぐためのたてを、地面《じめん》につき立《た》てて身《み》を守《まも》り、戦《たたか》いを始《はじ》めるということから。

## たなからぼたもち

ことわざ

何《なに》もしていないのに、思《おも》いがけないよいことに出会《であ》う。

**使い方** たなからぼたもちで、急用《きゅうよう》で行《い》けなくなったからと、友《とも》だちが映画《えいが》のチケットをゆずってくれた。

**参考** たなの下《した》にねていたら、ぼたもちが落《お》ちてきて、うまく口《くち》に入《はい》るようだということから。

## たなに上《あ》げる

慣用句

自分《じぶん》に都合《つごう》の悪《わる》いことには、わざとふれないでおく。

**使い方** お父《とう》さんはいつも、自分《じぶん》のことはたなに上《あ》げて、わたしが好《す》ききらいが多《おお》いことを注意《ちゅうい》する。

**参考** たなの上《うえ》に物《もの》を上《あ》げて、さわらないようにするということから。

慣用句

## たぬきね入《い》り

本当《ほんとう》はねむっていないのに、ねむったふりをする。

**使い方** 夜《よ》ふかしして、ふとんに入《はい》って本《ほん》を読《よ》んでいたら、お母《かあ》さんが見《み》に来《き》たので、とっさにたぬきね入《い》りをした。

**参考** おどろくと気絶《きぜつ》するたぬきの習性《しゅうせい》が、人間《にんげん》をだますためにねたふりをしているのだと思《おも》われていたことから。

ことわざ

## 旅《たび》のはじはかき捨《す》て

旅《たび》に出《で》ると、知《し》っている人《ひと》もいないし、ずっとそこにいるわけではないので、いつもならはずかしくてできないようなことも、平気《へいき》でできてしまう。

**使い方** 旅《たび》のはじはかき捨《す》てとばかりに、電車《でんしゃ》の中《なか》でさわいではいけない。

**参考** 出《で》かけた先《さき》で、よくないことをしている場合《ばあい》に使《つか》うことが多《おお》い。

ことわざ

## 旅《たび》は道《みち》連《づ》れ世《よ》は情《なさ》け

旅《たび》は、いっしょに行《い》く人《ひと》がいた方《ほう》が楽《たの》しいし、心強《こころづよ》い。同《おな》じように、世《よ》の中《なか》を生《い》きていくときも、おたがいに思《おも》いやりの心《こころ》をもって助《たす》け合《あ》っていけば、うまく暮《く》らせる。

**使い方** 旅《たび》は道《みち》連《づ》れ世《よ》は情《なさ》けというから、となりの席《せき》の子《こ》と仲《なか》よくしよう。

ことわざ

## 玉《たま》にきず

とてもすぐれているもの、りっぱなものに、ほんの少《すこ》しだけ欠点《けってん》がある。

**使い方** 勉強《べんきょう》もスポーツもよくできるのに、ちこくが多《おお》いのが玉《たま》にきずだ。

**参考** 玉《たま》は、宝石《ほうせき》のこと。すばらしい宝石《ほうせき》なのに、ちょっと傷《きず》がついているということから。

ことわざ

## 玉《たま》みがかざれば光《ひかり》なし

どんなにすばらしい才能《さいのう》をもっていても、努力《どりょく》して自分《じぶん》をみがかなければ、りっぱな人《ひと》になることはできない。

**参考** どんな宝石《ほうせき》でも、みがかなければ、かがやかないということから。

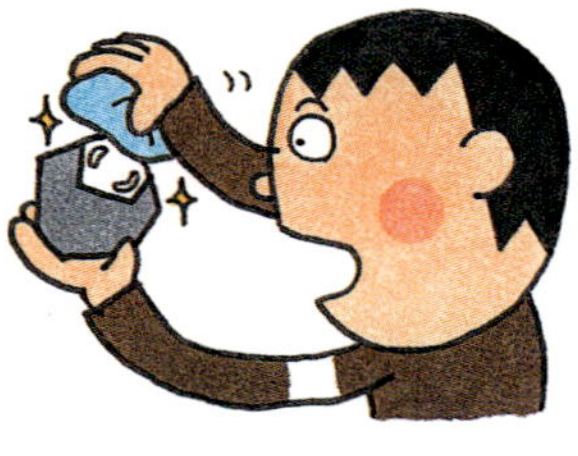

慣用句

## だめをおす

だいじょうぶだと思《おも》っていても、念《ねん》のためにもう一度《いちど》確《たし》かめる。

**使い方** 毎朝《まいあさ》、忘《わす》れ物《もの》はないかとお母《かあ》さんにだめをおされる。

**参考** だめは、囲《い》ごで白《しろ》、黒《くろ》どちらのものでもない空《あ》いているところ。自分《じぶん》のじん地《ち》をはっきりさせるために、そこにご石《いし》を置《お》いてふさぐということから。

## たもとを分《わ》かつ

慣用句

いっしょに行動《こうどう》してきた人《ひと》と別《わか》れたり、つながりをなくす。

**使い方** 意見《いけん》が合《あ》わないので、たもとを分《わ》かち、別々《べつべつ》にやることにした。

**参考** たもとは、着物《きもの》のそでの下《した》の、ふくろのようになった部分《ぶぶん》のこと。

## 短気《たんき》は損気《そんき》

ことわざ

ちょっとしたことでおこったりすると、うまくいくこともいかなくなって、自《じ》分《ぶん》が損《そん》をする。

**使い方** 短気《たんき》は損気《そんき》、一回魚《いっかいさかな》ににげられたぐらいでいらいらしているようでは、大物《おおもの》はつれないよ。

**参考** 損気《そんき》は、短気《たんき》とことばのひびきを合《あ》わせるために、「損《そん》」に「気《き》」をつけて作《つく》られたことば。

## 断腸《だんちょう》の思《おも》い

故事成語

がまんできないほど、つらく悲《かな》しい気《き》持《も》ち。

**使い方** 外国《がいこく》へ引《ひ》っこすことになり、断腸《だんちょう》の思《おも》いで愛犬《あいけん》と別《わか》れた。

**参考** 断腸《だんちょう》は、内臓《ないぞう》がちぎれること。昔《むかし》、ある人《ひと》が子猿《こざる》をつかまえて船《ふね》に乗《の》せた。すると、母猿《ははざる》が悲《かな》しそうに岸《きし》に沿《そ》ってどこまでも追《お》いかけてきて、追《お》いついたときには、内臓《ないぞう》がずたずたに切《き》れて死《し》んでしまったという中国《ちゅうごく》の話《はなし》から。

## 単刀直入《たんとうちょくにゅう》

慣用句

よけいなことを言《い》ったり、遠回《とおまわ》しなやり方《かた》をしないで、いちばん大事《だいじ》なことから始《はじ》める。

**使い方** 単刀直入《たんとうちょくにゅう》に言《い》うけれど、きみはまちがってるよ。

**参考** ひとりきりで、刀《かたな》を持《も》ってまっすぐ敵《てき》に向《む》かっていくということから。

## 暖《だん》を取《と》る

慣用句

火《ひ》などのそばにいて、体《からだ》を暖《あたた》める。

**使い方** みんなでストーブを囲《かこ》み、暖《だん》を取《と》った。

# ち

## 血《ち》がさわぐ

慣用句

わくわくし、興奮《こうふん》してじっとしていられない。

**使い方** お祭《まつ》り好《ず》きのお父《とう》さんは、祭《まつ》りばやしを聞《き》くだけで血《ち》がさわぐらしい。

## 竹馬《ちくば》の友《とも》

故事成語

小《ちい》さいころからの友《とも》だち。幼《おさな》なじみ。

**使い方** 久《ひさ》しぶりに竹馬《ちくば》の友《とも》に会《あ》ったお父《とう》さんは、なつかしそうに話《はなし》をしている。

**参考** いっしょに竹馬《たけうま》に乗《の》って遊《あそ》んだ、幼《おさな》いころからの友《とも》だちだということから。

## 血《ち》の気《け》が多《おお》い

慣用句

元気《げんき》がありすぎるくらいで、ちょっとしたことですぐに興奮《こうふん》したり、かっとなったりする。

**使い方** 弟《おとうと》は血《ち》の気《け》が多《おお》いので、友《とも》だちともすぐけんかになってしまう。

**参考** 血《ち》の気《け》は、元気《げんき》という意味《いみ》。

## 血《ち》のにじむよう

（＝血《ち》の出《で》るよう）

慣用句

とても大変《たいへん》な苦労《くろう》や努力《どりょく》をする。

**使い方** 優勝《ゆうしょう》するためには、まだまだ血《ち》のにじむような練習《れんしゅう》を続《つづ》けなければならない。

**参考** 「血《ち》の出《で》るよう」ともいう。

## 血《ち》もなみだもない

慣用句

人間《にんげん》らしい思《おも》いやりがまったくなく、とても冷《つめ》たい。

**使い方** この犯人《はんにん》には、血《ち》もなみだもないのだろうかと思《おも》った。

**参考** 人間《にんげん》は、体《からだ》の中《なか》に血《ち》が流《なが》れていて、何《なに》かを感《かん》じてなみだを流《なが》すが、そうは思《おも》えないほど、ひどく冷《つめ》たいということから。

## 忠言耳に逆らう《ちゅうげんみみにさからう》

故事成語

自分《じぶん》のためになる忠告《ちゅうこく》は、ゆかいではないことが多《おお》いので、なかなかすなおに聞《き》くことができない。

**使い方** 忠言耳に逆らう《ちゅうげんみみにさか》で、お母《かあ》さんに注意《ちゅうい》されるとつい口《くち》ごたえしてしまう。

**参考** 忠言《ちゅうげん》は、相手《あいて》のためになる忠告《ちゅうこく》のことば。耳《みみ》に逆《さか》らうは、聞《き》くのがつらいという意味《いみ》。

## 朝三暮四《ちょうさんぼし》

故事成語

目《め》の前《まえ》のちょっとしたちがいを気《き》にして、結局《けっきょく》は同《おな》じ結果《けっか》になることに気《き》づかない。また、そのように口先《くちさき》でだまされてしまう。

**参考** 暮《ぼ》は、夕方《ゆうがた》という意味《いみ》。ある人《ひと》が、飼《か》っている猿《さる》に、えさの木《き》の実《み》を「朝三《あさみっ》つ、夕方四《ゆうがたよっ》つあげる」と言《い》ったら、少《すく》ないとおこったので、「それなら朝四《あさよっ》つ、夕方三《ゆうがたみっ》つあげる」と言《い》ったら喜《よろこ》んだという、昔《むかし》の中国《ちゅうごく》の話《はなし》から。

## ちょうちんにつりがね

ことわざ

片方《かたほう》はすぐれているのに、もう片方《かたほう》がそうではないために、大《おお》きな差《さ》があって、つり合《あ》わない。

**参考** ちょうちんとつりがねは、形《かたち》はよく似《に》ているが、ちょうちんよりもつりがねの方《ほう》が、ずっと大《おお》きくて重《おも》いということから。

## 朝令暮改《ちょうれいぼかい》

故事成語

命令《めいれい》や規則《きそく》が、出《だ》されるたびにすぐに変《か》わって、あてにならない。

**使い方** キャプテンの言《い》うことが朝令暮改《ちょうれいぼかい》では、チームは強《つよ》くなれない。

**参考** 朝《あさ》出《だ》した命令《めいれい》を、夕方《ゆうがた》には改《あらた》めるということから。

## ちりも積《つ》もれば山《やま》となる

ことわざ

どんなにわずかなものでも、たくさん積《つ》み重《かさ》なれば、山《やま》のように大《おお》きなものになる。

**使い方** ちりも積《つ》もれば山《やま》となるで、貯金箱《ちょきんばこ》を開《あ》けてみたら五千円《ごせんえん》以上《いじょう》もたまっていた。

## 沈黙は金雄弁は銀《ちんもくはきんゆうべんはぎん》

ことわざ

(＝雄弁《ゆうべん》は銀沈黙《ぎんちんもく》は金《きん》)

だまっていることの大切《たいせつ》さを知《し》っていることは、じょうずにたくさん話《はな》すことよりもすぐれている。

**参考** 沈黙《ちんもく》は、だまっていること。雄弁《ゆうべん》は、じょうずにたくさんしゃべること。しゃべりすぎはいけないという教《おし》え。「雄《ゆう》弁《べん》は銀沈黙《ぎんちんもく》は金《きん》」ともいう。

# つ

## つうと言《い》えばかあ

ことわざ

（＝つうかあ）

おたがいの気持《きも》ちをよくわかり合《あ》っているので、ひとこと言《い》っただけで、相《あい》手《て》が何《なに》を言《い》いたいのかわかる。

**使い方** ぼくたちは、赤《あか》ちゃんのころからのつき合《あ》いで、つうと言《い》えばかあの仲《なか》だ。

**参考** 略《りゃく》して「つうかあ」ともいう。

## 月《つき》とすっぽん

ことわざ

すぐれているものとそうでないもの、二《ふた》つのもののちがいが、比《くら》べられないほど大《おお》きい。

**使い方** ぼくの作《つく》ったカレーは、お父《とう》さんの作《つく》るおいしいカレーと比《くら》べたら月《つき》とすっぽんだ。

**参考** 月《つき》もすっぽんのこうらも、どちらも丸《まる》いが、空《そら》にうかんでいる月《つき》と、池《いけ》のどろの中《なか》にすんでいるすっぽんとでは、大《おお》きなちがいがあるということから。

## 月《つき》にむら雲《くも》花《はな》に風《かぜ》

ことわざ

よいことにはじゃまが入《はい》りやすく、思《おも》い通《どお》りにはいかないことが多《おお》い。

**使い方** ひとりでゆっくりおやつを食《た》べようと思《おも》っていたのに、月《つき》にむら雲《くも》花《はな》に風《かぜ》で、弟《おとうと》が帰《かえ》ってきた。

**参考** むら雲《くも》は、集《あつ》まった雲《くも》。きれいな月《つき》を見《み》ていれば雲《くも》が月《つき》をかくしてしまい、桜《さくら》の花《はな》を見《み》ていると風《かぜ》がふいて花《はな》を散《ち》らしてしまうということから。

## 月夜《つきよ》にちょうちん

ことわざ

必要《ひつよう》がない。むだだ。

**使い方** せっかくかさを持《も》ってきたのに、晴《は》れてきたので月夜《つきよ》にちょうちんになってしまった。

**参考** 明《あか》るい月夜《つきよ》にちょうちんを使《つか》う必要《ひつよう》はないということから。

## つむじを曲《ま》げる

慣用句

何《なに》かで気分《きぶん》を悪《わる》くして、相手《あいて》に逆《さか》らったり、すなおでなくなる。

**使い方** 妹《いもうと》は、テレビを消《け》されてしまってつむじを曲《ま》げた。

**参考** つむじは、頭《あたま》のてっぺんの、うずを巻《ま》いて毛《け》が生《は》えているところ。

## つめに火《ひ》をともす

ことわざ

節約《せつやく》して、とても貧《まず》しい暮《く》らしをする。とてもけちだ。

**使い方** つめに火《ひ》をともすようにして、おこづかいをためた。

**参考** 油《あぶら》やろうそくを買《か》うお金《かね》を節約《せつやく》するために、かわりにつめに火《ひ》をつけて明《あ》かりにするほど、けちだということから。

## つめのあかをせんじて飲《の》む

ことわざ

すぐれた人《ひと》を見習《みなら》い、少《すこ》しでも追《お》いつけるようにと思《おも》う。

**参考** せんじるは、薬草《やくそう》などをにて、薬《くすり》にすること。すぐれた人《ひと》のものならば、つめのあかのようにきたなくて、わずかなものでも、せんじて飲《の》み、少《すこ》しでも見習《みなら》いたいということから。

## つらの皮《かわ》が厚《あつ》い

慣用句

はずかしいと思《おも》うような気持《きも》ちがなく、ずうずうしい。

**使い方** 友《とも》だちの家《いえ》でごちそうしてもらって、ごはんを三《さん》ばいもおかわりしたなんて、弟《おとうと》はずいぶんつらの皮《かわ》が厚《あつ》い。

**参考** つらの皮《かわ》は、顔《かお》の皮《ひ》ふのこと。

## つるの一声《ひとこえ》

ことわざ

大《おお》ぜいで話《はな》し合《あ》ってもなかなか決《き》まらないことを決めさせるような、えらい人《ひと》や実力《じつりょく》のある人《ひと》のひとこと。

**使い方** 日曜日《にちようび》にどこに遊《あそ》びに行《い》くかもめていたけれど、お父《とう》さんのつるの一声《ひとこえ》で遊《ゆう》園地《えんち》に決《き》まった。

**参考** 「すずめの千声《せんこえ》つるの一声《ひとこえ》」を略《りゃく》したことばで、たくさんのすずめの鳴《な》き声《ごえ》より、つるが一度《いちど》鳴《な》く方《ほう》が、高《たか》くてよくひびきわたるということから。

# て

## 手《て》があく

慣用句

（＝手《て》がすく）

仕事《しごと》が終《お》わったり、区切《くぎ》りのよいところまでできて、ひまになる。

**使い方** 手《て》があいた人《ひと》がいたら、ほかの人《ひと》を手《て》伝《つだ》ってあげてください。

**参考** 「手《て》がすく」ともいう。

## 手《て》がこむ

慣用句

しかけや作《つく》り方《かた》が複雑《ふくざつ》で、細《こま》かいところまで、ていねいにできている。

**使い方** 今年《ことし》の駅前《えきまえ》のクリスマスツリーのかざりつけは、去年《きょねん》よりも手《て》がこんでいる。

## 手《て》が足《た》りない

慣用句

働《はたら》く人《ひと》の数《かず》が足《た》りない。

**使い方** 手《て》が足《た》りないらしく、レジの前《まえ》に長《なが》い列《れつ》ができている。

**参考** 手《て》は、働《はたら》く人《ひと》、人手《ひとで》のこと。

## 手《て》がつけられない

慣用句

あまりにもひどくて、どうすることもできない。

**使い方** 妹《いもうと》は、一度《いちど》泣《な》き出《だ》したら、しばらくは手《て》がつけられない。

## 手《て》が出《で》ない

慣用句

自分《じぶん》の能力《のうりょく》をこえていて、どうにもやりようがない。

**使い方** 最新型《さいしんがた》の自転車《じてんしゃ》は高《たか》すぎて、ぼくには手《て》が出《で》ない。

## 手《て》が届《とど》く

慣用句

細《こま》かいところまで、注意《ちゅうい》や世話《せわ》が行《い》き届《とど》く。

使い方
ペットの世話《せわ》までとても手《て》が届《とど》かないから、犬《いぬ》は飼《か》えない。

参考
「手《て》が回《まわ》る」ともいう。

自分《じぶん》の力《ちから》で何《なん》とかできる。

使い方
あと少《すこ》しで勝利《しょうり》に手《て》が届《とど》きそうだ。

もう少《すこ》しで、ある年《ねん》れいになる。

使い方
おばあさんは、もうすぐ八十才《はちじっさい》に手《て》が届《とど》く。

## 手《て》がはなせない

慣用句

何《なに》かをしているとちゅうなので、ほかのことができない。

使い方
お母《かあ》さんは手《て》がはなせなかったので、わたしが電話《でんわ》に出《で》た。

## 手《て》ぐすねを引《ひ》く

慣用句

じゅうぶんに準備《じゅんび》をして、相手《あいて》や、何《なに》かをする機会《きかい》を待《ま》つ。

使い方
手《て》ぐすねを引《ひ》いて、試合《しあい》の日《ひ》を待《ま》っている。

参考
くすねは、弓《ゆみ》のつるをじょうぶにするためにぬる、松《まつ》やにと油《あぶら》を練《ね》り合《あ》わせた物《もの》。くすねを手《て》に取《と》り、弓《ゆみ》にぬって、戦《たたか》いの準備《じゅんび》をするということから。

## 手塩《てしお》にかける

慣用句

自分《じぶん》の手《て》でいろいろ世話《せわ》をし、めんどうを見《み》て、大切《たいせつ》に育《そだ》てる。

使い方
おじいさんが手塩《てしお》にかけた、おいしい野菜《やさい》が送《おく》られてきた。

参考
手塩《てしお》は、食事《しょくじ》のときに手《て》もとに置《お》いておく塩《しお》のこと。手塩《てしお》で、自分《じぶん》の好《す》きなように料理《りょうり》に味《あじ》つけをするように、いろいろと世話《せわ》をするということから。

## 手玉《てだま》に取《と》る

慣用句

自分《じぶん》の思《おも》い通《どお》りに相手《あいて》を動《うご》かす。

使い方
サッカー部《ぶ》は中学生《ちゅうがくせい》と試合《しあい》をしたけれど、手玉《てだま》に取《と》られて、十点《じってん》も差《さ》をつけられた。

参考
手玉《てだま》は、お手玉《てだま》のこと。お手玉《てだま》のように、相手《あいて》を自由《じゆう》にあやつるということから。

## 鉄《てつ》は熱《あつ》いうちに打《う》て

ことわざ

人間《にんげん》は、若《わか》くてすなおなうちにきたえた方《ほう》が効果《こうか》があるし、物《もの》ごとは、みんながやる気《き》のあるうちに始《はじ》めなくてはうまくいかない。何《なに》ごともやるべきときをのがしてはいけないということ。

**使い方**　鉄《てつ》は熱《あつ》いうちに打《う》てというから、張《は》り切《き》っているうちに練習《れんしゅう》を始《はじ》めよう。

**参考**　鉄《てつ》は熱《あつ》くてやわらかいときが、打《う》って形《かたち》を整《ととの》えるのによいということから。

## 手《て》取《と》り足《あし》取《と》り

慣用句

親切《しんせつ》にていねいに、一《ひと》つ一《ひと》つ細《こま》かく教《おし》える。

**使い方**　夏休《なつやす》みの間《あいだ》、手《て》取《と》り足《あし》取《と》り教《おし》えてもらったおかげで、クロールができるようになった。

**参考**　いちいち手《て》や足《あし》を動《うご》かしてあげながら教《おし》えるということから。

## 手《て》にあせをにぎる

ことわざ

この先《さき》どうなるのかときん張《ちょう》し、はらはらしながら、見《み》たり聞《き》いたりする。

**使い方**　今年《ことし》の運動会《うんどうかい》のリレーは、ぬいたりぬかれたりで、手《て》にあせをにぎるレースになった。

## 手《て》に余《あま》る

慣用句

あまりにも大変《たいへん》で、自分《じぶん》の力《ちから》だけではできない。

**使い方**　わたしの手《て》に余《あま》るほど部屋《へや》が散《ち》らかってしまい、妹《いもうと》に応《おう》えんをたのんだ。

## 手《て》に負《お》えない

慣用句

自分《じぶん》ではうまく解決《かいけつ》できず、どうしたらよいか困《こま》ってしまう。

**使い方**　弟《おとうと》のわがままは、わたしでは手《て》に負《お》えない。

## 手《て》につかない

慣用句

ほかに気《き》になることがあって落《お》ち着《つ》かず、物《もの》ごとに集中《しゅうちゅう》して取《と》り組《く》めない。

**使い方**　早《はや》く遊《あそ》びに出《で》かけたくて、宿題《しゅくだい》が手《て》につかない。

## 手《て》に取《と》るように

慣用句

とても細《こま》かいところまで、はっきりと。

**使い方** ふたごの妹《いもうと》が何《なに》を考《かんが》えているかは、**手《て》に取《と》るように**わかる。

## 手《て》のひらを返《かえ》す

（＝手《て》の裏《うら》を返《かえ》す）

慣用句

周《まわ》りのようすに合《あ》わせて、急《きゅう》に態度《たいど》を変《か》える。

**使い方** 弟《おとうと》は、お母《かあ》さんの帰《かえ》りがおそいとおこっていたのに、おみやげを見《み》ると、**手《て》のひらを返《かえ》した**ようにきげんがよくなった。

**参考** 「手《て》の裏《うら》を返《かえ》す」ともいう。

## 出《で》ばなをくじく

慣用句

何《なに》かを始《はじ》めようとしているところをじゃまして、相手《あいて》のやる気《き》をなくさせてしまう。

**使い方** 張《は》り切《き》ってテストを受《う》けたのに、最初《さいしょ》の問題《もんだい》がわからず、すっかり**出《で》ばなをくじかれて**しまった。

## 手前《てまえ》みそ

慣用句

自分《じぶん》のしたことなどを、自分《じぶん》でほめる。

**使い方** **手前《てまえ》みそ**だけれど、今回《こんかい》のテストはよくがんばったと思《おも》う。

**参考** **手前《てまえ》みそ**は、自分《じぶん》の家《いえ》でつくったみそという意味《いみ》。自分《じぶん》の家《いえ》のみそはおいしいと自《じ》まんするということから。

## 手《て》も足《あし》も出《で》ない

慣用句

実力《じつりょく》が足《た》りなくて、どうすることもできない。

**使い方** きょうの試合《しあい》の相手《あいて》はとても強《つよ》くて、**手《て》も足《あし》も出《で》なかった**。

## 出《で》るくいは打《う》たれる

ことわざ

人《ひと》よりすぐれた能力《のうりょく》をもつ人《ひと》や、目立《めだ》つようなことをする人《ひと》は、ほかの人《ひと》からじゃまされたり、にくまれたりするものだ。

**使い方** **出《で》るくいは打《う》たれる**というから、おとなしくしていた方《ほう》がいいよ。

**参考** ほかのくいより高《たか》く出《で》たくいは、高《たか》さをそろえるために打《う》たれるということから。

## 手《て》を打《う》つ

慣用句

物《もの》ごとをうまく進《すす》めるために、準備《じゅんび》をしておく。

**使い方** 地《じ》しんが起《お》こったときのための**手《て》を打《う》って**おかなくてはいけない。

話《はな》し合《あ》いをまとめる。

**使い方** お金《かね》を出《だ》し合《あ》ってゲームを買《か》うことで、弟《おとうと》と**手《て》を打《う》った**。

**参考** 話《はな》し合《あ》いがうまくまとまると、かかわりのある人《ひと》たちが、そろって手《て》を打《う》ち鳴《な》らすことから。

## 手《て》をこまぬく

（＝腕《うで》をこまぬく）

故事成語

何《なに》もできずに、ただ見《み》ている。

**使い方** ぼうしが川《かわ》に落《お》ちて流《なが》されてしまったけれど、**手《て》をこまぬいて**見《み》ているしかなかった。

**参考** **こまぬく**は「こまねく」ともいい、左《さ》右《ゆう》の手《て》の指《ゆび》を胸《むね》の前《まえ》で組《く》み合《あ》わすこと。「腕《うで》をこまぬく」ともいう。

## 手《て》をつくす

慣用句

何《なに》かをしようと、できる限《かぎ》りの努力《どりょく》をする。

**使い方** **手《て》をつくした**けれど、もう年《とし》をとったうちの犬《いぬ》が元気《げんき》になることはなかった。

## 手《て》をぬく

慣用句

やらなければならないことをしないで、物《もの》ごとをいいかげんにすませる。

**使い方** **手《て》をぬいて**作《つく》った模型《もけい》だったので、すぐにこわれてしまった。

## 手《て》を広《ひろ》げる

慣用句

今《いま》やっていることのほかに、新《あたら》しいことを始《はじ》めて、同時《どうじ》にいろいろなことをする。

**使い方** おじいさんは、最近《さいきん》しゅ味《み》の**手《て》を広《ひろ》げて**、水泳《すいえい》を始《はじ》めた。

## 手《て》を回《まわ》す

慣用句

うまく物《もの》ごとが進《すす》むよう、前《まえ》もってこっそりと人《ひと》にたのんだり、何《なに》かを準備《じゅんび》したりする。

**使い方** あちこちのお店《みせ》に**手《て》を回《まわ》して**おいたおかげで、人気《にんき》のゲームが手《て》に入《はい》った。

## 手《て》を焼《や》く

慣用句

どうやってもうまくいかずに、困《こま》る。

**使い方** 赤《あか》ちゃんがなかなかねついてくれず、**手《て》を焼《や》いた**。

## 天《てん》狗《ぐ》になる

慣用句

得意《とくい》になって自《じ》まんしたり、いい気《き》になる。

**使い方** ちょっとほめられたからといって、**天《てん》狗《ぐ》になって**いてはいけない。

**参考** 自《じ》まんすることを「鼻《はな》を高《たか》くする」ということから、鼻《はな》の高《たか》い天《てん》狗《ぐ》にたとえた。

## 天災《てんさい》は忘《わす》れたころにやって来《く》る

ことわざ

台風《たいふう》や地《じ》しんなどの自然《しぜん》の災害《さいがい》は、そのおそろしさを忘《わす》れたころにまた起《お》こるので、常《つね》に用心《ようじん》していなければいけない。

**使い方** **天災《てんさい》は忘《わす》れたころにやって来《く》る**というし、家具《かぐ》をたおれないようにするなど、地《じ》しんのための対策《たいさく》をしておこう。

## 天《てん》に向《む》かってつばきす

（＝天《てん》につばきす）

故事成語

ほかの人《ひと》に悪《わる》いことをしようとすると、逆《ぎゃく》に自分《じぶん》の方《ほう》が悪《わる》い目《め》にあってしまうものだ。

**参考** 空《そら》に向《む》かってつばをはけば、そのつばは、自分《じぶん》の顔《かお》に落《お》ちてくるということから。「天《てん》につばきす」ともいう。

## 天《てん》は二物《にぶつ》をあたえず

ことわざ

人《ひと》はだれでも、よいところもあれば悪《わる》いところもあるもので、よいところばかりそろって欠点《けってん》のない人《ひと》というのはいない。

**使い方** **天《てん》は二物《にぶつ》をあたえず**で、お姉《ねえ》さんはスポーツは得意《とくい》だけれど、料理《りょうり》は苦手《にがて》だ。

**参考** 天《てん》にいる神様《かみさま》は、ひとりの人《ひと》にいくつもよいところをあたえたりはしないということから。

# と

## 頭角《とうかく》をあらわす

故事成語

ほかの人《ひと》よりも才能《さいのう》や腕前《うでまえ》がすぐれていて、目立《めだ》つようになる。

**使い方** 弟《おとうと》は、ピアノを習《なら》い始《はじ》めると、めきめきと頭角《とうかく》をあらわし始《はじ》めた。

**参考** 頭角《とうかく》は、頭《あたま》の先《さき》。

## とうげをこす

慣用句

物《もの》ごとのいきおいがいちばんさかんなときや、いちばん危険《きけん》なときが過《す》ぎる。

**使い方** 雨《あめ》がとうげをこすまで、雨宿《あまやど》りして待《ま》つことにした。

**参考** とうげは、山道《やまみち》を登《のぼ》りきって、下《くだ》り坂《ざか》が始《はじ》まる場所《ばしょ》。

## 灯台《とうだい》もと暗《くら》し

ことわざ

身近《みぢか》なことは、かえって気《き》がつきにくく、わからないものだ。

**使い方** あんなに探《さが》していた消《け》しゴムが、机《つくえ》の上《うえ》にあったなんて、灯台《とうだい》もと暗《くら》しだ。

**参考** 灯台《とうだい》は、台《だい》の上《うえ》に置《お》いた皿《さら》に油《あぶら》を入《い》れ、火《ひ》をつけて使《つか》う昔《むかし》の明《あ》かり。周《まわ》りは明《あか》るく照《て》らすが、皿《さら》の真下《ました》はかげになっていて暗《くら》いことから。

## 同病相《どうびょうあい》あわれむ

故事成語

同《おな》じようななやみや苦《くる》しみをもっている人《ひと》どうしは、相手《あいて》の気持《きも》ちがよくわかるから、おたがいを思《おも》いやるものだ。

**使い方** 泳《およ》げない者《もの》どうし、同病相《どうびょうあい》あわれむでなぐさめ合《あ》っていないで、練習《れんしゅう》しよう。

**参考** 同《おな》じ病気《びょうき》にかかっている人《ひと》どうしは、相手《あいて》の痛《いた》みや苦《くる》しみがよくわかるので、おたがいに思《おも》いやりをもつということから。

## とうふにかすがい

ことわざ

いくら注意《ちゅうい》したり意見《いけん》を言《い》っても、まったく効果《こうか》がない。

**使い方** ぬいだくつをそろえるように何度《なんど》言《い》っても、とうふにかすがいだ。

**参考** かすがいは、材木《ざいもく》をつなぎ合《あ》わせるためのコの字型《じがた》のくぎ。とうふにかすがいを打《う》っても、つなぎ合《あ》わせられないということから。

## 登竜門《とうりゅうもん》

故事成語

通《とお》りぬけるのは難《むずか》しいが、もし通《とお》りぬけることができれば、かならず成功《せいこう》し、りっぱになれるといわれるところ。

**使い方** この大会《たいかい》は一流《いちりゅう》の選手《せんしゅ》になるための登《とう》竜門《りゅうもん》で、たくさんの人《ひと》が参加《さんか》する。

**参考** 竜門《りゅうもん》は、中国《ちゅうごく》の黄河《こうが》という川《かわ》の上流《じょうりゅう》にある、流《なが》れの急《きゅう》な場所《ばしょ》。ここを登《のぼ》ることができたこいは、竜《りゅう》になるという伝《でん》説《せつ》があることから。

## とうろうのおの

故事成語

弱《よわ》い者《もの》が、自分《じぶん》に力《ちから》がないことも考《かんが》えないで、強《つよ》い相手《あいて》に立《た》ち向《む》かう。

**使い方** 一年生《いちねんせい》が六年生《ろくねんせい》に向《む》かっていくなんて、とうろうのおのだよ。

**参考** とうろうは、かまきりのこと。かまきりがおののような前足《まえあし》をふり上《あ》げて、自分《じぶん》よりずっと大《おお》きい馬車《ばしゃ》に立《た》ち向《む》かったという、昔《むかし》の中国《ちゅうごく》の話《はなし》から。

## 遠《とお》くの親類《しんるい》より近《ちか》くの他人《たにん》

ことわざ

急《きゅう》に困《こま》ったことが起《お》きたときには、あまりつき合《あ》いのない、遠《とお》くに住《す》んでいる親類《しんるい》より、ふだんからつき合《あ》いのある、近所《きんじょ》の人《ひと》の方《ほう》がたよりになる。

**使い方** となりのおばさんがいろいろと世話《せわ》をしてくれるたびに、遠《とお》くの親類《しんるい》より近《ちか》くの他人《たにん》だと思《おも》う。

## 時《とき》は金《かね》なり

ことわざ

時間《じかん》はお金《かね》と同《おな》じように大切《たいせつ》なものだから、むだな使《つか》い方《かた》をしてはいけない。

**使い方** 時《とき》は金《かね》なり、夏休《なつやす》みは計画《けいかく》を立《た》てて、時間《じかん》を有効《ゆうこう》に使《つか》おう。

## 度肝《どぎも》をぬく

慣用句

まさかと思《おも》うようなことをして、ひどくおどろかせる。

**使い方** 妹《いもうと》は、ときどきぼくらの度肝《どぎも》をぬくようなことをする。

**参考** 度肝《どぎも》は、「度胆《どぎも》」とも書《か》く。肝《きも》は、物《もの》ごとをおそれたりしない落《お》ち着《つ》いた気《き》持《も》ちをあらわす。度《ど》は、意味《いみ》を強《つよ》めることば。

## 毒《どく》にも薬《くすり》にもならない

ことわざ

害《がい》にはならないが、役《やく》にも立《た》たない。あってもなくても、どちらでもかまわない。

**使い方** 毒《どく》にも薬《くすり》にもならない本《ほん》なんてないのだから、読書《どくしょ》は大切《たいせつ》だ。

## 毒《どく》をもって毒《どく》を制《せい》す

故事成語

悪《わる》いものを取《と》り除《のぞ》いたり、おさえたりするのに、別《べつ》の悪《わる》いものを使《つか》う。

**使い方** いつもうるさい弟《おとうと》に、泣《な》いている赤《あか》ちゃんの世話《せわ》をさせたら、毒《どく》をもって毒《どく》を制《せい》すで、どちらも静《しず》かになった。

**参考** 制《せい》すは、おさえるという意味《いみ》。

## どこふく風《かぜ》

慣用句

自分《じぶん》には何《なに》も関係《かんけい》がないと、気《き》にもしない。

**使い方** 宿題《しゅくだい》なんてどこふく風《かぜ》と遊《あそ》び回《まわ》っていると、後《あと》で苦労《くろう》することになる。

## 所《ところ》変《か》われば品《しな》変《か》わる

ことわざ

場所《ばしょ》によって、ことばや習慣《しゅうかん》などはまったくちがうものだ。

**使い方** 転校生《てんこうせい》の話《はな》すことばを聞《き》いて、所《ところ》変《か》われば品《しな》変《か》わるだなとおどろいた。

## 年寄《とし》り《よ》の冷《ひ》や水《みず》

ことわざ

年《とし》をとった人《ひと》が、体力《たいりょく》がないのも考《かんが》えずに、無理《むり》なことや危《あぶ》ないことをする。

**使い方** おじいさんは、年寄《としよ》りの冷《ひ》や水《みず》だと言《い》うけれど、毎日《まいにち》走《はし》っているからとても元気《げんき》だ。

**参考** 年寄《としよ》りが、冷《つめ》たい水《みず》を浴《あ》びたり飲《の》んだりするのは、体《からだ》に悪《わる》いということから。

## とどのつまり

慣用句

いろいろなことがあって、その結果《けっか》、最後《さいご》に行《い》き着《つ》くところ。

**使い方** しょっちゅうけんかをしても、すぐに仲直《なかなお》りするということは、とどのつまり、仲《なか》がいいということだ。

**参考** 魚《さかな》の「ぼら」は、成長《せいちょう》するに従《したが》って「いな」「ぼら」などと呼《よ》び方《かた》が変《か》わり、最後《さいご》には「とど」という名前《なまえ》になることから。

## となりの花《はな》は赤《あか》い

ことわざ

ほかの人《ひと》の物《もの》は、自分《じぶん》の物《もの》よりよく見《み》えて、うらやましく思《おも》えるものだ。

**使い方** となりの花《はな》は赤《あか》いで、友《とも》だちの持《も》っている物《もの》がすぐにほしくなる。

## 飛《と》ぶ鳥《とり》を落《お》とすいきおい

慣用句

できないことがないと思《おも》えるほど、とてもいきおいや力《ちから》が強《つよ》い。

**使い方** ぼくが応《おう》えんしているチームは、このところ飛《と》ぶ鳥《とり》を落《お》とすいきおいで勝《か》っているから、優勝《ゆうしょう》まちがいなしだ。

**参考** 空《そら》を飛《と》んでいる鳥《とり》でさえも、そのいきおいによって地面《じめん》に落《お》ちてしまいそうなほどだということから。

## と方《ほう》に暮《く》れる

慣用句

どうしたらいいのかわからなくなってしまって、困《こま》りきる。

**使い方** 買《か》い物《もの》のとちゅうで、さいふを落《お》としてしまって、と方《ほう》に暮《く》れてしまった。

**参考** と方《ほう》は、これから進《すす》むべき方向《ほうこう》のこと。

## とらぬたぬきの皮算用《かわざんよう》

ことわざ

まだ手《て》に入《はい》るかどうかわからないものをあてにして、あれこれ計画《けいかく》を立《た》てる。

**使い方** お母《かあ》さんは宝《たから》くじを買《か》うたびに、当《あ》たったら何《なに》を買《か》おうかと、とらぬたぬきの皮算用《かわざんよう》をしている。

**参考** まだたぬきをつかまえてもいないのに、たぬきの皮《かわ》を売《う》ったらいくらもうかるかと計算《けいさん》するということから。

## 虎《とら》の威《い》を借《か》るきつね

故事成語

自分《じぶん》には力《ちから》がないのに、えらい人《ひと》や強《つよ》い人《ひと》の力《ちから》をたよりにいばる人《ひと》。

**参考** 威《い》は、人《ひと》をおそれさせたり、従《したが》わせたりするようないきおいという意味《いみ》。あるとき、虎《とら》がきつねをつかまえて食《た》べようとすると、きつねが「わたしは神《かみ》様《さま》からけものの上《うえ》に立《た》つように命令《めいれい》されたので、わたしを食《た》べると神様《かみさま》に逆《さか》らうことになりますよ。うそだと思《おも》ったら、わたしについてきてごらんなさい。どんなけものでも、わたしを見《み》るとにげ出《だ》していきますよ」と言《い》う。そこで虎《とら》がきつねの後《あと》について、いっしょに歩《ある》いていくと、けものたちはみんな虎《とら》をおそれてにげ出《だ》した。ところが虎《とら》はきつねの言《い》うことを信《しん》じて、けものたちがきつねをおそれてにげ出《だ》したのだと思《おも》いこんでしまったという、昔《むかし》の中国《ちゅうごく》の話《はなし》から。

## 虎《とら》の尾《お》をふむ

故事成語

とても危険《きけん》なことをする。

**使い方** 虎《とら》の尾《お》をふむ思《おも》いで、とび箱《ばこ》をとんだ。

**参考** おそろしい虎《とら》のしっぽをふむようだということから。

## 虎《とら》の子《こ》

ことわざ

とても大切《たいせつ》にしまってある、お金《かね》や品《しな》物《もの》など。

**使い方** おこづかいやお年玉《としだま》をためた虎《とら》の子《こ》の貯金《ちょきん》で、新《あたら》しい図《ず》かんを買《か》う。

**参考** 虎《とら》は、自分《じぶん》の子《こ》どもをとても大事《だいじ》に育《そだ》てるということから。

## 取《と》りつく島《しま》もない

慣用句

態度《たいど》がとても冷《つめ》たくて、相談《そうだん》やたのみごとをしようとしても、相手《あいて》にしてくれない。

**使い方** お父《とう》さんに、おこづかいを上《あ》げてほしいとたのんでも、取《と》りつく島《しま》もない。

**参考** 島《しま》は、すがりついたり、たよるところ。

## 鳥《とり》なき里《さと》のこうもり

ことわざ

すぐれた人《ひと》がいないところでいばっている、実力《じつりょく》のない人《ひと》。

**使い方** お母《かあ》さんが出《で》かけているときは、鳥《とり》なき里《さと》のこうもりのようにお姉《ねえ》さんがいばっている。

**参考** 鳥《とり》のいないところでは、鳥《とり》ではないこうもりがえらそうに飛《と》び回《まわ》るということから。

## どろぼうをとらえてなわをなう

ことわざ

（＝ぬす人《びと》を見《み》てなわをなう）

ふだんは何《なに》も準備《じゅんび》をしないでいて、何《なに》かが起《お》こってからあわてて用意《ようい》をしても、間《ま》に合《あ》わない。

**使い方** テストの前《まえ》の日《ひ》になって勉強《べんきょう》をするなんて、どろぼうをとらえてなわをなうようなものだ。

**参考** なうは、わらをより合《あ》わせてなわを作《つく》ること。どろぼうをつかまえてから、しばるためのなわを作《つく》るという意味《いみ》。略《りゃく》して「どろなわ」ともいう。また、「ぬす人《びと》を見《み》てなわをなう」ともいう。ぬす人《びと》は、どろぼうのこと。

慣用句

## どろをかぶる

ほかの人《ひと》の責任《せきにん》まで、自分《じぶん》ひとりで引《ひ》き受《う》ける。

**使い方** 弟《おとうと》の投《な》げたボールで、ガラスが割《わ》れてしまったとき、ぼくがどろをかぶった。

ことわざ

## どんぐりの背比《せいくら》べ

どれもみな同《おな》じようで、特《とく》にすぐれているものがない。

**使い方** ぼくたちはとても努力《どりょく》しているのに、どんぐりの背比《せいくら》べと言《い》われてくやしかった。

**参考** どんぐりを比《くら》べてみても、どれも形《かたち》や大《おお》きさがだいたい同《おな》じで、ちがいがわからないということから。

ことわざ

## 飛《と》んで火《ひ》に入《い》る夏《なつ》の虫《むし》

自分《じぶん》から、進《すす》んで危険《きけん》や災難《さいなん》にかかわって、ひどい目《め》にあう。

**使い方** 買《か》い物《もの》についていったら、重《おも》い荷物《にもつ》を持《も》たされて、飛《と》んで火《ひ》に入《い》る夏《なつ》の虫《むし》だった。

**参考** 夏《なつ》の夜《よる》、明《あか》るく燃《も》える火《ひ》に虫《むし》が寄《よ》ってきて、焼《や》かれてしまうことから。

ことわざ

## とんびがたかを生《う》む

ふつうの親《おや》から、とてもすぐれた子《こ》どもが生《う》まれる。

**使い方** とんびがたかを生《う》んだと言《い》われるようにがんばりなさいと、お父《とう》さんに言《い》われた。

**参考** どこにでもいるとんびが、すぐれたたかを生《う》むということから。「とんび」は「とび」ともいう。

ことわざ

## とんびに油《あぶら》あげをさらわれる

大切《たいせつ》なものや、手《て》に入《い》れようと思《おも》っていたものを、急《きゅう》にほかのだれかに取《と》られてしまう。

**使い方** これからおやつを食《た》べようと思《おも》っていたのに、とんびに油《あぶら》あげをさらわれるように、弟《おとうと》におやつを持《も》っていかれてしまった。

**参考** 空《そら》を飛《と》んでいたとんびが急《きゅう》に下《お》りてきて、さっと油《あぶら》あげをうばっていくということから。

な

## 内助《ないじょ》の功《こう》

ことわざ

だれかが成功《せいこう》するために、気《き》を配《くば》ったりして、かげで支《ささ》える。

**使い方** お母《かあ》さんの内助《ないじょ》の功《こう》で、お父《とう》さんの仕事《しごと》は成功《せいこう》した。

**参考** 内助《ないじょ》は、内側《うちがわ》から助《たす》けること。功《こう》は、手《て》がらという意味《いみ》。妻《つま》が夫《おっと》の成功《せいこう》のために、表《おもて》に出《で》ないで協力《きょうりょく》するときに使《つか》われることが多《おお》い。

## ないそではふれない

ことわざ

何《なん》とかしてあげたいと思《おも》うけれど、お金《かね》や力《ちから》がないので、どうにもしてあげられない。

**参考** そでのついていない着物《きもの》では、そでをふることはできないということから。

## 長《なが》い目《め》で見《み》る

慣用句

今《いま》のようすや一《ひと》つの失敗《しっぱい》だけでだめだと決《き》めつけず、将来《しょうらい》に期待《きたい》して、時間《じかん》をかけて見守《みまも》る。

**使い方** きょうの試合《しあい》は負《ま》けてしまったけれど、長《なが》い目《め》で見《み》てほしい。

## 長《なが》い物《もの》には巻《ま》かれろ

ことわざ

力《ちから》や権力《けんりょく》のある人《ひと》には逆《さか》らわず、不満《ふまん》があっても言《い》う通《とお》りにしておいた方《ほう》が得《とく》だ。

**使い方** 長《なが》い物《もの》には巻《ま》かれろというけれど、ぼくは、どんな人《ひと》に対《たい》してもまちがったことはまちがいと言《い》えるようになりたい。

## 泣《な》きっつらにはち

ことわざ

（＝泣《な》きっつらをはちがさす）

悪《わる》いことが起《お》こった上《うえ》に、さらにもう一《ひと》つ悪《わる》いことが起《お》こる。

**使い方** 宿題《しゅくだい》を忘《わす》れたことに気《き》がついて、急《いそ》いで取《と》りに帰《かえ》ったら、転《ころ》んでひざをすりむくなんて、泣《な》きっつらにはちだ。

**参考** 悲《かな》しくて泣《な》いているときに、さらにはちにさされるということから。「泣《な》きっつらをはちがさす」ともいう。

ことわざ

## 泣《な》く子《こ》と地頭《じとう》には勝《か》てぬ

話《はな》してもわからない相手《あいて》には、どんなに正《ただ》しくて理《り》くつに合《あ》ったことを言《い》ってもむだで、言《い》うことを聞《き》くしかない。

**参考** 地頭《じとう》は、昔《むかし》の役人《やくにん》。泣《な》いてばかりいる子《こ》どもと、権力《けんりょく》をたよりにいばっている地頭《じとう》は、こちらが何《なに》を言《い》っても聞《き》かないので、勝《か》てないということから。

ことわざ

## なくて七《なな》くせ

だれにでも、少《すこ》しくらいはくせがあるものだ。

**使い方** なくて七《なな》くせで、クラスのみんなには、それぞれいろいろなくせがある。

**参考** くせがないようでも、七《なな》つくらいはくせがあるものだということから。もとは、「なくて七《なな》くせあって四十八《しじゅうはち》くせ」ということば。七《なな》の数字《すうじ》は、「なくて」と調子《ちょうし》を合《あ》わせたもの。

ことわざ

## 情《なさ》けは人《ひと》のためならず

ほかの人《ひと》に親切《しんせつ》にすると、相手《あいて》のためになるだけではなく、回《まわ》り回《まわ》って自分《じぶん》がいつかは親切《しんせつ》を受《う》ける側《がわ》になるということ。

**参考** 親切《しんせつ》にすると、あまえてしまうので相《あい》手《て》のためにならない、という意味《いみ》にとるのはまちがい。

ことわざ

## なしのつぶて

手紙《てがみ》などを出《だ》しても、まったく返事《へんじ》がない。出《で》て行《い》ったきり、何《なに》も連《れん》らくをしてこない。

**使い方** ひとり暮《ぐ》らしを始《はじ》めたお兄《にい》さんに、いくら手紙《てがみ》を書《か》いてもなしのつぶてだ。

**参考** つぶては、小石《こいし》のこと。なしは、くだものの「なし」と「無《な》し」をかけたことば。投《な》げた小石《こいし》はもどってこないということから。

ことわざ

## 七転《ななころ》び八《や》起《お》き

(＝七転八起《しちてんはっき》)

何回《なんかい》失敗《しっぱい》してもくじけず、がんばる。どんなに失敗《しっぱい》しても、あきらめないで努力《どりょく》すれば、いつかは成功《せいこう》する。

**使い方** わたしのおじいさんは、失敗《しっぱい》もしたけれど、七転《ななころ》び八《や》起《お》き、最後《さいご》にはりっぱな会社《かいしゃ》を作《つく》ったそうだ。

**参考** 七回転《ななかいころ》んでも八回《はっかい》起《お》き上《あ》がればよいということから。「七転八起《しちてんはっき》」ともいう。

ことわざ

## 名《な》は体《たい》をあらわす

人《ひと》や物《もの》につけられた名前《なまえ》は、その中身《なかみ》や性質《せいしつ》をよくあらわしているものだ。

**使い方** 名《な》は体《たい》をあらわすというから、やさしそうな名前《なまえ》をつけてあげよう。

## なまけ者《もの》の節《せっ》句《く》働《ばたら》き

ことわざ

ふだんなまけている人《ひと》に限《かぎ》って、みんなが休《やす》んでいるときに、わざといそがしく働《はたら》くものだ。

**参考** 節《せっ》句《く》は、昔《むかし》、季《き》節《せつ》の変《か》わり目《め》のお祝《いわ》いをした日《ひ》。ほかの人《ひと》が休《やす》んでいるときに働《はたら》いている人《ひと》のことを、笑《わら》っていうことば。

## 生兵法《なまびょうほう》は大《おお》けがのもと

ことわざ

少《すこ》し知《し》っているからといって、それをたよりに物《もの》ごとを行《おこな》うと、大失敗《だいしっぱい》する。

**参考** 生兵法《なまびょうほう》は、完全《かんぜん》には身《み》についていない、いくさのやり方《かた》という意味《いみ》。

## なみだをのむ

慣用句

とてもつらいことや、くやしい気持《きも》ちを、じっとがまんする。

**使い方** 捨《す》てられていた子犬《こいぬ》を助《たす》けたかったけれど、家《いえ》では飼《か》えないので、なみだをのんで、あきらめた。

**参考** なみだが出《で》そうになる、泣《な》きたい気持《きも》ちをがまんするということから。

## 習《なら》うより慣《な》れよ

ことわざ

物《もの》ごとを早《はや》く身《み》につけるには、教《おし》えてもらったり、習《なら》いに行《い》くよりも、じっさいにやってみて慣《な》れた方《ほう》がよい。

**使い方** 英語《えいご》を話《はな》せるようになるには、習《なら》うより慣《な》れよだといわれる。

## ならぬかんにんするがかんにん

ことわざ

もうこれ以上《いじょう》がまんできないというぎりぎりのところまでがまんして、その上《うえ》でさらにがまんするのが、本当《ほんとう》のがまんであるということ。

**参考** かんにんは、おこりたいのをがまんして、相手《あいて》を許《ゆる》すこと。

## 鳴《な》りをひそめる

（＝鳴《な》りを静《しず》める）

慣用句

物音《ものおと》を立《た》てず、ひっそりと静《しず》かにする。いきおいよく活動《かつどう》していたものが、動《うご》きを止《と》め、じっとしている。

**使い方** いつも大《おお》さわぎをする弟《おとうと》が、きょうは鳴《な》りをひそめている。

**参考** 「鳴《な》りを静《しず》める」ともいう。

# に

## にえきらない

慣用句

態度《たいど》や考《かんが》えがなかなか決《き》まらず、はっきりしない。

**使い方** お父《とう》さんが**にえきらない**ので、夏休《なつやす》みにどこへ旅行《りょこう》に行《い》くのか、まだ決《き》まっていない。

## 二階《にかい》から目薬《めぐすり》

ことわざ

物《もの》ごとが思《おも》うようにいかず、じれったい。やり方《かた》が回《まわ》りくどくて、あまり効《こう》果《か》がない。

**参考** 地面《じめん》に立《た》っている人《ひと》に二階《にかい》から目薬《めぐすり》をさそうとしても、目《め》には入《はい》らないということから。

## にがした魚《さかな》は大《おお》きい

ことわざ

(＝つり落《お》とした魚《さかな》は大《おお》きい)

もう少《すこ》しで手《て》に入《はい》りそうだったのに、手《て》に入《い》れられなかったものは、じっさいよりよく思《おも》える。

**参考** つりそこなった魚《さかな》は、おしいという気《き》持《も》ちのせいで、じっさいよりも大《おお》きかったように思《おも》えるということから。「つり落《お》とした魚《さかな》は大《おお》きい」ともいう。

## 苦虫《にがむし》をかみつぶしたよう

慣用句

とてもきげんが悪《わる》くて、不《ふ》ゆかいそうな顔《かお》をしている。

**使い方** お父《とう》さんは、好《す》きなチームが負《ま》けているのを知《し》ると、**苦虫《にがむし》をかみつぶしたよう**な顔《かお》になった。

**参考** **苦虫《にがむし》**は、かんだら苦《にが》いだろうと思《おも》われる虫《むし》のこと。

## にくまれっ子《こ》世《よ》にはばかる

ことわざ

人《ひと》からきらわれるような人《ひと》の方《ほう》が、かえって金持《かねも》ちになったり、出世《しゅっせ》したりするものだ。

**参考** **はばかる**は、力《ちから》やいきおいがあるという意味《いみ》。

## 二束三文《にそくさんもん》

四字熟語

価値《かち》が低《ひく》く、値段《ねだん》がとても安《やす》い。

**使い方** 秋《あき》になると、花火《はなび》は二束三文《にそくさんもん》で売《う》られるようになる。

**参考** 文《もん》は、昔《むかし》のお金《かね》の単《たん》位《い》で、三文《さんもん》は、とても安《やす》い値段《ねだん》という意《い》味《み》。二《ふた》つの束《たば》で三文《さんもん》しかしないということから。

## 二足《にそく》のわらじをはく

ことわざ

ひとりの人《ひと》が、まったく種類《しゅるい》のちがう二《ふた》つの仕事《しごと》をする。

**使い方** この本《ほん》の作者《さくしゃ》は、作家《さっか》と医者《いしゃ》の二足《にそく》のわらじをはいている。

**参考** 昔《むかし》、ばくち打《う》ちでありながら、罪人《ざいにん》をつかまえる仕事《しごと》をする者《もの》がいたということから。

## 日進月歩《にっしんげっぽ》

四字熟語

休《やす》むことなく、すごい速《はや》さで、どんどん進歩《しんぽ》する。

**使い方** 技術《ぎじゅつ》は日進月歩《にっしんげっぽ》だから、一年前《いちねんまえ》に買《か》ったコンピューターより小型《こがた》で性能《せいのう》のいいものが、どんどん出《で》ている。

**参考** 毎日《まいにち》、毎月《まいつき》、進歩《しんぽ》するということから。

## にっちもさっちもいかない

慣用句

追《お》いつめられて、どうしようもない。

**使い方** おこづかいも貯金《ちょきん》も使《つか》い果《は》たし、にっちもさっちもいかなくなった。

**参考** 漢字《かんじ》では「二進《にっち》も三進《さっち》も」と書《か》き、もとは、そろばんで割《わ》り算《ざん》をするときに使《つか》うことば。どうにも計算《けいさん》できないという意味《いみ》で、お金《かね》に困《こま》ったときに使《つか》うことが多《おお》い。

## にても焼《や》いても食《く》えない

慣用句

相手《あいて》がとてもずるがしこかったり、意《い》地《じ》っ張《ぱ》りだったりして、うまくあつかえない。

**使い方** あの人《ひと》は、へ理《り》くつや言《い》い訳《わけ》ばかり言《い》って、にても焼《や》いても食《く》えない。

**参考** にても、焼《や》いても、食《た》べられるようにはできないということから。

## 二度《にど》あることは三度《さんど》ある

ことわざ

同《おな》じことが二度《にど》起《お》こると、もう一度《いちど》起《お》こることがあるから、気《き》をつけなければならない。

**使い方** きのうもおとといも転《ころ》んでけがをした。二度《にど》あることは三度《さんど》あるというから、きょうは気《き》をつけよう。

## 二兎《にと》を追《お》う者《もの》は一兎《いっと》をも得《え》ず

ことわざ

一度《いちど》に二《ふた》つのことをしようとすると、どちらもうまくいかないから、欲《よく》ばってはいけない。

**使い方** ピアノもバイオリンも習《なら》いたいなんて、二兎《にと》を追《お》う者《もの》は一兎《いっと》をも得《え》ずになってしまうよ。

**参考** 兎《と》は、うさぎのこと。二《に》わのうさぎを同時《どうじ》につかまえようとして追《お》いかけても、両方《りょうほう》ともつかまえられないということから。

## 二《に》の足《あし》をふむ

慣用句

何《なに》かしようとしても、うまくいかないように思《おも》えたりして、決心《けっしん》がつかない。

**使い方** このスカートは安《やす》いけれど、色《いろ》が気《き》に入《い》らないので、買《か》うのに二《に》の足《あし》をふんでいる。

**参考** 二《に》の足《あし》は、二歩目《にほめ》という意味《いみ》。一歩目《いっぽめ》はふみ出《だ》したが、二歩目《にほめ》が前《まえ》に出《だ》せなくて、足《あし》ぶみをするということから。

## 二《に》の句《く》がつげない

慣用句

相手《あいて》のことばにあきれたり、おどろいたりして、ことばが出《で》てこない。

**使い方** 弟《おとうと》のめちゃくちゃな言《い》い訳《わけ》に、あきれて二《に》の句《く》がつげなかった。

**参考** 二《に》の句《く》は、続《つづ》けて次《つぎ》に言《い》うことばという意味《いみ》。

## 二《に》の舞《まい》

慣用句

ほかの人《ひと》が前《まえ》にやった失敗《しっぱい》を、同《おな》じようにくりかえす。

**使い方** お姉《ねえ》さんが手《て》をすべらせてお皿《さら》を割《わ》ってしまったので、わたしは二《に》の舞《まい》にならないように気《き》をつけよう。

**参考** 二《に》の舞《まい》は、舞楽《ぶがく》の曲名《きょくめい》で、前《まえ》の舞《まい》をまね、わざと失敗《しっぱい》して、おもしろおかしく演《えん》じるもの。

## 二番《にばん》せんじ

慣用句

以前《いぜん》にあったものやだれかがやったことのまねやくりかえしなので、新《あたら》しさがない。

**使い方** きみのじょうだんは、人《ひと》の二番《にばん》せんじだから、おもしろくない。

**参考** 一度《いちど》せんじたお茶《ちゃ》の葉《は》を使《つか》って、もう一度《いちど》せんじたものという意味《いみ》。二度目《にどめ》にせんじたお茶《ちゃ》は、味《あじ》やかおりがうすくなってしまうということから。

# ぬ

## ぬかにくぎ

ことわざ

いくら意見《いけん》を言《い》ったり、その人《ひと》のために何《なに》かをしてあげても、手《て》ごたえがなく、まったく効果《こうか》がない。

参考

ぬかは、もみがらを取《と》っただけの米《こめ》を白米《はくまい》にするときに、はがれて出《で》てくる粉《こな》。ぬかにくぎを打《う》っても、手《て》ごたえがないということから。

## ぬき差《さ》しならない

慣用句

追《お》いつめられて動《うご》きがとれず、どうにもならない。

使い方

夏休《なつやす》み最後《さいご》の日《ひ》なのに、まだ宿題《しゅくだい》が残《のこ》っていて、ぬき差《さ》しならない状態《じょうたい》だ。

参考

ぬくことも、差《さ》すことも、自由《じゆう》にできないということから。

## ぬけ目《め》がない

慣用句

自分《じぶん》が得《とく》をするために、周《まわ》りをよく見《み》て、うまく行動《こうどう》する。

使い方

かれはおとなしそうに見《み》えるけれど、なかなかぬけ目《め》がない人《ひと》だ。

参考

注意深《ちゅういぶか》くて、ぬけたところがないということから。

## ぬれ衣《ぎぬ》を着《き》せられる

慣用句

何《なに》もやっていないのに、自分《じぶん》が悪《わる》いことをしたことにされてしまう。

使い方

ちょっと台所《だいどころ》にいただけで、つまみ食《ぐ》いをしたというぬれ衣《ぎぬ》を着《き》せられた。

参考

ぬれ衣《ぎぬ》は、ぬれた服《ふく》。むすめの美《うつく》しさをねたんだまま母《はは》が、むすめの部屋《へや》にぬれた服《ふく》を置《お》いて、父親《ちちおや》に、むすめには漁師《りょうし》の恋人《こいびと》がいるとうそのつげ口《ぐち》をしたという、日本《にっぽん》の古《ふる》い伝説《でんせつ》から。

## ぬれ手《て》であわ

ことわざ

少《すこ》しも苦労《くろう》しないで、大《おお》もうけする。

使い方

お父《とう》さんからもらった宝《たから》くじが当《あ》たって、ぬれ手《て》であわの大《おお》もうけだ。

参考

あわは、いねの仲間《なかま》の作物《さくもつ》。ぬれた手《て》でつかむと、あわのつぶがいっぱい手《て》について、たくさんつかめるということから。

# ね

## 猫《ねこ》なで声《ごえ》

慣用句

ほかの人《ひと》の注意《ちゅうい》を引《ひ》こうとしたり、きげんをとろうとしたりするときに出《だ》す、わざとあまえた、やさしい声《こえ》。

**使い方** お母《かあ》さんが猫《ねこ》なで声《ごえ》で話《はな》しかけるときは、決《き》まってお手伝《てつだ》いをたのまれる。

**参考** 猫《ねこ》がなでられたときに出《だ》す、あまえ声《ごえ》のようだということから。

## 猫《ねこ》にかつお節《ぶし》

（＝かつお節《ぶし》を猫《ねこ》に預《あず》ける）

ことわざ

だれかがついよくないことをしてしまうような状態《じょうたい》を、わざわざ作《つく》り出《だ》す。

**使い方** お客《きゃく》さんのためのおかしを置《お》いたままで、妹《いもうと》に留守番《るすばん》をさせるなんて、猫《ねこ》にかつお節《ぶし》だ。

**参考** 猫《ねこ》に、大好物《だいこうぶつ》のかつお節《ぶし》の番《ばん》をさせるということから。「かつお節《ぶし》を猫《ねこ》に預《あず》ける」ともいう。

## 猫《ねこ》に小判《こばん》

ことわざ

どんなに価値《かち》のあるものでも、その価《か》値《ち》がわからない者《もの》にとっては、どうでもいいものだ。

**使い方** 弟《おとうと》に百科事典《ひゃっかじてん》を買《か》ってあげても、猫《ねこ》に小判《こばん》だ。

**参考** 小判《こばん》は、昔使《むかしつか》われていた、金《きん》でできたお金《かね》のこと。猫《ねこ》はお金《かね》を使《つか》わないので、小判《こばん》をあげても少《すこ》しも喜《よろこ》ばないということから。

## 猫《ねこ》の手《て》も借《か》りたい

慣用句

とてもいそがしいので、だれでもいいから手伝《てつだ》ってくれる人《ひと》がほしい。

**使い方** ほかのみんなが猫《ねこ》の手《て》も借《か》りたいほどいそがしいのに、用事《ようじ》があって帰《かえ》らなければならない。

**参考** 手伝《てつだ》ってくれるなら、猫《ねこ》でもかまわないということから。

## 猫《ねこ》の額《ひたい》

慣用句

土地《とち》や場所《ばしょ》が、とてもせまい。

**使い方** 猫《ねこ》の額《ひたい》ほどの庭《にわ》だけれど、野菜《やさい》を育《そだ》てている。

**参考** 猫《ねこ》は、額《ひたい》がとてもせまいことから。

## 猫《ねこ》の目《め》のように変《か》わる

慣用句

物《もの》ごとが、あっという間《ま》にどんどん変《か》わる。

**使い方** お母《かあ》さんのきげんは、猫《ねこ》の目《め》のように変《か》わる。

**参考** 猫《ねこ》の目《め》（ひとみ）が、周《まわ》りの明《あか》るさによって大《おお》きくなったり、小《ちい》さくなったりすることから。

## 猫《ねこ》ばばを決《き》めこむ

ことわざ

（＝猫《ねこ》ばばする）

悪《わる》いことをしたのに、知《し》らん顔《かお》をする。拾《ひろ》った物《もの》や預《あず》かった物《もの》を、知《し》らん顔《かお》をして自分《じぶん》のものにしてしまう。

**使い方** お金《かね》を拾《ひろ》ったときは、猫《ねこ》ばばを決《き》めこまずに、交番《こうばん》に届《とど》けよう。

**参考** ばばは、ふんのこと。猫《ねこ》は、ふんをした後《あと》、砂《すな》をかけてかくすことから。「猫《ねこ》ばばする」ともいう。

## 猫《ねこ》もしゃくしも

慣用句

だれもかれもみんな。すべての人《ひと》が。

**使い方** サッカーブームなので、猫《ねこ》もしゃくしもサッカーのことを話題《わだい》にする。

**参考** しゃくしは、しゃもじやおたまのこと。猫《ねこ》の手《て》と形《かたち》が似《に》ていることから、大《おお》ざっぱにまとめて言《い》えばみな同《おな》じ、という意味《いみ》になった。

## 猫《ねこ》をかぶる

慣用句

本当《ほんとう》の自分《じぶん》をかくして、おとなしくしている。

**使い方** あの子《こ》は、先生《せんせい》の前《まえ》では猫《ねこ》をかぶっているけれど、本当《ほんとう》はおてんばだ。

**参考** 猫《ねこ》は、飼《か》い主《ぬし》の前《まえ》では、おとなしくしているということから。

## ねた子《こ》を起《お》こす

慣用句

一度《いちど》解決《かいけつ》した物《もの》ごとをわざわざ取《と》り上《あ》げて、まためんどうな状態《じょうたい》にする。

**使い方** 泣《な》きやんだ妹《いもうと》をからかうなんて、ねた子《こ》を起《お》こすようなことはやめなさい。

**参考** ねている子《こ》どもをわざわざ起《お》こすと、泣《な》いたり、ぐずぐずしたりするということから。

## 熱《ねつ》を上《あ》げる

慣用句

ある人《ひと》や物《もの》ごとに、むちゅうになる。

**使い方** お兄《にい》さんの部屋《へや》の中《なか》は、今《いま》熱《ねつ》を上《あ》げているアイドルのポスターでいっぱいだ。

## ねても覚《さ》めても

慣用句

どんなときも、いつでも。

**使い方** 一流《いちりゅう》のスポーツ選手《せんしゅ》というのは、ねても覚《さ》めても、競技《きょうぎ》のことばかり考《かんが》えているそうだ。

**参考** ねているときでも、目《め》が覚《さ》めているときでも、いつも、ということから。

## 根《ね》にもつ

慣用句

何《なに》かをされたことをうらんで、ずっと忘《わす》れずにいる。

**使い方** 妹《いもうと》は、自分《じぶん》の失敗《しっぱい》をおもしろおかしくみんなの前《まえ》で話《はな》されたことを、今《いま》でも根《ね》にもっているようだ。

**参考** 根《ね》は、心《こころ》のおく深《ふか》くという意味《いみ》。

## 根《ね》ほり葉《は》ほり

慣用句

いろいろなことを、細《こま》かく、しつこく聞《き》く。

**使い方** 人《ひと》の家族《かぞく》のことを根《ね》ほり葉《は》ほり聞《き》くのは、失礼《しつれい》だからやめよう。

**参考** 根《ね》ほりは、根《ね》っこまでほりかえすこと。葉《は》ほりは、ことばの調子《ちょうし》をよくするためのつけ足《た》し。

## ね耳《みみ》に水《みず》

ことわざ

考《かんが》えてもいなかったことが急《きゅう》に起《お》きて、びっくりする。

**使い方** きょう漢字《かんじ》のテストがあるなんて話《はなし》は、ね耳《みみ》に水《みず》だ。

**参考** ねているときに、急《きゅう》に水《みず》がおし寄《よ》せてくる音《おと》がして、びっくりするということから。

## 根《ね》も葉《は》もない

慣用句

何《なん》の証《しょう》こもないでたらめだ。

**使い方** ぼくが転校《てんこう》するという、根《ね》も葉《は》もないうわさが流《なが》れているらしい。

**参考** 話《はなし》のもとになる証《しょう》ことという意味《いみ》の根《ね》を、植物《しょくぶつ》の根《ね》っこにかけたことば。根《ね》もなければ葉《は》もなくて、そこには植物《しょくぶつ》は何《なに》も生《は》えていないということから。

## ねる子《こ》は育《そだ》つ

ことわざ

よくねむる子《こ》どもは、健康《けんこう》でじょうぶに育《そだ》つということ。

## 音《ね》を上《あ》げる

慣用句

苦《くる》しいことやつらいことをがまんできなくなって、弱気《よわき》なことを言《い》ったり、やる気《き》をなくしてあきらめる。

**使い方** あと少《すこ》しで頂上《ちょうじょう》だから、音《ね》を上《あ》げずにがんばって歩《ある》こう。

**参考** 音《ね》は、泣《な》き声《ごえ》という意味《いみ》。

## 年季《ねんき》が入《はい》る

慣用句

長《なが》い間《あいだ》一《ひと》つのことを続《つづ》けてやっているので、そのことについて、じゅうぶんな経験《けいけん》や技術《ぎじゅつ》をもっている。

**使い方** 子《こ》どものころからずっと水泳《すいえい》を続《つづ》けている先生《せんせい》の泳《およ》ぎは、さすがに年季《ねんき》が入《はい》っている。

**参考** 年季《ねんき》は、昔《むかし》、人《ひと》をやとうときに決《き》めた約束《やくそく》の年数《ねんすう》のこと。

## 年《ねん》ぐの納《おさ》め時《どき》

慣用句

悪《わる》いことをし続《つづ》けた人《ひと》がつかまって、罪《つみ》をつぐなわなければならない状態《じょうたい》。

**使い方** 何年《なんねん》もにげ続《つづ》けていたどろぼうがつかまり、年《ねん》ぐの納《おさ》め時《どき》となった。

**参考** 年《ねん》ぐは、昔《むかし》の農民《のうみん》が納《おさ》めた税《ぜい》のこと。長《なが》い間《あいだ》はらわずにためていた年《ねん》ぐを、はらわなければならない時期《じき》という意味《いみ》。

## 念《ねん》には念《ねん》を入《い》れる

ことわざ

細《こま》かなところまで注意《ちゅうい》した上《うえ》に、さらに注意《ちゅうい》する。

**使い方** テストでは、念《ねん》には念《ねん》を入《い》れて、何回《なんかい》も見直《みなお》しをしよう。

**参考** 念《ねん》を入《い》れるは、注意《ちゅうい》するという意味《いみ》。

## 念《ねん》をおす

慣用句

まちがいがないように、相手《あいて》にくりかえし確《たし》かめたり、注意《ちゅうい》したりする。

**使い方** あすは遠足《えんそく》なので、いつもより三十分《さんじっぷん》早《はや》く起《お》こしてくれるよう、お母《かあ》さんに念《ねん》をおした。

## 能《のう》あるたかはつめをかくす

ことわざ

本当《ほんとう》の才能《さいのう》や実力《じつりょく》をもっている人《ひと》は、そのことを自《じ》まんしたり、見《み》せびらかしたりしないで、いざというときに使《つか》うものだ。

**参考** えものをとるのがうまいたかは、ふだんはするどいつめをかくしているということから。

## のきを並《なら》べる

慣用句

（＝のきを連《つら》ねる）

いくつもの建物《たてもの》がくっつき合《あ》って、ぎっしりと並《なら》んでいる。

**使い方** この通《とお》りは、いくつものお店《みせ》がのきを並《なら》べていて、商店街《しょうてんがい》になっている。

**参考** のきは、家《いえ》の屋根《やね》の下《した》の方《ほう》のはしの、かべからはみ出《だ》した部分《ぶぶん》。のきとのきがくっつくように並《なら》んでいるということから。「のきを連《つら》ねる」ともいう。

## 残《のこ》り物《もの》には福《ふく》がある

ことわざ

（＝余《あま》り物《もの》には福《ふく》がある）

欲《よく》ばらないで遠《えん》りょしている人《ひと》には、後《あと》でよいことがあるものだ。

**使い方** 一番最後《いちばんさいご》にくじを引《ひ》いたら、残《のこ》り物《もの》には福《ふく》があるで、一等《いっとう》が当《あ》たった。

**参考** 人《ひと》が選《えら》んだ後《あと》に残《のこ》された物《もの》の中《なか》には、思《おも》いがけないよい物《もの》があるということから。「余《あま》り物《もの》には福《ふく》がある」ともいう。

## のどが鳴《な》る

慣用句

おいしそうな物《もの》を目《め》の前《まえ》にして、早《はや》く食《た》べたくてたまらない。

**使い方** ケーキがとてもおいしそうで、ろうそくを消《け》す前《まえ》から、思《おも》わずのどが鳴《な》る。

**参考** つばを飲《の》みこむ、ごくりという音《おと》が鳴《な》るということから。

## のどから手《て》が出《で》る

慣用句

あるものを、ほしくてたまらない。

**使い方** 弟《おとうと》は、のどから手《て》が出《で》るほどほしがっていた模型《もけい》を手《て》に入《い》れて、大喜《おおよろこ》びだ。

**参考** のどから手《て》が出《で》てしまいそうなほど、ほしいということから。

## のどもと過《す》ぎれば熱《あつ》さを忘《わす》れる

ことわざ

苦《くる》しいことやつらいこと、また、そういうときに人《ひと》から親切《しんせつ》を受《う》けたことなども、それが過《す》ぎてしまえば、けろりと忘《わす》れてしまうものだ。

**使い方** 弟《おとうと》は、きのうねぼうしてお母《かあ》さんにしかられたばかりなのに、**のどもと過《す》ぎれば熱《あつ》さを忘《わす》れる**で、きょうもまたねぼうしていた。

**参考** とても熱《あつ》い物《もの》でも、飲《の》みこんでのどを通《とお》り過《す》ぎてしまえば、熱《あつ》さを感《かん》じなくなるということから。

## のべつ幕《まく》なし

慣用句

物《もの》ごとが、休《やす》む間《ま》もなくずっと続《つづ》く。

**使い方** 部屋《へや》にいるときのお姉《ねえ》さんは、**のべつ幕《まく》なし**にものすごい音量《おんりょう》で音楽《おんがく》を聞《き》いているので、とてもうるさい。

**参考** **のべつ**は、とぎれることなくずっと、という意味《いみ》。**幕《まく》なし**は、しばいで、場面《ばめん》が変《か》わっても幕《まく》を下《お》ろさずに、演《えん》じ続《つづ》けること。

## 乗《の》りかかった船《ふね》

ことわざ

一度《いちど》やり出《だ》したことは、とちゅうでやめることができない。

**使い方** 先生《せんせい》はいそがしいはずなのに、**乗《の》りかかった船《ふね》**だからと、最後《さいご》まで手伝《てつだ》ってくれた。

**参考** 乗《の》りこんで、もう海《うみ》へ出《で》てしまった船《ふね》からは、とちゅうで降《お》りることはできないということから。

## のるか反《そ》るか

慣用句

成功《せいこう》するか失敗《しっぱい》するか、結果《けっか》はわからないが、思《おも》い切《き》ってやってみる。

**使い方** **のるか反《そ》るか**、ここはホームランをねらってみよう。

**参考** **のる**は、のびて長《なが》くなる、**反《そ》る**は、後《うし》ろ向《む》きに曲《ま》がるという意味《いみ》。

## のれんに腕《うで》おし

ことわざ

どんなにがんばってやってみても、何《なん》の手《て》ごたえもなく、効果《こうか》がない。

**使い方** 妹《いもうと》に何度《なんど》注意《ちゅうい》しても、**のれんに腕《うで》おし**で、忘《わす》れ物《もの》が減《へ》らない。

**参考** **のれん**は、店《みせ》の入《い》り口《ぐち》などにかかっている、店《みせ》の名前《なまえ》の入《はい》った布《ぬの》のこと。のれんを腕《うで》でおしても、手《て》ごたえがないということから。

# は

### 背水《はいすい》の陣《じん》

故事成語

絶対《ぜったい》に失敗《しっぱい》できないという強《つよ》い気持《きも》ちで、物《もの》ごとを行《おこな》う。

**参考** 昔《むかし》、中国《ちゅうごく》の武将《ぶしょう》が、わざと川《かわ》を背《せ》にしたにげられない場所《ばしょ》に自分《じぶん》たちの軍《ぐん》を置《お》いたところ、兵士《へいし》たちは必死《ひっし》になって敵《てき》と戦《たたか》い、勝《か》ったという話《はなし》から。

### 歯《は》がうく

慣用句

あまりにもわざとらしいことばやおせじなどで、いやな気持《きも》ちになる。

**使い方** この劇《げき》は、歯《は》がうくようなせりふが多《おお》すぎる。

**参考** 歯《は》の根《ね》がゆるんで、ういてしまったような、いやな気持《きも》ちになるということから。

### 歯《は》が立《た》たない

慣用句

相手《あいて》との力《ちから》の差《さ》が大《おお》きすぎて、とてもかなわない。

**使い方** テレビゲームでは、弟《おとうと》に歯《は》が立《た》たない。

**参考** かたすぎて、かめないということから。

### はきだめにつる

ことわざ

その場《ば》に似合《にあ》わないような、美《うつく》しい人《ひと》やすぐれた人《ひと》がいる。

**使い方** かれのように頭《あたま》のいい人《ひと》がこんなところにいるなんて、はきだめにつるだ。

**参考** はきだめは、ごみ捨《す》て場《ば》のこと。きたない場所《ばしょ》にまい降《お》りた美《うつく》しいつるのようだということから。

### 馬脚《ばきゃく》をあらわす

故事成語

かくしていたことや、本当《ほんとう》の姿《すがた》、実力《じつりょく》などがわかってしまう。

**使い方** かんたんな足《た》し算《ざん》をまちがえて、馬脚《ばきゃく》をあらわしてしまった。

**参考** 馬脚《ばきゃく》は、しばいで馬《うま》のあしの役《やく》をする人《ひと》のこと。自分《じぶん》の姿《すがた》はかくしておかなければならないのに、しばいのとちゅうでうっかり客《きゃく》に見《み》せてしまうということから。

## はくがつく

慣用句

世《よ》の中《なか》の人《ひと》に認《みと》められて、より評判《ひょうばん》がよくなる。

**使い方** このコンクールはとても有名《ゆうめい》なので、出場《しゅつじょう》するだけでもはくがつく。

**参考** はくは、金《きん》や銀《ぎん》をうすくのばしたもの。はくを表面《ひょうめん》にはりつけると、物《もの》がりっぱに見《み》えるようになることから。

## 白紙《はくし》にもどす

（＝白紙《はくし》に返《かえ》す）

慣用句

それまでのことをすべてなかったことにして、最初《さいしょ》の状態《じょうたい》にもどす。

**使い方** お父《とう》さんの仕事《しごと》の都合《つごう》で、せっかく立《た》てた旅行《りょこう》の計画《けいかく》を、白紙《はくし》にもどすことになった。

**参考** 白紙《はくし》は、何《なに》も書《か》いてない紙《かみ》のこと。「白紙《はくし》に返《かえ》す」ともいう。

## はく車《しゃ》をかける

慣用句

あることをきっかけにして、物《もの》ごとの進《すす》み方《かた》を一段《いちだん》と早《はや》める。

**使い方** 先生《せんせい》のはげましのことばが、ぼくたちのやる気《き》にはく車《しゃ》をかけた。

**参考** はく車《しゃ》は、馬《うま》に乗《の》るときに、くつのかかとにつける金具《かなぐ》。この金具《かなぐ》で馬《うま》の腹《はら》をけって、速《はや》く走《はし》らせることから。

## はく氷《ひょう》をふむ

故事成語

とても危《あぶ》ないことや、失敗《しっぱい》しそうなことを、どきどきしながらする。

**使い方** はく氷《ひょう》をふむ思《おも》いで一本橋《いっぽんばし》をわたった。

**参考** はく氷《ひょう》は、うすい氷《こおり》という意味《いみ》。水《みず》の上《うえ》にうすく張《は》った氷《こおり》をふんで歩《ある》くようだということから。

## 化《ば》けの皮《かわ》がはがれる

慣用句

かくしていた本当《ほんとう》の姿《すがた》が、あらわれてしまう。

**使い方** いくら学校《がっこう》でぎょうぎよくしていても、家《いえ》でだらしなくしていたら、いつか化《ば》けの皮《かわ》がはがれる。

## 馬耳東風《ばじとうふう》

故事成語

人《ひと》から忠告《ちゅうこく》や注意《ちゅうい》をされても、まったく気《き》にせず、聞《き》こうともしない。

**使い方** お兄《にい》さんは、わたしが何《なに》を言《い》っても馬《ば》耳東風《じとうふう》なので頭《あたま》にくる。

**参考** 東風《とうふう》は、東《ひがし》からふく春風《はるかぜ》のこと。春風《はるかぜ》がふくと人間《にんげん》はよろこぶが、馬《うま》の耳《みみ》には何《なに》も感《かん》じられないということから。

## はしにも棒《ぼう》にもかからない

ことわざ

何《なに》もよいところがなく、どうしようもない。

**使い方** うちの犬《いぬ》は、おとなしくて番犬《ばんけん》にはならないし、いくら教《おし》えても何《なん》の芸《げい》もしないけれど、はしにも棒《ぼう》にもかからないなんていったらかわいそうだ。

**参考** はしでつかめず、棒《ぼう》にもひっかからず、あつかいようがないということから。

## はじの上《うわ》ぬり

慣用句

はじをかいたことを何《なん》とかうまくごまかそうとして、逆《ぎゃく》にさらにはじをかいてしまう。

**使い方** リレーで、落《お》としたバトンを拾《ひろ》おうとしたら転《ころ》んでしまうなんて、はじの上《うわ》ぬりだ。

**参考** 上《うわ》ぬりは、かべなどを一度《いちど》ぬった後《あと》で、仕上《しあ》げにもう一度《いちど》ぬること。

## 破竹《はちく》のいきおい

故事成語

止《と》めることができないくらい、激《はげ》しいいきおい。

**使い方** ぼくらのクラスは、球技大会《きゅうぎたいかい》を破竹《はちく》のいきおいで勝《か》ち進《すす》み、優勝《ゆうしょう》した。

**参考** 竹《たけ》は、最初《さいしょ》に割《わ》れ目《め》を入《い》れると、あとは少《すこ》し力《ちから》を加《くわ》えるだけで、最後《さいご》までかんたんに割《わ》れてしまうことから。

## はちの巣《す》をつついたよう

慣用句

大《おお》ぜいの人《ひと》がさわぎ出《だ》して、どうしようもなくなる。

**使い方** 校庭《こうてい》にのら犬《いぬ》がまよいこんできて、はちの巣《す》をつついたようなさわぎになってしまった。

**参考** はちの巣《す》をつつくと、たくさんのはちが飛《と》び出《だ》してきて、大変《たいへん》なさわぎになるということから。

## ばつが悪《わる》い

慣用句

悪《わる》いことをしたという気持《きも》ちや、はずかしいと思《おも》っていることがあり、そこにいるのが気《き》まずい。

**使い方** お店《みせ》の中《なか》で弟《おとうと》がだだをこねて、お母《かあ》さんはばつが悪《わる》そうな顔《かお》をしていた。

**参考** ばつは、「場都合《ばつごう》」を略《りゃく》したことばで、その場《ば》の都合《つごう》、具合《ぐあい》という意味《いみ》。

## 発破《はっぱ》をかける

慣用句

強《つよ》い言《い》い方《かた》ではげます。

**使い方** お母《かあ》さんに発破《はっぱ》をかけられながら、ようやく夏休《なつやす》みの宿題《しゅくだい》が終《お》わった。

**参考** 発破《はっぱ》は、工事《こうじ》のとき、大《おお》きな岩《いわ》などをこわすためにしかける火薬《かやく》のこと。

## 八方美人《はっぽうびじん》

四字熟語

だれからもよく思《おも》われようとして、いろいろな人《ひと》のきげんをとったり、相手《あいて》に合《あ》わせて自分《じぶん》の態度《たいど》や意見《いけん》を変《か》えたりする人《ひと》。

**参考** 八方《はっぽう》は、あらゆる方向《ほうこう》。もとは、どの方向《ほうこう》から見《み》ても欠点《けってん》のない美人《びじん》をほめることばだったが、今《いま》では悪《わる》い意味《いみ》で使《つか》うことが多《おお》い。

## 八方《はっぽう》ふさがり

慣用句

何《なに》をやってもうまくいかず、どうしようもない。

**使い方** みんなに手伝《てつだ》いを断《ことわ》られ、八方《はっぽう》ふさがりになってしまった。

**参考** どちらの方角《ほうがく》に進《すす》んでもいい結果《けっか》にならないという意味《いみ》の、うらないで使《つか》うことばから。

## はとが豆《まめ》でっぽうを食《く》ったよう

慣用句

急《きゅう》なできごとにびっくりして、目《め》を丸《まる》くしてきょとんとする。

**使い方** おばあさんが入院《にゅういん》したと聞《き》いて、お母《かあ》さんははとが豆《まめ》でっぽうを食《く》ったような顔《かお》になった。

**参考** 豆《まめ》でっぽうは、豆《まめ》をたまにしてうつ、おもちゃのてっぽう。はとを豆《まめ》でっぽうでうつと、丸《まる》い目《め》をますます丸《まる》くしておどろくということから。

## 鼻息《はないき》があらい

慣用句

やるぞという気持《きも》ちが強《つよ》く、とても張《は》り切《き》っている。

**使い方** 今度《こんど》こそ勝《か》つぞと、鼻息《はないき》があらい。

## 鼻《はな》が高《たか》い

慣用句

自《じ》まんできること、ほこらしいことがあり、得意《とくい》になる。

**使い方** お姉《ねえ》さんは、やさしくて勉強《べんきょう》もよくできるので、弟《おとうと》のぼくも鼻《はな》が高《たか》い。

## 話《はなし》に花《はな》がさく

慣用句

次々《つぎつぎ》と楽《たの》しい話題《わだい》が出《で》てきて、話《はなし》が終《お》わらない。

**使い方** 友《とも》だちに電話《でんわ》をすると、いつも話《はなし》に花《はな》がさいて、長電話《ながでんわ》になってしまう。

## 話《はなし》の腰《こし》を折《お》る

慣用句

だれかが話《はなし》をしているとちゅうでじゃまをして、続《つづ》けて話《はなし》をする気《き》をなくさせてしまう。

**使い方** 先生《せんせい》の話《はなし》の腰《こし》を折《お》るように、チャイムが鳴《な》った。

## 鼻《はな》であしらう

（＝鼻《はな》の先《さき》であしらう）

慣用句

ばかにして、きちんとした返事《へんじ》もせず、いいかげんに相手《あいて》をする。

**使い方** お兄《にい》さんに、将《しょう》ぎで勝負《しょうぶ》をしようと言《い》ったら、鼻《はな》であしらわれた。

**参考** 「鼻《はな》の先《さき》であしらう」ともいう。

## 鼻《はな》にかける

慣用句

自分《じぶん》のすぐれているところを自《じ》まんし、得意《とくい》げにしている。

**使い方** かれは、サッカーがうまいことを鼻《はな》にかけている。

## 鼻《はな》につく

慣用句

同《おな》じことが何度《なんど》もくりかえされたためにあきてしまい、いやになる。

**使い方** 同《おな》じような話《はなし》ばかり続《つづ》くので、鼻《はな》についた。

**参考** いやなにおいが鼻《はな》にくっついてしまったように、はなれないということから。

## 鼻《はな》もちならない

慣用句

その人《ひと》の言《い》うことやすることがいやな感《かん》じで、がまんできない。

**使い方** 女《おんな》の子《こ》にばかりやさしくて、鼻《はな》もちならないやつだ。

**参考** いやなにおいで鼻《はな》がもたない、がまんできないということから。

## 花《はな》よりだんご

ことわざ

見《み》て美《うつく》しさを楽《たの》しむような物《もの》よりも、じっさいに役《やく》に立《た》つ物《もの》の方《ほう》がよい。

**使い方** 弟《おとうと》は**花《はな》よりだんご**で、賞状《しょうじょう》やメダルよりも賞品《しょうひん》に興味《きょうみ》があるようだ。

**参考** 花見《はなみ》で、桜《さくら》の花《はな》の美《うつく》しさを楽《たの》しむよりも、おいしくておなかもふくれるだんごを食《た》べる方《ほう》がよいということから。

## 鼻《はな》を明《あ》かす

慣用句

自分《じぶん》よりすぐれている相手《あいて》のすきをついて先《さき》に何《なに》かをしたり、負《ま》かしたりして、おどろかせる。

**使い方** 今度《こんど》の試合《しあい》では絶対《ぜったい》に勝《か》って、**鼻《はな》を明《あ》かして**やろう。

## 鼻《はな》を折《お》る

（＝鼻《はな》をへし折《お》る）

慣用句

得意《とくい》になって自《じ》まんしている人《ひと》に、はじをかかせたりして、その気持《きも》ちをなくさせる。

**使い方** 一回《いっかい》ぐらいテストでいい点《てん》をとったからといって、あんまり得意《とくい》になっていると、そのうちに**鼻《はな》を折《お》られる**よ。

**参考** 「鼻《はな》をへし折《お》る」ともいう。

## 花《はな》を持《も》たせる

慣用句

名《めい》よや手《て》がら、勝《か》ちをゆずって、相手《あいて》を引《ひ》き立《た》たせる。

**使い方** きょうは妹《いもうと》の誕生日《たんじょうび》なので、**花《はな》を持《も》たせて**、トランプで負《ま》けてあげた。

## 歯《は》に衣《きぬ》を着《き》せない

慣用句

相手《あいて》の気持《きも》ちなどは考《かんが》えず、思《おも》っていることを、遠《えん》りょなしにはっきり言《い》う。

**使い方** **歯《は》に衣《きぬ》を着《き》せない**、きびしい意見《いけん》を聞《き》いた方《ほう》がためになる。

**参考** 口《くち》から出《で》ることばに、衣服《いふく》を着《き》せてかくしたりはしないということから。

## 羽《はね》をのばす

慣用句

いそがしかったり、おさえつけられていた状態《じょうたい》からぬけ出《だ》し、のびのびと自由《じゆう》にする。

**使い方** お母《かあ》さんは、**羽《はね》をのばし**に温泉《おんせん》に出《で》かけている。

## 歯《は》の根《ね》が合《あ》わない

慣用句

寒《さむ》さやおそろしさのために、がたがたふるえる。

**使い方** おばけやしきの中《なか》は、歯《は》の根《ね》が合《あ》わないほどこわかった。

**参考** ふるえがひどくて、歯《は》ががちがちと音《おと》を立《た》てるようすから。

## はばをきかせる

慣用句

力《ちから》やいきおいのある者《もの》が、周《まわ》りを自分《じぶん》の思《おも》い通《どお》りにさせる。

**使い方** あの太《ふと》った猫《ねこ》は、とてもけんかが強《つよ》くて、このあたりではばをきかせている。

**参考** はばは、力《ちから》やいきおいという意味《いみ》。

## 羽目《はめ》を外《はず》す

慣用句

調子《ちょうし》に乗《の》って、やりすぎたり、はしゃぎすぎたりする。

**使い方** お楽《たの》しみ会《かい》で、羽目《はめ》を外《はず》してさわいだので、おこられた。

**参考** 羽目《はめ》は、馬《うま》の口《くち》にくわえさせる道具《どうぐ》の一部《いちぶ》をさす「はみ」ということばが変《へん》化《か》したもの。はみを外《はず》された馬《うま》は、好《す》きなように走《はし》り回《まわ》るということから。

## 早起《はやお》きは三文《さんもん》の徳《とく》

ことわざ

（＝朝起《あさお》きは三文《さんもん》の徳《とく》）

朝《あさ》、早《はや》く起《お》きると何《なに》かいいことがあるものだ。

**使い方** 早起《はやお》きは三文《さんもん》の徳《とく》というから、休《やす》みの日《ひ》も早《はや》く起《お》きるようにしよう。

**参考** 徳《とく》は「得《とく》」とも書《か》き、もうけという意《い》味《み》。文《もん》は、昔《むかし》のお金《かね》の単位《たんい》で、三文《さんもん》は、わずかな金額《きんがく》のたとえ。「朝起《あさお》きは三《さん》文《もん》の徳《とく》」ともいう。

## 腹《はら》が黒《くろ》い

慣用句

（＝腹黒《はらぐろ》い）

ずるい考《かんが》えや悪《わる》い考《かんが》えを、心《こころ》の中《なか》にもっている。

**使い方** あの人《ひと》は口《くち》はうまいけれど、腹《はら》が黒《くろ》いから、だまされたりしないように気《き》をつけよう。

**参考** 「腹黒《はらぐろ》い」ともいう。

## 腹《はら》がすわる

慣用句

落《お》ち着《つ》いていて、ちょっとのことではおどろいたりあわてたりしない。

**使い方** お姉《ねえ》さんは腹《はら》がすわっているから、ごきぶりをこわがらない。

慣用句

## 腹《はら》が立《た》つ

許《ゆる》せないことや気《き》に入《い》らないことがあって、おこる。

**使い方** みんなが並《なら》んでいるのに、とちゅうで割《わ》りこもうとする人《ひと》がいて、とても**腹《はら》が立《た》った**。

ことわざ

## 腹《はら》が減《へ》ってはいくさができぬ

おなかがすいていては、力《ちから》が入《はい》らず、しっかり働《はたら》くことはできないから、まず何《なに》か食《た》べようということ。

**使い方** **腹《はら》が減《へ》ってはいくさができぬ**というから、しっかり朝《あさ》ごはんを食《た》べよう。

慣用句

## 腹《はら》の虫《むし》が治《おさ》まらない

おこりたい気持《きも》ちを、どうしてもがまんすることができない。

**使い方** 弟《おとうと》にばかにされたままでは、**腹《はら》の虫《むし》が治《おさ》まらない**。

**参考** **虫《むし》**は、人間《にんげん》の体《からだ》の中《なか》にいて、きげんを変《か》えると思《おも》われているもの。おなかの中《なか》にいる虫《むし》が、おこっておとなしくならないということから。

慣用句

## はらわたがにえくりかえる

あまりにもいかりがひどくて、じっとしていられない。

**使い方** みんなで世話《せわ》をして育《そだ》てた花《はな》をぬすまれて、**はらわたがにえくりかえる**思《おも》いだ。

**参考** **はらわた**は、内臓《ないぞう》のこと。

慣用句

## 腹《はら》をかかえる

たまらなくおかしいことがあって、大《おお》笑《わら》いする。

**使い方** 妹《いもうと》がふざけて変《へん》な歌《うた》を歌《うた》ったので、みんなで**腹《はら》をかかえて**笑《わら》った。

慣用句

## 腹《はら》を決《き》める

こうするしかないと、かたく決心《けっしん》する。

**使い方** 将来《しょうらい》何《なに》になるのか、ずいぶんまよったけれど、お店《みせ》を手伝《てつだ》おうと**腹《はら》を決《き》めた**。

## 腹《はら》をさぐる

慣用句

気《き》づかれないようにさりげなく、相手《あいて》の考《かんが》えていることを知《し》ろうとする。

**使い方** 友《とも》だちどうしで腹《はら》をさぐり合《あ》うなんて、いやなことだ。

## 腹《はら》を割《わ》る

慣用句

本当《ほんとう》の気持《きも》ちをかくさずに、すべて相手《あい》に話《はな》す。

**使い方** 腹《はら》を割《わ》って話《はな》し合《あ》えば、きっとわかり合《あ》えるはずだ。

## 張《は》り子《こ》の虎《とら》

慣用句

本当《ほんとう》は強《つよ》くないのに、見《み》かけだけ強《つよ》そうに見《み》せているもの。

**使い方** あの人《ひと》は体《からだ》が大《おお》きいからいばっているけれど、本当《ほんとう》は張《は》り子《こ》の虎《とら》だ。

**参考** 張《は》り子《こ》は、紙《かみ》を張《は》り重《かさ》ねて作《つく》ったおもちゃ。

## 歯《は》を食《く》いしばる

慣用句

苦《くる》しいことやつらいこと、くやしいことなどをぐっとがまんする。

**使い方** 歯《は》を食《く》いしばってきびしい練習《れんしゅう》を続《つづ》けたかいあって、優勝《ゆうしょう》することができた。

## 万事休《ばんじきゅう》す

故事成語

すべてが終《お》わりだ。もうどうしようもない。

**使い方** こんなに点差《てんさ》がついてしまっては、もう万事休《ばんじきゅう》すだ。

**参考** 万事《ばんじ》は、すべてのこと、休《きゅう》すは、終《お》わるという意味《いみ》。

## 半信半疑《はんしんはんぎ》

四字熟語

本当《ほんとう》だと信《しん》じる気持《きも》ちと、うそだと疑《うたが》う気持《きも》ちが半分半分《はんぶんはんぶん》だ。

**使い方** わたしの絵《え》が入賞《にゅうしょう》したなんて半信半疑《はんしんはんぎ》だったけれど、展覧《てんらん》会《かい》でかざってあるのを見《み》て、やっとうれしい気持《きも》ちになった。

## ひいきの引《ひ》きたおし

ことわざ

熱心《ねっしん》に応《おう》えんしすぎて、逆《ぎゃく》に応《おう》えんしている相手《あいて》にめいわくをかけてしまう。

**使い方** あまりさわぎすぎると、実力《じつりょく》を出《だ》せなくなって、ひいきの引《ひ》きたおしになってしまう。

**参考** ひいきは、特《とく》に気《き》に入《い》っていること。引《ひ》きたおしは、引《ひ》いてたおすこと。

## ひざを打《う》つ

慣用句

（＝ひざをたたく）

とても感心《かんしん》したり、急《きゅう》に何《なに》かを思《おも》いついたりして、思《おも》わずひざのあたりを手《て》でたたく。

**使い方** お父《とう》さんの説明《せつめい》がとてもわかりやすかったので、思《おも》わずひざを打《う》った。

**参考** 「ひざをたたく」ともいう。

## ひざを乗《の》り出《だ》す

慣用句

興味《きょうみ》を感《かん》じて、自分《じぶん》から進《すす》んで見《み》たり聞《き》いたりしようとする。

**使い方** 映画《えいが》を見《み》ていたら、いつの間《ま》にかお母《かあ》さんもわたしもひざを乗《の》り出《だ》していた。

**参考** ひとりでに体《からだ》が前《まえ》の方《ほう》に出《で》ていくようすから。

## ひざを交《まじ》える

慣用句

おたがいに親《した》しく話《はな》し合《あ》う。

**使い方** たくさんの学校《がっこう》の代表《だいひょう》が集《あつ》まって、ひざを交《まじ》えて話《はな》し合《あ》いをした。

**参考** すわったおたがいのひざが、ふれ合《あ》うくらい近《ちか》づいて、話《はな》すようすから。

## 額《ひたい》を集《あつ》める

慣用句

関係《かんけい》している人《ひと》たちが集《あつ》まって、熱心《ねっしん》に相談《そうだん》する。

**使い方** 実行委員《じっこういいん》が額《ひたい》を集《あつ》めて、運動会《うんどうかい》の進《すす》め方《かた》について話《はな》し合《あ》っている。

**参考** 額《ひたい》を近《ちか》づけて話《はな》すようすから。

## 必要《ひつよう》は発明《はつめい》の母《はは》

ことわざ

不便《ふべん》を感《かん》じ、何《なに》かが必要《ひつよう》だと思《おも》うところから、くふうされて発明《はつめい》は生《う》まれる。

**参考** 母《はは》は、お母《かあ》さんが子《こ》どもを生《う》むことから、物《もの》ごとを生《う》み出《だ》すもとという意味《いみ》で使《つか》われる。

## 一《ひと》あわふかせる

慣用句

相手《あいて》のすきをついたり、思《おも》いもよらないことをして、おどろかせたりあわてさせる。

**使い方** 今度《こんど》こそテレビゲームで勝《か》って、お兄《にい》さんに一《ひと》あわふかせてやるぞ。

## 一筋《ひとすじ》なわではいかない

慣用句

難《むずか》しくて、ふつうのやり方《かた》ではなかなかうまくいかない。

**使い方** うちの猫《ねこ》は気難《きむずか》しくて、えさをやるにも一筋《ひとすじ》なわではいかない。

**参考** 一筋《ひとすじ》なわは、一本《いっぽん》のなわのことで、ふつうの方法《ほうほう》という意味《いみ》。

## 一《ひと》たまりもない

慣用句

外《そと》からの強《つよ》い力《ちから》が加《くわ》わると、少《すこ》しの間《あいだ》もそのままでいられない。

**使い方** 妹《いもうと》が砂《すな》で作《つく》ったお城《しろ》も、大《おお》きな波《なみ》が来《き》たら、一《ひと》たまりもなく流《なが》されてしまうだろう。

## 人《ひと》のうわさも七十五日《しちじゅうごにち》

ことわざ

うわさというのは、いつの間《ま》にか忘《わす》れ去《さ》られてしまい、そう長《なが》くは続《つづ》かないものだ。

**参考** 七十五日《しちじゅうごにち》もたてば、みんなうわさをすることにもあきてしまい、ひとりでにやんでしまうということから。

## 人《ひと》の口《くち》に戸《と》は立《た》てられぬ

ことわざ

（＝世間《せけん》の口《くち》に戸《と》は立《た》てられぬ）

人《ひと》のおしゃべりは止《と》められないので、うわさが広《ひろ》まるのを防《ふせ》ぐことはできないものだ。

**参考** 立《た》てるは、閉《し》めるという意味《いみ》。戸《と》を閉《し》めるように、人《ひと》の口《くち》をふさぐことはできないということから。「世間《せけん》の口《くち》に戸《と》は立《た》てられぬ」ともいう。

## 人《ひと》のふり見《み》てわがふり直《なお》せ

ことわざ

ほかの人《ひと》の行動《こうどう》を見《み》て、自分《じぶん》の行動《こうどう》についても、よくないと思《おも》った点《てん》は直《なお》すべきだ。

**使い方** 電車《でんしゃ》の中《なか》で、大声《おおごえ》でしゃべっている人《ひと》を見《み》て、人《ひと》のふり見《み》てわがふり直《なお》せと自分《じぶん》に言《い》い聞《き》かせた。

**参考** ふりは、動《うご》きやようすという意味《いみ》。

## 人《ひと》のふんどしですもうを取《と》る

ことわざ

自分《じぶん》のものを使《つか》わずに、ほかの人《ひと》の力《ちから》や持《も》ち物《もの》を利用《りよう》して、自分《じぶん》の役《やく》に立《た》つことをする。

**参考** ほかの人《ひと》のふんどしを借《か》りて、すもうを取《と》るということから。

## 一《ひと》はだぬぐ

慣用句

だれかを助《たす》けるために、自分《じぶん》から進《すす》んで力《ちから》を貸《か》す。

**使い方** 捨《す》て猫《ねこ》をもらってくれる人《ひと》を見《み》つけるのに、わたしも一《ひと》はだぬごうと思《おも》う。

**参考** 力《ちから》仕事《しごと》をするときに、上半身《じょうはんしん》はだかになるようすから。

## 人《ひと》は見《み》かけによらぬもの

ことわざ

人《ひと》の本当《ほんとう》の実力《じつりょく》や性格《せいかく》は、外《そと》から見《み》た感《かん》じだけではわからない。

**使い方** あの子《こ》はあんなに小《ちい》さくて細《ほそ》いけれど、人《ひと》は見《み》かけによらぬもので、すごい力持《ちからも》ちだ。

## 人目《ひとめ》につく

慣用句

とても目立《めだ》って、人《ひと》の注意《ちゅうい》を引《ひ》く。

**使い方** ポスターは、人目《ひとめ》につく所《ところ》にはろう。

## 人目《ひとめ》をはばかる

慣用句

悪《わる》いと思《おも》っていることや、はずかしいと思《おも》っていることがあるので、ほかの人《ひと》に見《み》られないように気《き》をつかう。

**使い方** 人目《ひとめ》をはばかって、こっそりと帰《かえ》った。

**参考** はばかるは、気《き》をつかう、遠《えん》りょするという意味《いみ》。

## 人《ひと》を食《く》う

慣用句

相手《あいて》をばかにするようなことをしたり、言《い》ったりする。

**使い方** 電話《でんわ》で呼《よ》びつけておいて、行《い》ってみたら留守《るす》だなんて、人《ひと》を食《く》った話《はなし》だ。

## 火《ひ》に油《あぶら》を注《そそ》ぐ

（＝油《あぶら》を注《そそ》ぐ）

慣用句

いきおいがあるものに、ますますいきおいを加《くわ》える。

**使い方** 弟《おとうと》たちのけんかをやめさせようと、口《くち》を出《だ》したら、火《ひ》に油《あぶら》を注《そそ》ぐ結果《けっか》になってしまった。

**参考** 火《ひ》が燃《も》えているところに油《あぶら》を注《そそ》ぐと、火《ひ》のいきおいがさらに強《つよ》くなるということから。「油《あぶら》を注《そそ》ぐ」ともいう。

## 非《ひ》の打《う》ち所《どころ》がない

慣用句

とてもすばらしくて、欠点《けってん》や悪《わる》いところがない。

**使い方** きょうのカレーは、非《ひ》の打《う》ち所《どころ》がないできばえだ。

**参考** 非《ひ》は、欠点《けってん》や悪《わる》いところ。

## 火《ひ》の車《くるま》

慣用句

お金《かね》がなくて、やりくりが大変《たいへん》だ。

**使い方** 今月《こんげつ》は本《ほん》をたくさん買《か》ってしまったので、火《ひ》の車《くるま》だ。

**参考** 火《ひ》の車《くるま》は、罪人《ざいにん》を地《じ》ごくに運《はこ》ぶための、火《ひ》が燃《も》えている車《くるま》のこと。その車《くるま》に乗《の》っているように苦《くる》しいということから。

## 火《ひ》のない所《ところ》にけむりは立《た》たぬ

ことわざ

うわさになったり、疑《うたが》われたりするのは、原因《げんいん》となることがあるからで、何《なに》もないのにうわさになったり疑《うたが》われたりするはずがない。

**参考** 火《ひ》が燃《も》えていなければ、けむりが立《た》つこともないはずだということから。

## 日《ひ》の目《め》を見《み》る

慣用句

長《なが》い間《あいだ》知《し》られていなかったものが、やっと世《よ》の中《なか》に出《で》て認《みと》められる。

**使い方** ぼくが考《かんが》えたアイデアが、いつか日《ひ》の目《め》を見《み》るときが来《く》るだろう。

**参考** 日《ひ》の目《め》は、太陽《たいよう》の光《ひかり》のこと。

## 火花《ひばな》を散《ち》らす

慣用句

とても激《はげ》しく争《あらそ》う。

**使い方** 夕方《ゆうがた》は毎日《まいにち》、弟《おとうと》とテレビのチャンネル争《あらそ》いに火花《ひばな》を散《ち》らしている。

**参考** 刀《かたな》と刀《かたな》がぶつかり合《あ》うと、火花《ひばな》が散《ち》ることから。

## 火《ひ》ぶたを切《き》る

（＝火《ひ》ぶたを切《き》って落《お》とす）

慣用句

戦《たたか》いや競争《きょうそう》を始《はじ》める。

**使い方** よい天気《てんき》にめぐまれ、いよいよドッジボール大会《たいかい》が火《ひ》ぶたを切《き》った。

**参考** 火《ひ》ぶたは、火《ひ》なわじゅうの火薬《かやく》を入《い》れる部分《ぶぶん》のふた。火《ひ》なわじゅうをうつときには、まずこの火《ひ》ぶたを開《あ》けて、火《ひ》をつけることから。「火《ひ》ぶたを切《き》って落《お》とす」ともいう。

## 百聞《ひゃくぶん》は一見《いっけん》にしかず

故事成語

何回《なんかい》も話《はなし》を聞《き》くよりも、一回《いっかい》でも自分《じぶん》の目《め》でじっさいに見《み》る方《ほう》が、ずっとよくわかるものだ。

**使い方** 百聞《ひゃくぶん》は一見《いっけん》にしかずだから、いろいろな所《ところ》へ行《い》ってみよう。

**参考** しかずは、かなわない、およばないという意味《いみ》。何《なに》かについて百回《ひゃっかい》聞《き》いても、それをじっさいに一回《いっかい》見《み》ることにはかなわないということから。

## 百《ひゃく》も承知《しょうち》

慣用句

じゅうぶんに知《し》っている。

**使い方** お父《とう》さんがおこるとこわいことは、百《ひゃく》も承知《しょうち》だ。

## 百発百中《ひゃっぱつひゃくちゅう》

故事成語

射《い》った矢《や》やうったたまなどが、かならず命中《めいちゅう》する。

**使い方** この選手《せんしゅ》のシュートは百発百中《ひゃっぱつひゃくちゅう》だと評判《ひょうばん》だ。

予想《よそう》したことや計画《けいかく》したことが、かならず当《あ》たる。

**使い方** この本《ほん》のうらないは、百発百中《ひゃっぱつひゃくちゅう》といわれるほどよく当《あ》たるらしい。

## 氷山《ひょうざん》の一角《いっかく》

慣用句

表《おもて》にあらわれたものはごく一部《いちぶ》だけで、裏《うら》には、まだ大《おお》きな問題《もんだい》がかくれたままだ。

**使い方** きょうわかったのは氷山《ひょうざん》の一角《いっかく》で、弟《おとうと》はほかにもたくさんいたずらをしているはずだ。

**参考** 一角《いっかく》は、一部分《いちぶぶん》という意味《いみ》。氷山《ひょうざん》は、ほんの一部《いちぶ》が海《うみ》の上《うえ》に出《で》ているだけで、ほとんどの部分《ぶぶん》が海《うみ》の中《なか》にかくれていることから。

## ひょうたんからこまが出《で》る

ことわざ

思《おも》ってもいなかったことが起《お》こる。じょうだんで言《い》ったことが、本当《ほんとう》になる。

**参考** こまは、馬《うま》のこと。ひょうたんから馬《うま》が飛《と》び出《だ》すくらい、思《おも》いがけないということから。

## 火《ひ》を見《み》るよりも明《あき》らか

慣用句

とてもはっきりしていて、まったく疑《うたが》う点《てん》がない。

**使い方** 毎日遊《まいにちあそ》んでばかりいれば、後《あと》であわてることになるのは火《ひ》を見《み》るよりも明《あき》らかだ。

**参考** 燃《も》えている明《あか》るい火《ひ》を見《み》るよりも、もっとはっきり見《み》えるということから。

## ピンからキリまで

ことわざ

最高《さいこう》の物《もの》から最低《さいてい》の物《もの》まで。最初《さいしょ》から最後《さいご》まで。

**使い方** かばんを買《か》いに来《き》たけれど、ピンからキリまであるので、どれにするか迷《まよ》ってしまう。

**参考** ピンは一《いち》(最初《さいしょ》)、キリは十《じゅう》(最後《さいご》)をあらわす。どちらもポルトガル語《ご》からきたことば。キリは、物《もの》ごとの区切《くぎ》りという意味《いみ》の「切《き》り」、または「桐《きり》(木《き》の名前《なまえ》)」からきたという説《せつ》もある。

# ふ

## 風雲急《ふううんきゅう》を告《つ》げる

慣用句

今《いま》にも大《おお》きなできごとが起《お》こりそうなようすだ。

**使い方** 風雲急《ふううんきゅう》を告《つ》げるというところで今週《こんしゅう》の話《はなし》が終《お》わってしまったので、来週《らいしゅう》もこの番組《ばんぐみ》は見《み》のがせない。

**参考** 風雲《ふううん》は、あらしがやって来《く》る前《まえ》の風《かぜ》と雲《くも》。急《きゅう》を告《つ》げるは、今《いま》にも変《か》わりそうだということを知《し》らせるという意味《いみ》。

## 風前《ふうぜん》のともしび

慣用句

危険《きけん》がせまっていて、命《いのち》などが今《いま》にも終《お》わりそうだ。

**使い方** もうすぐ敵《てき》がやって来《く》るから、主人公《しゅじんこう》の命《いのち》は風前《ふうぜん》のともしびだ。

**参考** ともしびは、明《あ》かりにするための火《ひ》。風《かぜ》がふく所《ところ》に置《お》かれた、ろうそくなどのともしびが、今《いま》にも消《き》えそうなようすから。

## 笛《ふえ》ふけどおどらず

（＝笛《ふえ》ふけどもおどらず）

ことわざ

人《ひと》に何《なに》かをさせようとして、いくら働《はたら》きかけても、相手《あいて》がそれに少《すこ》しも応《おう》じてくれない。

**使い方** お母《かあ》さんがいくら勉強《べんきょう》をしなさいと言《い》っても、笛《ふえ》ふけどおどらずで、わたしも妹《いもうと》もテレビにむちゅうだ。

**参考** キリスト教《きょう》の聖書《せいしょ》からのことば。「笛《ふえ》ふけどもおどらず」ともいう。

## 覆水《ふくすい》ぼんに返《かえ》らず

故事成語

一度《いちど》やってしまったことは、二度《にど》ともとにもどすことができない。

**使い方** 覆水《ふくすい》ぼんに返《かえ》らず、友《とも》だちを傷《きず》つけるようなことを言《い》ってしまったと反省《はんせい》しても、もうおそい。

**参考** 覆水《ふくすい》は、こぼれた水《みず》のこと。昔《むかし》、中国《ちゅうごく》で、貧《びん》ぼうなのに本《ほん》ばかり読《よ》んでいる夫《おっと》を見捨《みす》てて別《わか》れた妻《つま》が、その後夫《ごおっと》が出世《しゅっせ》してえらくなると、もどって来《き》てやり直《なお》したいと言《い》った。そこで夫《おっと》は、おぼんに入《い》れた水《みず》を地面《じめん》にこぼし、その水《みず》をもとにもどすことができたら、願《ねが》いを聞《き》いてやろうと言《い》ったという話《はなし》から。

## ふくろのねずみ

慣用句

追《お》いこまれて、もうどうやっても、にげ出《だ》すことができない。

**使い方** いたずらが見《み》つかった弟《おとうと》は、トイレににげこんだけれど、それこそふくろのねずみだ。

**参考** ふくろに入《い》れられたねずみは、にげ道《みち》がないということから。

## 不《ふ》言《げん》実《じっ》行《こう》

四字熟語

あれこれ理《り》くつを言《い》わずに、やるべきことをだまってやる。

**使い方** かれは不《ふ》言《げん》実《じっ》行《こう》の人《ひと》なので、みんなから尊敬《そんけい》されている。

## 武士《ぶし》は食《く》わねど高《たか》ようじ

ことわざ

どんなに貧《まず》しくても弱《よわ》いところは見《み》せず、みっともないことはしない。

**使い方** 武士《ぶし》は食《く》わねど高《たか》ようじ、妹《いもうと》のおやつを分《わ》けてもらうわけにはいかない。

**参考** 高《たか》ようじは、食後《しょくご》にようじをゆっくりと使《つか》うこと。名《めい》よを重《おも》んずる武士《ぶし》は、貧《まず》しくて食事《しょくじ》ができなくても、いかにも食事《しょくじ》をした後《あと》のようにようじを使《つか》い、おなかがすいていると周《まわ》りに感《かん》じさせないということから。

## 豚《ぶた》に真《しん》じゅ

ことわざ

どんなに価値《かち》のある物《もの》でも、それがわからない人《ひと》にとっては、何《なん》の役《やく》にも立《た》たない。

**使い方** おじさんからりっぱな絵《え》をもらったけれど、ぼくには豚《ぶた》に真《しん》じゅだ。

**参考** 豚《ぶた》に真《しん》じゅをあげても、その価値《かち》はわからないということから。キリスト教《きょう》の聖書《せいしょ》からのことば。

## 降《ふ》ってわいたよう

慣用句

思《おも》ってもいなかったことが、とつぜん起《お》こる。

**使い方** あの子《こ》が転校《てんこう》するなんて、降《ふ》ってわいたような話《はなし》で、信《しん》じられない。

**参考** まるで空《そら》から降《ふ》ってきたか、地面《じめん》からわいてきたかのように、とつぜんあらわれるということから。

## 筆《ふで》が立《た》つ

慣用句

すばらしい文章《ぶんしょう》を書《か》く能力《のうりょく》がある。

**使い方** 筆《ふで》が立《た》つ人《ひと》は、すらすらと作文《さくぶん》が書《か》けてうらやましい。

## ふに落《お》ちない

慣用句

いくら考《かんが》えてもわからず、なっとくできない。

**使い方** ぼくだけがしかられるのは、どうもふに落《お》ちない。

**参考** ふは、内臓《ないぞう》のことで、ここでは心《こころ》という意味《いみ》。心《こころ》の中《なか》に入《はい》っていかないということから。

## 船《ふね》をこぐ

慣用句

体《からだ》をゆらして、いねむりをする。

**使い方** 夕方《ゆうがた》、電車《でんしゃ》に乗《の》ると、船《ふね》をこいでいる人《ひと》がたくさんいる。

**参考** すわっていねむりをしているときに、体《からだ》が前後《ぜんご》にゆれるようすが、船《ふね》をこぐ姿《すがた》に似《に》ていることから。

## 故《ふる》きを温《たず》ねて新《あたら》しきを知《し》る

故事成語

（＝温《おん》故《こ》知《ち》新《しん》）

昔《むかし》のことや、古《ふる》いことをよく調《しら》べて、そこからあらためて新《あたら》しい知識《ちしき》ややり方《かた》を見《み》つけ出《だ》す。

**参考** 昔《むかし》の中国《ちゅうごく》の学者《がくしゃ》のことば。「温《おん》故《こ》知《ち》新《しん》」ともいう。

## 付《ふ》和《わ》雷《らい》同《どう》

四字熟語

しっかりとした自分《じぶん》の意見《いけん》がなく、すぐにほかの人《ひと》の考《かんが》えに賛成《さんせい》する。

**使い方** 一《ひと》つ意見《いけん》が出《で》ると、みんなが付和雷同《ふわらいどう》するのでは、学級会《がっきゅうかい》の意味《いみ》がない。

**参考** 付和《ふわ》は、考《かんが》えもしないでほかの人《ひと》に従《したが》うこと。雷同《らいどう》は、かみなりが鳴《な》ると、それによってすべての物《もの》がひびくという意味《いみ》。

## ふんだりけったり

慣用句

続《つづ》けてひどい目《め》にあう。

**使い方** かぜをひいた上《うえ》に、病院《びょういん》へ行《い》くとちゅうで転《ころ》んでけがをするなんて、ふんだりけったりだ。

**参考** ふまれた上《うえ》に、けとばされるということから。

# へ

## へそが茶《ちゃ》をわかす

ことわざ

（＝へそで茶《ちゃ》をわかす）

とてもばかばかしくて、笑《わら》わずにはいられない。

**使い方** 料理《りょうり》をしたことのない弟《おとうと》が、家族《かぞく》みんなのお弁当《べんとう》を作《つく》るなんて、へそが茶《ちゃ》をわかす。

**参考** 「へそで茶《ちゃ》をわかす」ともいう。

## へそを曲《ま》げる

慣用句

きげんを悪《わる》くして、すなおでなくなる。

**使い方** 弟《おとうと》は、ちょっとのことですぐにへそを曲《ま》げて、ごはんも食《た》べなくなる。

## へたなてっぽうも数《かず》うちゃ当《あ》たる

ことわざ

何回《なんかい》も同《おな》じことをやっていれば、まぐれでうまくいくこともある。

**使い方** へたなてっぽうも数《かず》うちゃ当《あ》たるで、ようやく一《いっ》ぴきだけ魚《さかな》がつれた。

**参考** てっぽうをうつのがへたな人《ひと》でも、何《なん》発《ぱつ》もうっていれば命中《めいちゅう》することもあるということから。

## へたの考《かんが》え休《やす》むに似《に》たり

ことわざ

よい考《かんが》えの出《で》ない人《ひと》がいくら考《かんが》えても、時間《じかん》のむだで、何《なに》もしないで休《やす》んでいるのと変わらない。

**参考** 将《しょう》ぎや囲《い》ごで、へたな人《ひと》が考《かんが》えこんで長《なが》い時間《じかん》を使《つか》うのを、からかったことばから。

## へたの横好《よこず》き

ことわざ

へただけれど、そのことがとても好《す》きで、熱心《ねっしん》にやる。

**使い方** お父《とう》さんのテニスは、へたの横好《よこず》きだ。

ことわざ

## 蛇《へび》ににらまれたかえる

（＝蛇《へび》に見《み》こまれたかえる）

苦手《にがて》なものや、とても強《つよ》い相手《あいて》の前《まえ》で、おそろしくて体《からだ》を動《うご》かすことができなくなる。

**使い方** ごきぶりを見《み》ると、蛇《へび》ににらまれたかえるのようになってしまう。

**参考** かえるは蛇《へび》ににらまれると、おそろしさで、にげることもできなくなってしまうといわれていることから。「蛇《へび》に見《み》こまれたかえる」ともいう。

慣用句

## 減《へ》らず口《ぐち》をたたく

（＝減《へ》らず口《ぐち》をきく）

くやしがって、負《ま》けおしみを言《い》ったり、理《り》くつに合《あ》わないことを言《い》ったりする。

**使い方** 妹《いもうと》は、しかられてもすなおに言《い》うことを聞《き》かずに、減《へ》らず口《ぐち》をたたくので、ますますしかられる。

**参考** 「減《へ》らず口《ぐち》をきく」ともいう。

慣用句

## へ理《り》くつをこねる

筋道《すじみち》の通《とお》らない理《り》くつを、いろいろと言《い》う。

**使い方** 弟《おとうと》は、お使《つか》いをたのまれるたびに、へ理《り》くつをこねて何《なん》とかにげようとする。

ことわざ

## 弁慶《べんけい》の泣《な》き所《どころ》

力《ちから》やいきおいのある人《ひと》の、たった一《ひと》つの弱点《じゃくてん》。

**使い方** いつもいばっているあの子《こ》の弁慶《べんけい》の泣《な》き所《どころ》は、犬《いぬ》が苦手《にがて》なことだ。

**参考** 弁慶《べんけい》は、昔《むかし》の人《ひと》で、武蔵坊弁慶《むさしぼうべんけい》のこと。もとは、向《む》こうずね（すねの正面《しょうめん》）をあらわすことば。強《つよ》い弁慶《べんけい》でも、向《む》こうずねをけられると泣《な》くほど痛《いた》がるということから。

ことわざ

## ペンは剣《けん》よりも強《つよ》し

ことばや文章《ぶんしょう》の方《ほう》が、暴力《ぼうりょく》や武器《ぶき》よりも、人《ひと》を動《うご》かす力《ちから》が強《つよ》い。

**使い方** ペンは剣《けん》よりも強《つよ》しというから、このポスターでいじめをなくそう。

# ほ

## 傍若無人《ぼうじゃくぶじん》

故事成語

周《まわ》りの人《ひと》に遠《えん》りょせずに、自分勝手《じぶんかって》なことをする。

**使い方** ごみを食《く》い散《ち》らかす、からすの傍若無人《ぼうじゃくぶじん》なふるまいに、みんなどうしたらいいか困《こま》っている。

**参考** 「傍《かたわ》らに人無《ひとな》きが若《ごと》し（そばに人《ひと》がいないかのようだ）」という昔《むかし》の中国《ちゅうごく》のことばから。

## 判官《ほうがん》《はんがん》びいき

ことわざ

弱《よわ》い人《ひと》や負《ま》けた人《ひと》に同情《どうじょう》して、味方《みかた》しようとする。

**使い方** 判官《ほうがん》びいきのお母《かあ》さんは、運動会《うんどうかい》を見《み》に来《き》たとき、負《ま》けている白組《しろぐみ》ばかり応《おう》えんしていた。

**参考** 判官《ほうがん》は、昔《むかし》の役人《やくにん》の役職名《やくしょくめい》で、ここでは源　義経《みなもとのよしつね》のこと。不幸《ふこう》な一生《いっしょう》を送《おく》った義経《よしつね》が人々《ひとびと》から同情《どうじょう》されたことから。

## ぼうずにくけりゃけさまでにくい

ことわざ

ある人《ひと》をとてもにくらしく思《おも》うと、その人《ひと》に関係《かんけい》のあるものは、みんなにくらしく思《おも》えてくる。

**使い方** ぼうずにくけりゃけさまでにくいで、けんかした相手《あいて》のかばんを見《み》ただけでも腹《はら》が立《た》つ。

**参考** けさは、おぼうさんが着《き》ている、肩《かた》からかける布《ぬの》のこと。

## 棒《ぼう》にふる

ことわざ

今《いま》までしてきた努力《どりょく》をむだにしてしまったり、これから手《て》に入《はい》りそうなものを失《うしな》ったりする。

**使い方** 今《いま》やめてしまっては、これまでのつらい練《れん》習《しゅう》を棒《ぼう》にふることになる。

## ほうほうのてい

慣用句

ひどい目《め》にあって、あわててにげ出《だ》す。

**使い方** たいした雨《あめ》ではないと思《おも》って出《で》かけたら、とちゅうで大雨《おおあめ》になってしまい、ほうほうのていで帰《かえ》ってきた。

**参考** ほうは、「はう」が変化《へんか》したことば。ていは、ようす、かっこうという意味《いみ》。あわててしまって、はうようなかっこうでにげ出《だ》すということから。

## ほおが落《お》ちる

（＝ほっぺたが落《お》ちる）

慣用句

とてもおいしいと感《かん》じる。

**使い方** キャンプのとき、みんなで作《つく》って食《た》べたカレーは、ほおが落《お》ちるほどおいしかった。

**参考** 「ほっぺたが落《お》ちる」ともいう。

## 墓穴《ぼけつ》をほる

慣用句

自分《じぶん》の言《い》ったことやしたことで、失敗《しっぱい》したり損《そん》をしたりする原因《げんいん》を作《つく》ってしまう。

**使い方** ついむきになって、墓穴《ぼけつ》をほるようなことを言《い》ってしまった。

**参考** 自分《じぶん》が入《はい》る墓《はか》の穴《あな》を、自分《じぶん》でほってしまうということから。

## ほこ先《さき》を向《む》ける

慣用句

おこったり、責《せ》めたり、しかったりすることばなどを、相手《あいて》に向《む》ける。

**使い方** 試合《しあい》に負《ま》けた後《あと》、チームのみんなは、反則《はんそく》を見《み》のがしたしん判《ぱん》にいかりのほこ先《さき》を向《む》けた。

**参考** ほこは、やりに似《に》た武器《ぶき》。

## ほぞをかむ

故事成語

終《お》わってしまったこと、やってしまったことを、後《こう》かいしてもどうにもならないのに残念《ざんねん》がる。

**使い方** もっとちゃんと練習《れんしゅう》しておけばよかったと、ほぞをかんだ。

**参考** ほぞは、へそのこと。自分《じぶん》のへそをかもうとしてもかめず、どうにもならないということから。

## 仏《ほとけ》の顔《かお》も三度《さんど》

（＝地蔵《じぞう》の顔《かお》も三度《さんど》）

ことわざ

どんなにやさしくて、思《おも》いやりのある人《ひと》でも、何度《なんど》もひどいことをされればそのうちおこり出《だ》す。

**使い方** 何度《なんど》も忘《わす》れ物《もの》をしたので、仏《ほとけ》の顔《かお》も三度《さんど》で、やさしい先生《せんせい》もおこった。

**参考** 情《なさ》け深《ぶか》い仏様《ほとけさま》でも、顔《かお》を三度《さんど》なで回《まわ》されればおこり出《だ》すということから。「地《じ》蔵《ぞう》の顔《かお》も三度《さんど》」ともいう。

## 骨《ほね》折《お》り損《ぞん》のくたびれもうけ

ことわざ

苦労《くろう》したのに、何《なに》も得《え》るものがなく、くたびれただけだった。

**使い方** やっと宿題《しゅくだい》が終《お》わったと思《おも》ったのに、やるページをまちがえて、骨折《ほねお》り損《ぞん》のくたびれもうけだった。

## 骨《ほね》が折《お》れる

慣用句

とても手間《てま》がかかり、苦労《くろう》する。

**使い方** ふだんあまりそうじをしていないので、大《おお》そうじはとても骨《ほね》が折《お》れる。

## 骨《ほね》をうずめる

慣用句

その場所《ばしょ》で一生《いっしょう》を終《お》える。また、死《し》ぬまで一《ひと》つのことをやり続《つづ》ける。

**使い方** おじいさんは、ハワイに骨《ほね》をうずめるつもりで移住《いじゅう》したそうだ。

**参考** うずめるは、うめるという意味《いみ》。死《し》んだ後《あと》、骨《ほね》をその場所《ばしょ》にうめてもらうということから。

## ほらをふく

慣用句

とてもありえないようなでたらめなことや、大《おお》げさなことを言《い》う。

**使い方** 弟《おとうと》は、一《いち》メートルもある魚《さかな》をつったとほらをふいているらしい。

**参考** ほらは、ほら貝《がい》のこと。ほら貝《がい》の貝《かい》がらは笛《ふえ》になり、ふくと大《おお》きな音《おと》がすることから。

## ぼろを出《だ》す

慣用句

かくしていた悪《わる》いところや弱《よわ》いところ、失敗《しっぱい》などを、うっかりして知《し》られてしまう。

**使い方** よくわかっていないのに、わかったふりをしていたら、すぐにぼろを出《だ》してしまった。

**参考** ぼろは、着物《きもの》の破《やぶ》れた部分《ぶぶん》という意味《いみ》。

## ぼんと正月《しょうがつ》がいっしょに来《き》たよう

ことわざ

とてもいそがしい。また、うれしいできごとが一度《いちど》に重《かさ》なる。

**参考** おぼんとお正月《しょうがつ》はいろいろな行事《ぎょうじ》があり、いそがしく、めでたいということから。

## 本末転倒《ほんまつてんとう》

四字熟語

大切《たいせつ》なことと、そうでないことを、反対《はんたい》にしてしまう。

**使い方** 遊《あそ》びたいからといって、宿題《しゅくだい》を早《はや》く終《お》わらせることばかり考《かんが》えて、答《こた》えをまちがえるなんて、本末転倒《ほんまつてんとう》だ。

**参考** 本末《ほんまつ》は、物《もの》ごとのもとになる大切《たいせつ》なことと、そうでないこと。転倒《てんとう》は、ひっくりかえること。

# ま

## 魔《ま》が差《さ》す

慣用句

ふと、それまで思《おも》ってもみなかったような、悪《わる》い考《かんが》えがうかぶ。

**使い方** つい魔《ま》が差《さ》して、拾《ひろ》ったお金《かね》でおかしを買《か》おうとしたけれど、思《おも》い直《なお》して交番《こうばん》に届《とど》けた。

**参考** 悪魔《あくま》が、とつぜん心《こころ》の中《なか》に入《はい》りこむということから。

## 間《ま》がぬける

慣用句

大事《だいじ》なところがぬけていたり、ちぐはぐだったりして、ばかばかしく思《おも》える。

**使い方** テストに名前《なまえ》を書《か》き忘《わす》れるなんて、間《ま》がぬけた話《はなし》だ。

## まかぬ種《たね》は生《は》えぬ

ことわざ

何《なに》も努力《どりょく》しないで、よい結果《けっか》を得《え》ることはできない。原因《げんいん》がなければ、結果《けっか》もない。

**使い方** まかぬ種《たね》は生《は》えぬだから、試合《しあい》で勝《か》ちたいなら、まず練習《れんしゅう》だ。

**参考** 種《たね》をまかなければ、作物《さくもつ》の芽《め》は出《で》ないし、収《しゅう》かくもできないということから。

## 間《ま》が悪《わる》い

慣用句

何《なん》となくはずかしかったり、その場所《ばしょ》にいづらいような感《かん》じがする。

**使い方** 家《いえ》に帰《かえ》ったら、しかられた妹《いもうと》が泣《な》き出《だ》したところで、間《ま》が悪《わる》い思《おも》いをした。

何《なに》かをするのに、その時期《じき》が悪《わる》い。運《うん》が悪《わる》い。

**使い方** 本《ほん》を借《か》りようと図書館《としょかん》に行《い》ったら、間《ま》が悪《わる》いことに休館日《きゅうかんび》だった。

## まくらを高《たか》くしてねる

故事成語

心配《しんぱい》なことがなく、安心《あんしん》して、ゆっくりとねられる。

**使い方** 宿題《しゅくだい》は終《お》わったし、あした持《も》っていく物《もの》の用意《ようい》もできたので、まくらを高《たか》くしてねられる。

## 幕《まく》を開《あ》ける

（＝開幕《かいまく》する・幕《まく》を上《あ》げる）

慣用句

物《もの》ごとを始《はじ》める。

**使い方** 予定通《よていどお》り、午前九時《ごぜんくじ》に運動会《うんどうかい》が幕《まく》を開《あ》けた。

**参考** 幕《まく》を開《あ》けて、しばいを始《はじ》めるということから。「開幕《かいまく》する」「幕《まく》を上《あ》げる」ともいう。

## 幕《まく》を閉《と》じる

（＝閉幕《へいまく》する・幕《まく》を下《お》ろす）

慣用句

物《もの》ごとを終《お》わらせる。最後《さいご》までいって、おしまいにする。

**使い方** 決勝戦《けっしょうせん》が終《お》わり、長《なが》かった大会《たいかい》も、ついに幕《まく》を閉《と》じた。

**参考** 幕《まく》を閉《し》めて、しばいを終《お》わらせるということから。「閉幕《へいまく》する」「幕《まく》を下《お》ろす」ともいう。

## 負《ま》けるが勝《か》ち

（＝にげるが勝《か》ち）

ことわざ

無理《むり》に争《あらそ》って勝《か》とうとするより、その場《ば》は相手《あいて》に勝《か》ちをゆずっておいた方《ほう》が、結局《けっきょく》は得《とく》になる。

**使い方** けんかになるとぼくがおこられるので、負《ま》けるが勝《か》ちと思《おも》ってがまんした。

**参考** 「にげるが勝《か》ち」ともいう。

## 馬子《まご》にも衣《い》しょう

ことわざ

よい服《ふく》を着《き》てきれいなかっこうをすれば、りっぱな人物《じんぶつ》に見《み》える。

**使い方** お姉《ねえ》さんのドレス姿《すがた》を見《み》て、馬子《まご》にも衣《い》しょうだと思《おも》った。

**参考** 馬子《まご》は、昔《むかし》、人《ひと》や荷物《にもつ》をのせた馬《うま》を引《ひ》く仕事《しごと》をしていた人《ひと》。

## 待《ま》てば海路《かいろ》の日《ひ》よりあり

ことわざ

物《もの》ごとがうまくいかないときは、あせらずじっと待《ま》っていれば、やがて、よい機会《きかい》がやって来《く》る。

**使い方** 待《ま》てば海路《かいろ》の日《ひ》よりありで、ついに逆転《ぎゃくてん》のチャンスが来《き》た。

**参考** 海路《かいろ》の日《ひ》よりは、船《ふね》を出《だ》すのにちょうどよい、おだやかな天気《てんき》のこと。今《いま》は天気《てんき》が悪《わる》くて船《ふね》を出《だ》せなくても、待《ま》っていれば、やがて天気《てんき》がよくなるということから。

## 的《まと》を射《い》る

慣用句

意見《いけん》や質問《しつもん》などが、その物《もの》ごとの大切《たいせつ》な点《てん》を、正《ただ》しくとらえている。

**使い方** 的《まと》を射《い》た質問《しつもん》だと、先生《せんせい》にほめられた。

**参考** 射《い》た矢《や》が的《まと》に当《あ》たる、命中《めいちゅう》するということから。

## まな板《いた》のこい

ことわざ

自分《じぶん》ではどうすることもできず、相手《あいて》のすることをそのまま受《う》け入《い》れるしかないようす。

**使い方** 病院《びょういん》で注射《ちゅうしゃ》されるのを待《ま》っている弟《おとうと》は、まな板《いた》のこいのようだった。

**参考** まな板《いた》にのせられ、料理《りょうり》されようとしているこいは、じっと動《うご》かずにいるということから。

## まゆつばもの

慣用句

本当《ほんとう》かどうか信用《しんよう》できず、だまされないように注意《ちゅうい》しなくてはいけない物《もの》ごとや話《はなし》。

**使い方** 弟《おとうと》が、テストでかならず百点《ひゃくてん》がとれるおまじないがあると言《い》っているけれど、わたしはまゆつばものだと思《おも》う。

**参考** きつねやたぬきにだまされないようにするには、まゆ毛《げ》につばをつければよいという言《い》い伝《つた》えから。

## まゆをひそめる

(=まゆを寄《よ》せる)

慣用句

心配《しんぱい》なことや、いやになるようなことがあったとき、まゆのあたりにしわを寄《よ》せて、顔《かお》をしかめる。

**使い方** どろだらけで帰《かえ》ってきたら、お母《かあ》さんはまゆをひそめた。

**参考** 「まゆを寄《よ》せる」ともいう。

## 真《ま》綿《わた》で首《くび》をしめる

慣用句

ゆっくり、じわじわと相手《あいて》を責《せ》めたり、苦《くる》しめたりする。

**使い方** 弟《おとうと》は、虫歯《むしば》が痛《いた》いお姉《ねえ》さんの前《まえ》でケーキを食《た》べるなんて、真綿《まわた》で首《くび》をしめるようなことをしている。

**参考** 真綿《まわた》は、かいこのまゆから作《つく》られる綿《わた》。やわらかいが、とてもじょうぶで、これで首《くび》をしめられると、だんだん苦《くる》しくなっていくということから。

# み

## ミイラ取《と》りがミイラになる

ことわざ

だれかを連《つ》れもどしに出《で》かけた人《ひと》が、そのまま帰《かえ》ってこない。また、相手《あいて》の考《かんが》えを変《か》えさせようとしていたのに、相手《あいて》に説得《せっとく》されて、逆《ぎゃく》に自分《じぶん》が意見《いけん》を変《か》えてしまう。

参考　ミイラを探《さが》しに行《い》った人《ひと》が、迷《まよ》って死《し》んでしまい、自分《じぶん》がミイラになるということから。

## 身《み》から出《で》たさび

ことわざ

自分《じぶん》がした悪《わる》いことや失敗《しっぱい》によって、自分自身《じぶんじしん》が苦《くる》しむ。

使い方　夏休《なつやす》みの最後《さいご》に、放《ほう》っておいた宿題《しゅくだい》に苦《くる》しむのは、身《み》から出《で》たさびだ。

参考　刀《かたな》そのものから出《で》たさびで、刀《かたな》の切《き》れ味《あじ》が悪《わる》くなるということから。

## 右《みぎ》から左《ひだり》

慣用句

手《て》に入《い》れたお金《かね》や品物《しなもの》が、すぐに人《ひと》にわたってしまい、自分《じぶん》のところに残《のこ》らない。

使い方　ほしい本《ほん》がたくさんあったので、おこづかいは右《みぎ》から左《ひだり》へと消《き》えてしまった。

## 右《みぎ》に出《で》る者《もの》がいない

故事成語

能力《のうりょく》や技術《ぎじゅつ》がすぐれていて、その人《ひと》よりも上《うえ》の人《ひと》はいない。

使い方　五十《ごじゅう》メートル走《そう》なら、この学校《がっこう》では、ぼくの右《みぎ》に出《で》る者《もの》がいない。

参考　昔《むかし》の中国《ちゅうごく》では、地位《ちい》の高《たか》い人《ひと》ほど右側《みぎがわ》の席《せき》にすわったことから。

## 水清《みずきよ》ければ魚《うお》すまず

故事成語

あまりにまじめすぎたり、きちんとしすぎている人《ひと》には、周《まわ》りの人《ひと》が親《した》しく近寄《ちかよ》ってこない。

参考　水《みず》があまりにきれいだと、かくれる場所《ばしょ》やえさがないので、魚《さかな》がすみつかないということから。

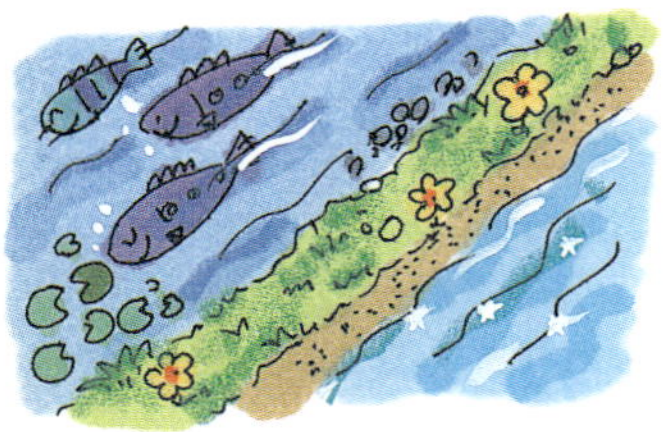

## 水《みず》くさい

慣用句

仲《なか》がよく、親《した》しい間《あいだ》がらなのに、関係《かんけい》がうすい人《ひと》であるかのように、親《した》しみが感《かん》じられない。

**使い方** なやみごとがあるのに、親友《しんゆう》のぼくに何《なに》も言《い》ってくれないなんて水《みず》くさい。

**参考** 食《た》べ物《もの》に水気《みずけ》が多《おお》くて味《あじ》がうすいことを、このようにいうことから。

## 水《みず》と油《あぶら》

（＝油《あぶら》に水《みず》）

慣用句

おたがいの性格《せいかく》や考《かんが》え方《かた》が正反対《せいはんたい》で、気《き》が合《あ》わない。

**使い方** 弟《おとうと》と妹《いもうと》は水《みず》と油《あぶら》で、しょっちゅうけんかしている。

**参考** 水《みず》と油《あぶら》とは、たがいに混《ま》じり合《あ》わないことから。「油《あぶら》に水《みず》」ともいう。

## 水《みず》に流《なが》す

慣用句

今《いま》までのもめごとや、おたがいにいやな思《おも》いをしたことを、すべてなかったことにして、こだわらない。

**使い方** きのうのけんかのことは水《みず》に流《なが》して、みんなで遊《あそ》ぶことにしよう。

## 水《みず》の泡《あわ》になる

（＝水泡《すいほう》に帰《き》す）

慣用句

努力《どりょく》したことや苦労《くろう》したことが、すべてむだになってしまう。

**使い方** せっかくかいた絵《え》の上《うえ》にお茶《ちゃ》をこぼしてしまい、すべてが水《みず》の泡《あわ》になってしまった。

**参考** 水面《すいめん》にうかぶ水《みず》の泡《あわ》は、すぐに消《き》えてしまうことから。「水泡《すいほう》に帰《き》す」ともいう。

## 水《みず》をあける

慣用句

競争《きょうそう》している相手《あいて》に大《おお》きく差《さ》をつけて、引《ひ》きはなす。

**使い方** マラソン大会《たいかい》で、二位《にい》に大《おお》きく水《みず》をあけて優勝《ゆうしょう》した。

**参考** 水泳《すいえい》やボートのレースで、相手《あいて》に身長《しんちょう》やボートの長《なが》さ以上《いじょう》の差《さ》をつけるということから。

## 水《みず》を打《う》ったよう

慣用句

その場《ば》に集《あつ》まったたくさんの人《ひと》たちが、物音《ものおと》も立《た》てず、静《しず》かにしている。

**使い方** 司会者《しかいしゃ》が合格者《ごうかくしゃ》を発表《はっぴょう》しようとすると、会場《かいじょう》は水《みず》を打《う》ったように静《しず》かになった。

**参考** 水《みず》を打《う》つは、水《みず》をまくという意味《いみ》。地面《じめん》に水《みず》をまくと、ほこりなどが立《た》たなくなることから。

## 水《みず》を得《え》た魚《うお》のよう

慣用句

自分《じぶん》に合《あ》った場所《ばしょ》や、自分《じぶん》の得意《とくい》なことを生《い》かせるところで、生《い》き生《い》きと活《かつ》動《どう》する。

**使い方** サッカーをしているときのお兄《にい》さんは、水《みず》を得《え》た魚《うお》のようだ。

**参考** 水《みず》の外《そと》ではぐったりしている魚《さかな》が、水《みず》に入《はい》ると、元気《げんき》に泳《およ》ぎ回《まわ》ることから。

## 水《みず》を差《さ》す

慣用句

物《もの》ごとがうまくいっているときや、関《かん》係《けい》がうまくいっているときに、よけいなことを言《い》ったりして、横《よこ》からじゃまをする。

**使い方** ふたりの仲《なか》に水《みず》を差《さ》すようなことは言《い》わないようにしよう。

**参考** 差《さ》すは、加《くわ》えるという意味《いみ》。料理《りょうり》などに水《みず》を加《くわ》えて、味《あじ》をうすくしたり、冷《さ》ましたりすることから。

## みそをつける

慣用句

失敗《しっぱい》して、はずかしい思《おも》いをしたり、信用《しんよう》をなくしたりする。

**使い方** 運動会《うんどうかい》のリレーのアンカーだったのに、バトンを落《お》として、みそをつけてしまった。

**参考** 料理《りょうり》をするときに、うっかりして、食《しょっ》器《き》にみそをつけてしまうような失敗《しっぱい》だということから。

## 道草《みちくさ》を食《く》う

慣用句

目指《めざ》す場所《ばしょ》や目的《もくてき》にまっすぐに向《む》かわずに、とちゅうでほかのことに時間《じかん》を使《つか》う。

**使い方** 買《か》い物《もの》の帰《かえ》りに道草《みちくさ》を食《く》ったので、アイスクリームがとけてしまった。

**参考** 馬《うま》や牛《うし》が、立《た》ち止《ど》まって、道《みち》ばたの草《くさ》を食《た》べてしまうことから。

## 三日坊主《みっかぼうず》

四字熟語

あきっぽくて、一《ひと》つのことを長《なが》く続《つづ》けられない。また、そのような人《ひと》をからかっていうことば。

**使い方** 毎朝《まいあさ》走《はし》ると言《い》ったお姉《ねえ》さんだけれど、みんなが思《おも》った通《とお》り三日坊主《みっかぼうず》だった。

**参考** おぼうさんになったのに、きびしいしゅぎょうについていけなくて、三日《みっか》でやめてしまうということから。

## 三《み》つ子《ご》のたましい百《ひゃく》まで

ことわざ

小《ちい》さいころからの性格《せいかく》などは、年《とし》をとっても変《か》わらない。

**使い方** 三《み》つ子《ご》のたましい百《ひゃく》までで、お兄《にい》さんは小《ちい》さいころからやさしかったそうだ。

**参考** 三《み》つ子《ご》は、三才《さんさい》の子《こ》どものことで、小《ちい》さいころという意味《いみ》。百《ひゃく》までは、死《し》んでしまうまでということ。

## 身《み》にしみる

慣用句

しみじみと、心《こころ》に深《ふか》く感《かん》じられる。

**使い方** 自分《じぶん》には、まだまだ知《し》らないことがたくさんあると、**身《み》にしみて**わかった。

寒《さむ》さや冷《つめ》たさなどを、体《からだ》に強《つよ》く感《かん》じる。

**使い方** 冬《ふゆ》の朝《あさ》は、風《かぜ》の冷《つめ》たさが**身《み》にしみる**。

## 身《み》につまされる

慣用句

ほかの人《ひと》のつらさや悲《かな》しみが、自分《じぶん》のことのように感《かん》じられる。

**使い方** 友《とも》だちの飼《か》っていた犬《いぬ》が病気《びょうき》で死《し》んでしまったと聞《き》いて、**身《み》につまされた**。

**参考** **つまされる**は、心《こころ》を動《うご》かされる、かわいそうに思《おも》うという意味《いみ》。

## 身《み》の毛《け》がよだつ

慣用句

体《からだ》じゅうの毛《け》が逆立《さかだ》つほど、おそろしくて、ぞっとする。

**使い方** ひとりで留守番《るすばん》をしていたら、となりの部屋《へや》で物音《ものおと》がしたので、**身《み》の毛《け》がよだつ**思《おも》いをした。

**参考** **よだつ**は、寒《さむ》さやこわさのせいで毛《け》が立《た》つという意味《いみ》。

## 身《み》のほど知《し》らず

慣用句

自分《じぶん》の実力《じつりょく》などを考《かんが》えずに、それ以上《いじょう》のことをやろうとする。

**使い方** 弟《おとうと》は、泳《およ》げるようになったばかりなのに、向《む》こうの島《しま》まで泳《およ》いでわたりたいだなんて**身《み》のほど知《し》らず**だ。

## 実《みの》るほど頭《あたま》の下《さ》がるいなほかな

ことわざ

すぐれた人《ひと》ほど、いばったりせず、ひかえ目《め》な態度《たいど》をとる。

**参考** よく実《みの》ったいねのほ・ほど、重《おも》くなって、頭《あたま》を下《さ》げているように見《み》えるということから。

## 耳《みみ》が痛《いた》い

慣用句

自分《じぶん》のよくないところや、欠点《けってん》について言《い》われ、聞《き》くのがつらい。

**使い方** 約束《やくそく》を破《やぶ》ったことを友《とも》だちにおこられ、**耳《みみ》が痛《いた》い**。

## 耳《みみ》が早《はや》い

慣用句

うわさなどを、ほかの人《ひと》より早《はや》く、くわしく知《し》っている。

**使い方** となりのおばさんは耳《みみ》が早《はや》いので、どんな人《ひと》が引《ひ》っこしてくるのか、もう知《し》っている。

## 耳《みみ》にたこができる

慣用句

同《おな》じことを、何回《なんかい》もくりかえし聞《き》かされて、いやになってしまう。

**使い方** お母《かあ》さんのお説教《せっきょう》はいつも同《おな》じなので、耳《みみ》にたこができるほどだ。

**参考** たこは、いつもこすれるところの皮《ひ》ふが固《かた》くなって、盛《も》り上《あ》がってできるもの。同《おな》じことばかり聞《き》かされるので、耳《みみ》にもたこができてしまいそうだということから。

## 耳《みみ》につく

慣用句

話《はな》し声《ごえ》や物音《ものおと》などが、うるさく感《かん》じられて、気《き》になる。

**使い方** テレビの音《おと》が耳《みみ》について、宿題《しゅくだい》に集中《しゅうちゅう》できない。

声《こえ》や物音《ものおと》などが、いつまでも忘《わす》れられず頭《あたま》に残《のこ》っている。

**使い方** 子犬《こいぬ》の悲《かな》しそうな声《こえ》が、耳《みみ》についてはなれない。

同《おな》じことをくりかえし聞《き》かされて、聞《き》きあきる。

**使い方** お父《とう》さんの昔《むかし》の自《じ》まん話《ばなし》も、そろそろ耳《みみ》についてきた。

## 耳《みみ》寄《よ》りな

慣用句

聞《き》いて、知《し》っておく価値《かち》がある。聞《き》いておくと得《とく》をする。

**使い方** となりのおばさんが、お母《かあ》さんに耳《みみ》寄《よ》りな安売《やすう》りの話《はなし》を教《おし》えてくれた。

## 耳《みみ》を疑《うたが》う

慣用句

思《おも》いがけないことを聞《き》いて、すぐには信《しん》じられず、聞《き》きまちがいではないかと思《おも》う。

**使い方** ぼくが今度《こんど》の試《し》合《あい》の選手《せんしゅ》に選《えら》ばれたと聞《き》いて、耳《みみ》を疑《うたが》った。

## 耳《みみ》を貸《か》す

慣用句

1 相手《あいて》の話《はなし》を、きちんと聞《き》く。また、なやみごとを聞《き》いたり、相談《そうだん》に乗《の》ったりする。

**使い方** とても困《こま》っているのに、だれもわたしの話《はなし》に耳《みみ》を貸《か》してくれない。

2 こっそり話《はな》すときに、相手《あいて》の口《くち》に耳《みみ》を近《ちか》づける。

**使い方** 先生《せんせい》に聞《き》かれたくないから、ちょっと耳《みみ》を貸《か》して。

## 耳《みみ》をかたむける

慣用句

話《はなし》の内容《ないよう》に興味《きょうみ》をもって、熱心《ねっしん》に聞《き》こうとする。

**使い方** みんなで何《なに》かをするときには、おたがいに、相手《あいて》の意見《いけん》に耳《みみ》をかたむけることが大切《たいせつ》だ。

**参考** かたむけるは、考《かんが》えや心《こころ》を、ある方向《ほうこう》に向《む》けるという意味《いみ》。

## 耳《みみ》をすます

慣用句

小《ちい》さな音《おと》や、遠《とお》くからの声《こえ》などを聞《き》き取《と》ろうと、集中《しゅうちゅう》して、注意深《ちゅういぶか》く聞《き》く。

**使い方** 海《うみ》が近《ちか》づいてきたので、耳《みみ》をすますと波《なみ》の音《おと》がする。

## 耳《みみ》をそばだてる

慣用句

音《おと》のする方向《ほうこう》に耳《みみ》を向《む》け、よく聞《き》き取《と》ろうとする。

**使い方** ろう下《か》の向《む》こうで物音《ものおと》がしたので、何《なに》ごとかと耳《みみ》をそばだてた。

**参考** そばだてるは、片方《かたほう》のはしを立《た》てるという意味《いみ》で、耳《みみ》を立《た》て、音《おと》の方向《ほうこう》に向《む》けるということから。

## 耳《みみ》をそろえる

慣用句

決《き》まった額《がく》のお金《かね》や、品物《しなもの》の数《かず》などを、足《た》りない分《ぶん》のないように、すべてきちんと用意《ようい》する。

**参考** お姉《ねえ》さんに借《か》りていたお金《かね》は、お年玉《としだま》をもらったら、耳《みみ》をそろえて返《かえ》すつもりだ。

**使い方** 耳《みみ》は、平《たい》らな物《もの》のふちという意味《いみ》。大判《おおばん》や小判《こばん》などの昔《むかし》のお金《かね》は、ふちをそろえて数《かぞ》えていたことから。

## 身《み》もふたもない

慣用句

言《い》うことやすることが、あまりにもはっきりしすぎていて、おもしろみがなかったり、感《かん》じがよくない。

**使い方** お父《とう》さんは、温泉《おんせん》も家《いえ》のふろもお湯《ゆ》であることには変《か》わりないなんて、身《み》もふたもないことを言《い》う。

**参考** 身《み》は、入《い》れ物《もの》のこと。入《い》れ物《もの》もふたもなく、むき出《だ》しであるということから。

## 見《み》るかげもない

慣用句

以前《いぜん》はりっぱだったり、きれいだったりしたものが、みすぼらしく変《か》わってしまっている。

**使い方** 世話《せわ》をしなかったので、きれいだった花《か》だんも、見《み》るかげもなくなってしまった。

**参考** かげは、姿《すがた》という意味《いみ》。以前《いぜん》の姿《すがた》を少《すこ》しも残《のこ》していないということから。

## 身《み》を入《い》れる

慣用句

本気《ほんき》で、まじめに何《なに》かに取《と》り組《く》む。

**使い方** 練習《れんしゅう》に身《み》を入《い》れるようになったら、自《じ》分《ぶん》でも、どんどんうまくなっていくのがわかった。

## 身《み》を固《かた》める

慣用句

きちんと身《み》じたくを整《ととの》える。

**使い方** 寒《さむ》いので、コートとマフラーで身《み》を固《かた》めて出《で》かける。

結《けっ》こんをして、家庭《かてい》をもつ。

**使い方** おじさんは、親《しん》せきのみんなから早《はや》く身《み》を固《かた》めなさいと言《い》われている。

## 身《み》を粉《こ》にする

（＝身《み》をくだく）

慣用句

苦《くる》しいことやつらいことをいやがらず、がんばって仕事《しごと》などをする。

**使い方** あそこのお店《みせ》では、おばさんが入院《にゅういん》してしまい、おじさんがひとりで身《み》を粉《こ》にして働《はたら》いている。

**参考** 体《からだ》がくだけて粉《こな》になるほど、がんばるということから。粉《こ》を「こな」とは読《よ》まない。「身《み》をくだく」ともいう。

## 実《み》を結《むす》ぶ

慣用句

努力《どりょく》したことが、その努力《どりょく》にふさわしい、よい結果《けっか》になってあらわれる。

**使い方** お兄《にい》さんのがんばりが実《み》を結《むす》び、希望《きぼう》の高校《こうこう》に合格《ごうかく》した。

**参考** 植物《しょくぶつ》の実《み》がなることにたとえた。

# む

## 無我夢中《むがむちゅう》

四字熟語

ある一《ひと》つのことばかりが気《き》になり、ほかのことは、何《なに》も考《かんが》えられなくなってしまう。

**使い方** お母《かあ》さんがけがをしたと聞《き》いて、無我《むが》夢中《むちゅう》で病院《びょういん》へと走《はし》った。

**参考** 無我《むが》は、我《われ》を忘《わす》れる、自分《じぶん》の立場《たちば》や、周《まわ》りの人《ひと》の目《め》などが考《かんが》えられなくなること。

## 昔《むかし》取《と》ったきねづか

ことわざ

若《わか》いころに身《み》につけ、年《とし》をとった今《いま》でも自信《じしん》がある、得意《とくい》なわざや腕前《うでまえ》。

**使い方** おばあさんは、昔《むかし》取《と》ったきねづかで、そろばんがとてもじょうずだ。

**参考** きねづかは、もちつきに使《つか》うきねの、手《て》で持《も》つ部分《ぶぶん》。昔《むかし》きたえた、もちつきのわざという意味《いみ》から。

## 虫《むし》がいい

慣用句

自分《じぶん》に都合《つごう》がよいように考《かんが》えてばかりで、勝手《かって》で、ずうずうしい。

**使い方** 準備《じゅんび》をさぼって、発表《はっぴょう》のときだけ、目立《めだ》つ役《やく》をしようなんて虫《むし》がいい。

**参考** 人《ひと》の体《からだ》の中《なか》には、気持《きも》ちや考《かんが》えのもとになる虫《むし》がいると考《かんが》えられていたことから。

## 虫《むし》が知《し》らせる

慣用句

特《とく》に理由《りゆう》はないが、何《なん》となく何《なに》かが起《お》こりそうな感《かん》じがする。

**使い方** 虫《むし》が知《し》らせたのだろうか、出《で》かける気《き》にならなくて家《いえ》にいたら、とつぜん大《おお》雨《あめ》になった。

**参考** 体《からだ》の中《なか》の虫《むし》が、これから起《お》こることを知《し》らせると考《かんが》えられていたことから。よくないできごとにあわずにすんだときに、後《あと》から思《おも》い出《だ》していうことが多《おお》い。

## 虫《むし》が好《す》かない

慣用句

はっきりした理由《りゆう》はないけれど、何《なん》となくいやだと思《おも》い、好《す》きになれない。

**使い方** うちの猫《ねこ》と、となりの家《いえ》の猫《ねこ》は、おたがいに虫《むし》が好《す》かないようで、仲《なか》が悪《わる》い。

## 虫《むし》の息《いき》

慣用句

息《いき》が、今《いま》にも止《と》まりそうに弱々《よわよわ》しく、もうすぐ死《し》んでしまいそうだ。

**使い方** この犬《いぬ》は、公園《こうえん》で見《み》つけたときには虫《むし》の息《いき》だったけれど、何《なん》とか助《たす》かった。

**参考** 虫《むし》の小《ちい》さな息《いき》にたとえた。

## 虫《むし》の居所《いどころ》が悪《わる》い

慣用句

きげんが悪《わる》く、いらいらして、小《ちい》さなことにもすぐにおこり出《だ》す。

**使い方** 虫《むし》の居所《いどころ》が悪《わる》いときのお兄《にい》さんは、できるだけそっとしておく方《ほう》がいい。

**参考** 人間《にんげん》のきげんが悪《わる》くなるのは、体《からだ》の中《なか》にいる虫《むし》が、悪《わる》い場所《ばしょ》にいるためだと考《かんが》えられていたことから。

## 虫《むし》も殺《ころ》さない

慣用句

とても気持《きも》ちがやさしく、おとなしい。

**使い方** お姉《ねえ》さんは、人前《ひとまえ》では虫《むし》も殺《ころ》さないような顔《かお》をしているけれど、家《いえ》ではとてもおこりっぽい。

**参考** 小《ちい》さな虫一《むしいっ》ぴきでも、殺《ころ》すことなどできないほどやさしいということから。

## 矛盾《むじゅん》

故事成語

前《まえ》に言《い》ったことやったことと、後《あと》から言《い》ったことやったことの内容《ないよう》がちがっていて、理《り》くつに合《あ》わない。

**使い方** 野球《やきゅう》が好《す》きだと言《い》っていたのに、人気《にんき》があるからとサッカー部《ぶ》に入《はい》るなんて、矛盾《むじゅん》している。

**参考** 矛《む》は矛《ほこ》のことで、やりに似《に》た武器《ぶき》。盾《じゅん》は、やりを防《ふせ》ぐ盾《たて》。あるとき、矛《ほこ》と盾《たて》を売《う》る商人《しょうにん》が「この矛《ほこ》はどんな盾《たて》もつき通《とお》すことができ、この盾《たて》はどんな矛《ほこ》を使《つか》ってもつき通《とお》すことができない」と自《じ》まんしていた。そこで、ある人《ひと》が「その矛《ほこ》でその盾《たて》をついたらどうなるのか」とたずねたところ、商人《しょうにん》は何《なに》も言《い》えなくなってしまったという、昔《むかし》の中国《ちゅうごく》の話《はなし》から。

## 胸《むね》が痛《いた》む

慣用句

とても悲《かな》しかったり、心配《しんぱい》だったりして、つらい思《おも》いをする。

**使い方** テレビで、世界《せかい》には貧《まず》しくて食《た》べ物《もの》に困《こま》っている子《こ》どもたちがいることを知《し》って、**胸《むね》が痛《いた》んだ**。

## 胸《むね》がいっぱいになる

慣用句

喜《よろこ》びや悲《かな》しみなどの気持《きも》ちを、ほかのことなど感《かん》じられないほど強《つよ》く感《かん》じる。

**使い方** 転校《てんこう》した友《とも》だちからの手紙《てがみ》を読《よ》んで、なつかしさで**胸《むね》がいっぱいになった**。

## 胸《むね》がさわぐ

（＝胸《むな》さわぎがする）

慣用句

何《なん》となく、よくないことが起《お》こるような気《き》がして不安《ふあん》になり、気持《きも》ちが落《お》ち着《つ》かない。

**使い方** 弟《おとうと》がなかなか帰《かえ》ってこないので、事故《じこ》にでもあったのではないかと、**胸《むね》がさわぐ**。

**参考** 「胸《むな》さわぎがする」ともいう。

## 胸《むね》がすく

慣用句

心《こころ》の中《なか》にもやもやしていたものがなくなり、すっきりとした気分《きぶん》になる。

**使い方** 最後《さいご》に主人公《しゅじんこう》が悪者《わるもの》をやっつけるところを読《よ》んで、**胸《むね》がすく**思《おも》いがした。

**参考** **すく**は、つかえていたものがなくなるという意味《いみ》。

## 胸《むね》がつぶれる

慣用句

強《つよ》い悲《かな》しみや心配《しんぱい》ごとで、つらくてどうしようもない。

**使い方** いとこが交通事故《こうつうじこ》にあったと聞《き》いて、**胸《むね》がつぶれる**思《おも》いがした。

## 胸《むね》に刻《きざ》む

慣用句

しっかりと覚《おぼ》えておいて、忘《わす》れないようにする。

**使い方** 試合前《しあいまえ》のコーチのことばを、**胸《むね》に刻《きざ》む**。

## 胸《むね》に手《て》を当《あ》てる

慣用句

落《お》ち着《つ》いて、じっくりよく考《かんが》える。

**使い方** どうしてしかられているのか、自分《じぶん》の胸《むね》に手《て》を当《あ》てて考《かんが》えてみなさいと、先《せん》生《せい》に言《い》われた。

**参考** 悪《わる》いことをした人《ひと》や失敗《しっぱい》してしまった人《ひと》に対《たい》して、反省《はんせい》するように言《い》うときに使《つか》うことば。

## 胸《むね》に秘《ひ》める

慣用句

自分《じぶん》の気持《きも》ちや考《かんが》えをだれにも言《い》わずに、自分《じぶん》だけの秘密《ひみつ》にしておく。

**使い方** 絶対《ぜったい》に優勝《ゆうしょう》するぞという気持《きも》ちを胸《むね》に秘《ひ》めて、大会《たいかい》にのぞんだ。

## 胸《むね》を痛《いた》める

慣用句

心《こころ》から心配《しんぱい》したり、深《ふか》くなやんでいる。

**使い方** チームメイトどうしの仲《なか》がうまくいかず、お兄《にい》さんは胸《むね》を痛《いた》めている。

## 胸《むね》を打《う》つ

慣用句

人《ひと》の心《こころ》を強《つよ》く動《うご》かして、感動《かんどう》させる。

**使い方** 子《こ》どもを守《まも》るために、必死《ひっし》で戦《たたか》う動物《どうぶつ》たちの姿《すがた》に、胸《むね》を打《う》たれた。

## 胸《むね》をおどらせる

（＝胸《むね》をはずませる）

慣用句

喜《よろこ》びや期待《きたい》にわくわくして、じっとしていられないような気分《きぶん》になる。

**使い方** あした、初《はじ》めて水族館《すいぞくかん》に行《い》く妹《いもうと》は、期《き》待《たい》に胸《むね》をおどらせている。

**参考** 「胸《むね》をはずませる」ともいう。

## 胸《むね》を借《か》りる

慣用句

自分《じぶん》より力《ちから》が上《うえ》の人《ひと》に、自分《じぶん》の力《ちから》をのばしたりためしたりするための相手《あいて》をしてもらう。

**使い方** 胸《むね》を借《か》りるつもりで、中学生《ちゅうがくせい》のチームに試合《しあい》を申《もう》しこんだ。

**参考** すもうで、下位《かい》の力士《りきし》が上位《じょうい》の力士《りきし》にけいこの相手《あいて》をしてもらうことを、このようにいうことから。

## 胸《むね》をなで下《お》ろす

慣用句

心配《しんぱい》していたことや、気《き》がかりなことがなくなって、ほっとひと安心《あんしん》する。

**使い方** ねぼうして、あわてて飛《と》び起《お》きたけれど、日曜日《にちようび》だったことを思《おも》い出《だ》して、胸《むね》をなで下《お》ろした。

**参考** 安心《あんしん》したときに、胸《むね》に手《て》を当《あ》てて、なで下《お》ろすしぐさから。

## 胸《むね》を張《は》る

慣用句

自信《じしん》をもって、堂々《どうどう》とした態度《たいど》をとる。

**使い方** 一度《いちど》や二度《にど》の失敗《しっぱい》で落《お》ちこまないで、胸《むね》を張《は》ってもう一度《いちど》ちょう戦《せん》しよう。

**参考** 胸《むね》をつき出《だ》すようにして、背筋《せすじ》をのばした姿勢《しせい》をとるということから。

## 無《む》病《びょう》息《そく》災《さい》

四字熟語

病気《びょうき》をせず、健康《けんこう》である。

**使い方** 初《はつ》もうででは、今年《ことし》も一年間《いちねんかん》無病息災《むびょうそくさい》でいられますようにと、お願《ねが》いをした。

**参考** 無病《むびょう》は、病気《びょうき》をしないこと。息災《そくさい》は、無《ぶ》事《じ》に、元気《げんき》でいられるという意味《いみ》。

## 無《む》用《よう》の長《ちょう》物《ぶつ》

慣用句

そこにあっても、何《なん》の役《やく》にも立《た》たず、じゃまになるだけの物《もの》。

**使い方** 中学生《ちゅうがくせい》になったら、ランドセルは無用《むよう》の長物《ちょうぶつ》になってしまう。

**参考** 無用《むよう》は、用《よう》がない、長物《ちょうぶつ》は、棒《ぼう》などの長《なが》い物《もの》という意味《いみ》。役《やく》に立《た》たないのに、長《なが》くてじゃまになるということから。

## 無《む》理《り》が通《とお》れば道《どう》理《り》が引《ひ》っこむ

ことわざ

理《り》くつに合《あ》わない、まちがったことやおかしなことが、世《よ》の中《なか》で当《あ》たり前《まえ》に行《おこな》われるようになると、正《ただ》しいことが行《おこな》われなくなってしまう。

**使い方** もし宿題《しゅくだい》を忘《わす》れてもおこられないとすれば、無理《むり》が通《とお》れば道理《どうり》が引《ひ》っこむで、だれも宿題《しゅくだい》をやらなくなってしまうかもしれない。

**参考** 無理《むり》は、理《り》くつに反《はん》する、まちがったこと、道理《どうり》は、物《もの》ごとの正《ただ》しい筋道《すじみち》という意味《いみ》。

# め

## 名物《めいぶつ》にうまいものなし

ことわざ

有名《ゆうめい》なもの、評判《ひょうばん》の高《たか》いものには、期《き》待《たい》はずれが多《おお》いから、注意《ちゅうい》した方《ほう》がよいということ。

**参考** おいしいと評判《ひょうばん》の名物《めいぶつ》はいろいろあるが、じっさいに食《た》べてみて、本当《ほんとう》においしい物《もの》は少《すく》ないということから。

## 目《め》がくらむ

慣用句

自分《じぶん》のほしい物《もの》や、やりたいことについてばかり考《かんが》えて、正《ただ》しい判断《はんだん》ができなくなる。

**使い方** お母《かあ》さんは賞品《しょうひん》に目《め》がくらんで、いらない物《もの》まで買《か》って、福《ふく》引《び》き券《けん》を集《あつ》めている。

## 目《め》が肥《こ》える

慣用句

すばらしいものを数多《かずおお》く見《み》ているうちに、よいものかどうか、本物《ほんもの》かどうかなどを見分《みわ》ける力《ちから》がつく。

**使い方** 宝石《ほうせき》を見《み》る目《め》が肥《こ》えているので、にせ物《もの》はすぐにわかる。

## 目《め》が覚《さ》める

慣用句

何《なに》かのきっかけで、今《いま》までの自分《じぶん》のまちがいや悪《わる》いところに気《き》がつき、心《こころ》を入《い》れかえる。

**使い方** お母《かあ》さんに、むだづかいしすぎだとしかられて、目《め》が覚《さ》めた。

**参考** ねむりから覚《さ》めて、物《もの》ごとがはっきりと見《み》えるようになるということから。

## 目頭《めがしら》が熱《あつ》くなる

慣用句

何《なに》かに感動《かんどう》して、思《おも》わずなみだが出《で》そうになる。

**使い方** 病気《びょうき》のお母《かあ》さんをはげます子《こ》どもたちの姿《すがた》を見《み》ていたら、思《おも》わず目頭《めがしら》が熱《あつ》くなった。

**参考** 目頭《めがしら》は、目《め》の、鼻《はな》に近《ちか》い方《ほう》のはしの部《ぶ》分《ん》。なみだが出《で》そうになると、このあたりが熱《あつ》くなることから。

## 目《め》が高《たか》い

慣用句

人《ひと》や物《もの》の価値《かち》を、きちんと見《み》きわめる力《ちから》をもっている。

**使い方** ぼくを劇《げき》の主役《しゅやく》に選《えら》ぶとは、さすがに先生《せんせい》は目《め》が高《たか》い。

## 芽《め》が出《で》る

慣用句

運《うん》がめぐってくる。成功《せいこう》するためのきっかけができる。

**使い方** 十年間《じゅうねんかん》の苦労《くろう》の末《すえ》、画家《がか》としてやっと芽《め》が出《で》た。

**参考** 植物《しょくぶつ》の芽《め》が出《で》ることにたとえた。

## 目《め》がない

慣用句

とても好《す》きなので、すぐにむちゅうになってしまう。

**使い方** お父《とう》さんは古《ふる》い時計《とけい》に目《め》がなくて、見《み》つけるとすぐに買《か》ってしまう。

## 眼鏡《めがね》にかなう

（＝お眼鏡《めがね》にかなう）

慣用句

目上《めうえ》の人《ひと》に、能力《のうりょく》や人《ひと》がらを認《みと》められて、気《き》に入《い》られる。

**使い方** お兄《にい》さんは、先生《せんせい》の眼鏡《めがね》にかなって、学校《がっこう》の代表《だいひょう》として発表《はっぴょう》をした。

**参考** 眼鏡《めがね》は、人《ひと》や物《もの》を見分《みわ》ける力《ちから》、かなうは、条件《じょうけん》や理想《りそう》に合《あ》っている、ふさわしいという意味《いみ》。「お眼鏡《めがね》にかなう」ともいう。

## 目《め》が回《まわ》る

慣用句

くらくらとめまいがするほど、とてもいそがしい。

**使い方** 宿題《しゅくだい》とクラブと習《なら》いごとで、毎日《まいにち》目《め》が回《まわ》るようないそがしさだ。

## 目《め》からうろこが落《お》ちる

ことわざ

ふとしたきっかけで、わからなかったことや、なやんでいたことが急《きゅう》に解決《かいけつ》する。

**使い方** 先生《せんせい》の忠告《ちゅうこく》を受《う》けて、目《め》からうろこが落《お》ちる思《おも》いだった。

**参考** 目《め》からうろこのような物《もの》が落《お》ち、よく見《み》えるようになったという、キリスト教《きょう》の聖書《せいしょ》の話《はなし》から。

## 目《め》から鼻《はな》へぬける

慣用句

頭《あたま》の回転《かいてん》が早《はや》く、どうしたらよいかをすぐに考《かんが》え、判断《はんだん》できる。

**使い方** 先生《せんせい》に相談《そうだん》したら、目《め》から鼻《はな》へぬけるように、答《こた》えを出《だ》してくれた。

**参考** すぐ近《ちか》くにある、目《め》から鼻《はな》までの間《あいだ》を通《とお》りぬけるほど早《はや》いということから。

## 目《め》くじらを立《た》てる

慣用句

小《ちい》さなことをわざわざ取《と》り上《あ》げて、人《ひと》を責《せ》めたり、文句《もんく》を言《い》ったりする。

**使い方** きげんが悪《わる》いときのお母《かあ》さんは、ぼくの食《た》べ方《かた》一《ひと》つにも、目《め》くじらを立《た》てる。

**参考** 目《め》くじらは、目《め》じりのこと。目《め》じりをつり上《あ》げるということから。

## 目《め》くそ鼻《はな》くそを笑《わら》う

ことわざ

自分《じぶん》の欠点《けってん》には気《き》づかずに、人《ひと》のことをばかにしたり、笑《わら》ったりする。

**使い方** よく忘《わす》れ物《もの》をするお兄《にい》さんが、かばんを忘《わす》れたぼくのことをばかにするのは、目《め》くそ鼻《はな》くそを笑《わら》うだ。

**参考** きたない目《め》くそが、鼻《はな》くそのことを、きたないとばかにして笑《わら》うということから。

## 目白《めじろ》おし

慣用句

多《おお》くの人《ひと》や物《もの》ごとが、せまいところに、こみ合《あ》って並《なら》んでいる。

**使い方** 二学期《にがっき》は、運動会《うんどうかい》、遠足《えんそく》、クリスマス会《かい》など、行事《ぎょうじ》が目白《めじろ》おしだ。

**参考** 目白《めじろ》という鳥《とり》は、何《なん》わも集《あつ》まり、おし合《あ》うようにして並《なら》んで木《き》の枝《えだ》にとまることから。

## 目玉《めだま》が飛《と》び出《で》る

（＝目《め》が飛《と》び出《で》る）

慣用句

品物《しなもの》の値段《ねだん》があまりにも高《たか》くて、びっくりする。

**使い方** すてきな服《ふく》だと思《おも》って値段《ねだん》を見《み》たら、目玉《めだま》が飛《と》び出《で》た。

きびしくしかられる。

**使い方** 校庭《こうてい》でサッカーをしていてガラスを割《わ》ってしまい、目玉《めだま》が飛《と》び出《で》るほどしかられた。

**参考** おどろいて、目玉《めだま》が飛《と》び出《だ》しそうなほど目《め》を大《おお》きく開《ひら》くようすから。「目《め》が飛《と》び出《で》る」ともいう。

## 目《め》と鼻《はな》の先《さき》

(＝目《め》と鼻《はな》の間《あいだ》)

慣用句

きょりがとても近《ちか》い。

**使い方** ゴールは目《め》と鼻《はな》の先《さき》だから、もう少《すこ》しがんばろう。

**参考** 目《め》と、鼻《はな》の頭《あたま》の間《あいだ》ぐらいに近《ちか》いということから。「目《め》と鼻《はな》の間《あいだ》」ともいう。

## 目《め》に余《あま》る

慣用句

あまりにひどくて、そのままだまって見《み》ているわけにはいかない。

**使い方** 妹《いもうと》の、食《た》べ物《もの》の好《す》ききらいの多《おお》さは、目《め》に余《あま》る。

## 目《め》にうかぶ

慣用句

じっさいには見《み》えない物《もの》ごとのようすなどが、まるで目《め》に見《み》えるように、はっきりと感《かん》じられたり、思《おも》い出《だ》されたりする。

**使い方** 山登《やまのぼ》りをしたことを思《おも》い出《だ》すと、頂上《ちょうじょう》から見《み》た美《うつく》しい景色《けしき》が目《め》にうかぶ。

## 目《め》につく

慣用句

よく目立《めだ》って、人《ひと》の注意《ちゅうい》を引《ひ》きつける。

**使い方** かぜがはやっているらしく、マスクをしている人《ひと》が目《め》につく。

## 目《め》にとまる

慣用句

見《み》えた物《もの》ごとが、興味《きょうみ》や関心《かんしん》を引《ひ》く。

**使い方** 散歩《さんぽ》のとちゅうで、きれいな花《はな》が目《め》にとまった。

## 目《め》には目《め》を歯《は》には歯《は》を

ことわざ

相手《あいて》に何《なに》かひどいことをされたら、同《おな》じような方法《ほうほう》でしかえしをする。

**参考** 目《め》をつぶされたら相手《あいて》の目《め》をつぶし、歯《は》を折《お》られたら相手《あいて》の歯《は》を折《お》るということから。バビロニアという昔《むかし》の国《くに》の法律《ほうりつ》にあったことば。

## 目《め》に物《もの》見《み》せる

慣用句

相手《あいて》をひどい目《め》にあわせて、自分《じぶん》の強《つよ》さなどをはっきりとわからせる。

**使い方** いつも庭《にわ》をあらすのら猫《ねこ》に、いつか目《め》に物《もの》見《み》せてやろうと思《おも》っている。

**参考** 物《もの》見《み》せるは、ある状態《じょうたい》を、はっきり見《み》せつけるという意味《いみ》。

## 目《め》の色《いろ》を変《か》える

慣用句

いつもと表情《ひょうじょう》が変《か》わって見《み》えるほど、興奮《こうふん》したり、おこったり、何《なに》かにむちゅうになったりする。

**使い方** 弟《おとうと》は、くじ引《び》きの景品《けいひん》が最新《さいしん》ゲーム機《き》だと聞《き》いて、目《め》の色《いろ》を変《か》えた。

**参考** 目《め》の色《いろ》は、目《め》つき、何《なに》かを見《み》るときの目《め》のようすという意味《いみ》。

## 目《め》の上《うえ》のたんこぶ

ことわざ

(＝目《め》の上《うえ》のこぶ)

自分《じぶん》より、立場《たちば》や実力《じつりょく》が上《うえ》で、何《なに》かをしようとするとき、いつも気《き》になり、じゃまになるもの。

**使い方** あのチームは、ぼくらが毎年《まいとし》決勝《けっしょう》で負《ま》けている、目《め》の上《うえ》のたんこぶだ。

**参考** 目《め》の上《うえ》にできたたんこぶは、物《もの》を見《み》るとき、気《き》になってじゃまなことから。「目《め》の上《うえ》のこぶ」ともいう。

## 目《め》のかたきにする

慣用句

相手《あいて》を自分《じぶん》の敵《てき》のように思《おも》って、にくんだりきらったりする。

**使い方** うちの犬《いぬ》は、あののら犬《いぬ》を目《め》のかたきにしていて、前《まえ》を通《とお》るたびにほえる。

## 目《め》の中《なか》に入《い》れても痛《いた》くない

慣用句

(＝目《め》に入《い》れても痛《いた》くない)

とてもかわいがり、大切《たいせつ》に思《おも》っている。

**使い方** 生《う》まれたばかりの弟《おとうと》は、目《め》の中《なか》に入《い》れても痛《いた》くないほどかわいい。

**参考** 子《こ》どもや孫《まご》をかわいがるようすによく使《つか》われる。「目《め》に入《い》れても痛《いた》くない」ともいう。

## 目《め》は口《くち》ほどに物《もの》を言《い》う

ことわざ

目《め》のようすには、口《くち》で言《い》うのと同《おな》じくらいその人《ひと》の気持《きも》ちがあらわれ、相手《あいて》に伝《つた》わる。

**使い方** 目《め》は口《くち》ほどに物《もの》を言《い》うで、妹《いもうと》の目《め》を見《み》ただけで、うそをついていることがわかる。

## 目鼻《めはな》がつく

慣用句

この先《さき》どうすればよいか、だいたいの見通《みとお》しが立《た》つ。物《もの》ごとが、ほとんどできあがる。

**使い方** 発表《はっぴょう》の内容《ないよう》については目鼻《めはな》がついてきたので、あとは、準備《じゅんび》する物《もの》の分担《ぶんたん》を決《き》めよう。

**参考** 顔《かお》を絵《え》にかいたりするとき、目《め》と鼻《はな》がつけば、ほぼ、できあがりだということから。

## 目《め》も当《あ》てられない

慣用句

あまりにもひどかったり、かわいそうだったりして、しっかりと見《み》ることができない。

**使い方** 川《かわ》からあふれた水《みず》がひいた後《あと》は、目《め》も当《あ》てられないような状態《じょうたい》だった。

## 目《め》もくれない

慣用句

その物《もの》ごとや人《ひと》にまったく興味《きょうみ》や関心《かんしん》がなく、見《み》ようともしない。

**使い方** うちの猫《ねこ》は、遊《あそ》んでいるときには、えさを出《だ》しても目《め》もくれない。

## 目《め》を疑《うたが》う

慣用句

自分《じぶん》の見《み》たものがあまりにも意外《いがい》なので、とても本当《ほんとう》とは思《おも》えず、びっくりする。

**使い方** かみの毛《け》を切《き》った先生《せんせい》は、まるで別人《べつじん》のように見《み》えて、わたしは目《め》を疑《うたが》った。

**参考** 自分《じぶん》の目《め》がまちがっているのではないかと思《おも》うということから。

## 目《め》をうばう

慣用句

思《おも》わず見《み》とれさせるほど、強《つよ》く引《ひ》きつける。

**使い方** あまりにきれいな夕焼《ゆうや》けに目《め》をうばわれ、立《た》ち止《ど》まって見《み》ていた。

## 目《め》をかける

慣用句

才能《さいのう》があると思《おも》う人《ひと》を、特《とく》にかわいがったり、親切《しんせつ》にめんどうを見《み》たりする。

**使い方** 絵《え》をかくのが得意《とくい》なお兄《にい》さんは、先生《せんせい》に目《め》をかけられている。

**参考** 年《とし》や立場《たちば》が自分《じぶん》より下《した》の人《ひと》に対《たい》して使《つか》うことば。

## 目《め》をこらす

慣用句

注意《ちゅうい》を集中《しゅうちゅう》させて、よく見《み》る。

**使い方** 展望台《てんぼうだい》から目《め》をこらすと、遠《とお》くに、小《ちい》さくぼくたちの住《す》む団地《だんち》が見《み》えた。

**参考** こらすは、一《ひと》つのことに集中《しゅうちゅう》するという意味《いみ》。

## 目《め》を皿《さら》のようにする

慣用句

(＝目《め》を皿《さら》にする)

何《なに》かをよく見《み》ようとしたり、びっくりしたときに、目《め》を大《おお》きく開《ひら》く。

**使い方** 自転車《じてんしゃ》のかぎをなくしてしまい、目《め》を皿《さら》のようにして、部屋《へや》じゅうを探《さが》し回《まわ》った。

**参考** 目《め》を大《おお》きく、丸《まる》く見開《みひら》くようすから。「目《め》を皿《さら》にする」ともいう。

## 目《め》を白黒《しろくろ》させる

慣用句

苦《くる》しかったり、ひどくおどろいたりして、目玉《めだま》を激《はげ》しく動《うご》かす。

**使い方** 弟《おとうと》は、おにぎりをのどにつまらせて、目《め》を白黒《しろくろ》させた。

**参考** 目《め》をいそがしく動《うご》かし、白目《しろめ》になったり黒目《くろめ》になったりするということから。

## 目《め》をつける

慣用句

興味《きょうみ》をもったり、ねらいをつけたりして、注意《ちゅうい》してよく見《み》る。

**使い方** お父《とう》さんのおみやげは、前《まえ》からおもしろそうだと目《め》をつけていた本《ほん》だった。

**参考** 目《め》をはなさずに、ずっと見《み》ているということから。

## 目《め》をつぶる

慣用句

失敗《しっぱい》やまちがいを、見《み》なかったことにして、見《み》のがす。

**使い方** 弟《おとうと》がくれたカードには、まちがいがたくさんあったけれど、目《め》をつぶってあげた。

## 目《め》を通《とお》す

慣用句

初《はじ》めから終《お》わりまで、ひと通《とお》り見《み》る。全体《ぜんたい》をざっと読《よ》む。

**使い方** 新聞《しんぶん》を読《よ》むときには、まず全体《ぜんたい》に目《め》を通《とお》してから、気《き》になった記事《きじ》をじっくり読《よ》む。

## 目《め》をぬすむ

慣用句

何《なに》かをするとき、ほかの人《ひと》に見《み》つからないように、こっそりとやる。

**使い方** 妹《いもうと》は、ときどきお母《かあ》さんの目《め》をぬすんで、口紅《くちべに》をつけたりしている。

## 目《め》をはなす

慣用句

注意《ちゅうい》して見《み》ていなくてはいけないものから、別《べつ》のものへ目《め》をそらす。

**使い方** お祭《まつ》りの人《ひと》ごみの中《なか》で、ちょっと目《め》をはなしたすきに、いっしょにいたはずの妹《いもうと》とはぐれてしまった。

## 目《め》を光《ひか》らす

慣用句

悪《わる》いことができないように、注意《ちゅうい》して、よく見張《みは》る。

**使い方** しん判《ぱん》は、選手《せんしゅ》たちが反則《はんそく》をしないように、目《め》を光《ひか》らせている。

## 目《め》を細《ほそ》める

（＝目《め》を細《ほそ》くする）

慣用句

うれしくてにっこりと笑《わら》う。ほほえむ。

**使い方** おばあさんは、おそろいのゆかたを着《き》たわたしと妹《いもうと》を見《み》て、目《め》を細《ほそ》めた。

**参考** 「目《め》を細《ほそ》くする」ともいう。

## 目《め》を丸《まる》くする

慣用句

とてもびっくりして、目《め》を大《おお》きく開《ひら》く。

**使い方** 弟《おとうと》の絵《え》がコンクールに入賞《にゅうしょう》したと聞《き》いて、家族全員《かぞくぜんいん》が目《め》を丸《まる》くした。

## 目《め》を見張《みは》る

慣用句

すばらしいものなどを見《み》て、おどろいたり、感心《かんしん》したりする。

**使い方** すばらしい作品《さくひん》に、これが本当《ほんとう》に同《おな》じ小学生《しょうがくせい》の作《つく》ったものだろうかと、目《め》を見張《みは》った。

**参考** 目《め》を大《おお》きく見開《みひら》いて見《み》るようすから。

# も

## もちはもち屋《や》

ことわざ

物《もの》ごとにはそれぞれ、そのことを専門《せんもん》にやっている人《ひと》がいるので、その人《ひと》に任《まか》せるのがいちばんよい。

**使い方** もちはもち屋《や》というから、自分《じぶん》で直《なお》そうとしないで、大工《だいく》さんを呼《よ》ぼう。

**参考** もちをつくのは、だれにでもできそうだが、もち屋《や》がついたもちが、やはりいちばんおいしいということから。

## もとのもくあみ

ことわざ

一度《いちど》よくなったのに、またもとの悪《わる》い状態《じょうたい》にもどる。

**使い方** せっかく早起《はやお》きする習慣《しゅうかん》をつけたのに、夏休《なつやす》みの間夜《あいだよ》ふかしばかりしていたので、もとのもくあみになってしまった。

**参考** 昔《むかし》、ある大名《だいみょう》が病気《びょうき》で死《し》んでしまったとき、そのことをかくそうと、姿《すがた》や声《こえ》がよく似《に》たもくあみという人《ひと》を身《み》がわりにした。しかし、大名《だいみょう》の子《こ》どもが大《おお》きくなって、父親《ちちおや》のあとをついだら、身《み》がわりのもくあみは、もとのただの人《ひと》にもどったという話《はなし》から。

## もとも子《こ》もない

（＝もとも子《こ》も失《うしな》う）

慣用句

今《いま》までの努力《どりょく》がすべてむだになってしまい、何《なに》もかもなくしてしまう。

**使い方** あした試合《しあい》があるのに、練習《れんしゅう》のしすぎでつかれたら、もとも子《こ》もない。

**参考** もとは、銀行《ぎんこう》にあずけたお金《かね》や、商売《しょうばい》のもとになるお金《かね》。子《こ》は、その利子《りし》やもうけのこと。「もとも子《こ》も失《うしな》う」ともいう。

## もぬけのから

慣用句

今《いま》まで人《ひと》がいたはずの場所《ばしょ》が、人《ひと》がいなくなって、空《から》っぽになる。

**使い方** となりのクラスは体育《たいいく》の時間《じかん》なので、教室《きょうしつ》はもぬけのからだった。

**参考** もぬけは、虫《むし》などがだっ皮《ぴ》すること。だっ皮《ぴ》した後《あと》のぬけがらという意味《いみ》。

## 物《もの》はためし
慣用句

どんなことでも、じっさいにやってみなければ結果《けっか》はわからないから、ためしにやってみるべきだ。

**使い方** 受《う》かるかどうかわからないけれど、物《もの》はためしだから、一度《いちど》試験《しけん》を受《う》けてみよう。

## 物《もの》も言《い》いようで角《かど》が立《た》つ
ことわざ

話《はな》し方《かた》によって、相手《あいて》にいやな思《おも》いをさせたり、おこらせたりしてしまうことがあるので、じゅうぶんに気《き》をつけなければならない。

**参考** 「丸《まる》い卵《たまご》も切《き》りようで四角《しかく》、物《もの》も言《い》いようで角《かど》が立《た》つ」ということばから。

## 物《もの》を言《い》う
慣用句

何《なに》かをするとき、効果《こうか》があって、役《やく》に立《た》つ。

**使い方** 苦《くる》しい試合《しあい》では、勝《か》ちたいという気持《きも》ちの強《つよ》さが物《もの》を言《い》う。

## ももくり三年《さんねん》かき八年《はちねん》
ことわざ

芽《め》が出《で》てから実《み》がなるまでに、ももとくりは三年《さんねん》、かきは八年《はちねん》かかるということ。

**参考** よい結果《けっか》が出《で》るまでには、時間《じかん》がかかるものだという教《おし》えの意味《いみ》で使《つか》うこともある。

## 両《もろ》《りょう》刃《は》《ば》の剣《つるぎ》
慣用句

正《ただ》しく使《つか》えば役《やく》に立《た》つが、使《つか》い方《かた》をまちがえると害《がい》になることもあるもの。

**使い方** 自動車《じどうしゃ》は便利《べんり》だけれど、人《ひと》の命《いのち》をうばうこともある、両刃《もろは》の剣《つるぎ》だ。

**参考** 両刃《もろは》は、「諸刃《もろは》」と書《か》くこともあり、両《りょう》側《がわ》に刃《は》があるということ。両側《りょうがわ》に刃《は》のついた剣《つるぎ》は役《やく》に立《た》つが、自分《じぶん》も傷《きず》つく危険《きけん》があるということから。

## 門前《もんぜん》の小《こ》ぞう習《なら》わぬきょうを読《よ》む
ことわざ

特《とく》に習《なら》わなくても、毎日《まいにち》身近《みぢか》に見《み》たり、聞《き》いたりしていることは、いつの間《ま》にか覚《おぼ》えているものだ。

**使い方** 家《いえ》が花屋《はなや》だから、門前《もんぜん》の小《こ》ぞう習《なら》わぬきょうを読《よ》むで、植物《しょくぶつ》にはくわしい。

**参考** お寺《てら》の前《まえ》に住《す》む子《こ》どもは、毎日《まいにち》おきょうを聞《き》いているので、しぜんに覚《おぼ》えてしまうということから。

# やゆよ

## 八《や》百《お》長《ちょう》

慣用句

試合《しあい》などで、戦《たたか》う前《まえ》にどちらが勝《か》つかをこっそり決《き》めておき、形《かたち》だけ、真《しん》けんに勝負《しょうぶ》をしているふりをする。

**使い方** あんなにまじめにやっているのだから、八百長《やおちょう》のはずがない。

**参考** 昔《むかし》、八百屋《やおや》の長兵衛《ちょうべえ》という人《ひと》が、本当《ほんとう》はとても囲《い》ごが強《つよ》かったのに、いつもわざと一勝一敗《いっしょういっぱい》になるようにして、相《あい》手《て》のきげんをとったということから。

## 焼《や》け石《いし》に水《みず》

ことわざ

とてもひどい状態《じょうたい》なので、少《すこ》しくらいがんばったり、助《たす》けてもらっても、役《やく》に立《た》たない。

**使い方** 五点差《ごてんさ》で負《ま》けていたので、ぼくのシュートが決《き》まっても焼《や》け石《いし》に水《みず》だった。

**参考** 熱《あつ》く焼《や》けた石《いし》に少《すこ》しくらい水《みず》をかけても、温度《おんど》は下《さ》がらないということから。

## 安物《やすもの》買《か》いの銭失《ぜにうしな》い

ことわざ

安《やす》い物《もの》は、質《しつ》が悪《わる》かったりこわれたりするので、すぐに買《か》いかえることになり、かえって損《そん》をすることになる。

**参考** 安《やす》い物《もの》を買《か》うことは、お金《かね》をなくすのと同《おな》じだということから。

## やせてもかれても

慣用句

以前《いぜん》にくらべて、どんなに落《お》ちぶれたりおとろえたりしても。

**使い方** 去年《きょねん》のマラソン大会《たいかい》で優勝《ゆうしょう》したぼくが、やせてもかれても下級生《かきゅうせい》に負《ま》けるわけにはいかない。

**参考** 自分《じぶん》のことについて、今《いま》はそのようだけれど、人《ひと》にばかにされたくはないという気持《きも》ちをあらわすことば。

## やなぎに風《かぜ》

ことわざ

(=やなぎに風《かぜ》と受《う》け流《なが》す)

人《ひと》から文句《もんく》や無理《むり》なことを言《い》われても、逆《さか》らわないでじょうずにかわす。

**参考** やなぎの葉《は》や枝《えだ》は、風《かぜ》にふかれるままにゆれて逆《さか》らわないため、枝《えだ》が折《お》れないということから。「やなぎに風《かぜ》と受《う》け流《なが》す」ともいう。

## やなぎの下《した》にいつもどじょうはいない

（＝いつもやなぎの下《した》にどじょうはおらぬ）

ことわざ

一度《いちど》うまくいったからといって、もう一度同《いちどおな》じことをしてもうまくいくとは限《かぎ》らない。また、都合《つごう》のよいことは、そう何度《なんど》も起《お》こるものではない。

**使い方** この前《まえ》おだちんをもらえたので、きょうもお使《つか》いに行《い》ったけれど、やなぎの下《した》にいつもどじょうはいないで、何《なに》ももらえなかった。

**参考** 川《かわ》に生《は》えているやなぎの木《き》の下《した》で一度《いちど》どじょうをとったからといって、いつもそこでとれるわけではないということから。「いつもやなぎの下《した》にどじょうはおらぬ」ともいう。

## 矢《や》のさいそく

慣用句

早《はや》くするようにと、何度《なんど》もくりかえし急《いそ》がせる。

**使い方** お兄《にい》さんからまんがを借《か》りてからというもの、早《はや》く返《かえ》せと、毎日《まいにち》矢のさいそくを受《う》けている。

**参考** 戦《たたか》いのときに、次々《つぎつぎ》と何本《なんぼん》も矢《や》を射《い》るように、何度《なんど》もさいそくするということから。

## やぶから棒《ぼう》

ことわざ

何《なん》の前《まえ》ぶれもなくいきなり、思《おも》いがけないことが起《お》こる。

**使い方** 妹《いもうと》が、やぶから棒《ぼう》に野球《やきゅう》をやりたいと言《い》い出《だ》した。

**参考** やぶの中《なか》にかくれていて、通《とお》る人《ひと》に向《む》かってとつぜん棒《ぼう》をつき出《だ》すということから。

## やぶ蛇《へび》

（＝やぶをつついて蛇《へび》を出《だ》す）

ことわざ

よけいなことをしたために、自分《じぶん》が困《こま》ってしまうようなことを起《お》こす。

**使い方** お母《かあ》さんに部屋《へや》がきたないと言《い》ったら、やぶ蛇《へび》でそうじを手伝《てつだ》うことになってしまった。

**参考** 何《なに》もしなければおとなしくしている蛇《へび》を、わざわざやぶをつついておこらせてしまうということから。「やぶをつついて蛇《へび》を出《だ》す」ともいう。

## 病《やまい》は気《き》から

ことわざ

病気《びょうき》は、体《からだ》の具合《ぐあい》だけではなくて、自《じ》分《ぶん》の気持《きも》ちによっても、よくなったり、悪《わる》くなったりする。

## 山《やま》が見《み》える

慣用句

難《むずか》しいところ、大変《たいへん》なところを乗《の》り切《き》って、物《もの》ごとの全体《ぜんたい》についての見通《みとお》しがつく。

**使い方** 図書館《としょかん》での調《しら》べ物《もの》がやっと終《お》わって、自《じ》由研究《ゆうけんきゅう》も山《やま》が見《み》えてきた。

## 山高《やまたか》きが故《ゆえ》に貴《たっと》からず

ことわざ

物《もの》ごとの価値《かち》は見《み》かけのよさで決《き》まるのではなく、どんなに見《み》かけがよくても、中身《なかみ》がよくなければ、りっぱだとはいえない。

**参考** 「山高《やまたか》きが故《ゆえ》に貴《たっと》からず樹《き》有《あ》るを以《もっ》て貴《たっと》しとなす（山《やま》は高《たか》いからすばらしいのではない、そこに木《き》がおいしげっているからすばらしいのだ）」ということから。

## 山《やま》をかける

（＝山《やま》を張《は》る）

慣用句

だいたいの見当《けんとう》をつけて、あとは運《うん》をあてにして物《もの》ごとを行《おこな》う。

**使い方** 今回《こんかい》は、学年《がくねん》のまとめのテストだから、山《やま》をかけるのが難《むずか》しい。

**参考** 山《やま》は、期待《きたい》して予想《よそう》すること。「山《やま》を張《は》る」ともいう。

## 矢《や》もたてもたまらず

慣用句

ある物《もの》ごとを早《はや》くやりたいという気持《きも》ちがおさえきれず、じっとしていられない。

**使い方** 花火《はなび》の上《あ》がる音《おと》を聞《き》いて、矢《や》もたてもたまらず見物《けんぶつ》に飛《と》び出《だ》した。

**参考** 矢《や》でもたてでも止《と》められないほど、いきおいが強《つよ》いということから。

## やり玉《だま》に挙《あ》げる

慣用句

たくさんの中《なか》から選《えら》んで、それだけを責《せ》めたり、こうげきしたりする。

**使い方** 負《ま》けたからといって、失敗《しっぱい》した人《ひと》だけをやり玉《だま》に挙《あ》げるのはよくない。

**参考** やり玉《だま》は、やりをお手玉《てだま》のように自由《じゆう》にあつかうこと。また、やりで人《ひと》をつきさすこと。

## 優《ゆう》柔《じゅう》不《ふ》断《だん》

四字熟語

ぐずぐずと考《かんが》えたり、なやんだりして、なかなか、はっきりと決《き》められない。

**使い方** 優柔不断《ゆうじゅうふだん》な妹《いもうと》は、どのおもちゃを買《か》おうか、もう一時間《いちじかん》も迷《まよ》っている。

**参考** 優柔《ゆうじゅう》は、ぐずぐずして、はっきりしないこと、不断《ふだん》は、決断《けつだん》できないこと。

## 有名《ゆうめい》無《む》実《じつ》

四字熟語

名前《なまえ》はあるけれど、じっさいには中身《なかみ》がない。

**使い方** 委員会《いいんかい》を開《ひら》いても、欠席《けっせき》する人《ひと》が多《おお》くて、意見《いけん》を言《い》う人《ひと》もいないので、有名《ゆうめい》無実《むじつ》だ。

**参考** 有名《ゆうめい》は、名前《なまえ》をもっていること、無実《むじつ》は、内容《ないよう》がないこと。

## 油《ゆ》断《だん》大《たい》敵《てき》

四字熟語

ちょっとした気《き》のゆるみが、大《おお》きな失《しっ》敗《ぱい》のもとになるから、気《き》をつけなければならない。

**使い方** 油断大敵《ゆだんたいてき》というから、今《いま》まで負《ま》けたことのない相手《あいて》だからといって、気《き》をゆるめてはいけない。

**参考** 油断《ゆだん》することは、おそろしい敵《てき》と同《おな》じだということから。

## 指《ゆび》をくわえる

慣用句

うらやましいと思《おも》っても、どうすることもできなくて、そばで見《み》ている。

**使い方** 足《あし》をけがしたので、みんなが遠足《えんそく》に出《しゅっ》発《ぱつ》するのを指《ゆび》をくわえて見送《みおく》った。

目《め》の前《まえ》の物《もの》ごとに、手《て》を出《だ》すことができない。

**使い方** 妹《いもうと》が熱《ねつ》でうなされているのに、指《ゆび》をくわえて見《み》ていることしかできない。

## 湯《ゆ》水《みず》のように使《つか》う

慣用句

お金《かね》などを、もったいないと思《おも》わずに、平気《へいき》でむだづかいする。

**使い方** お金《かね》を湯水《ゆみず》のように使《つか》っていては、貯《ちょ》金《きん》もすぐになくなってしまう。

**参考** 湯水《ゆみず》は、お湯《ゆ》や水《みず》のこと。おしいと思《おも》わないで使《つか》うもののたとえ。

## よいっ張《ぱ》りの朝《あさ》ねぼう

（＝朝《あさ》ねぼうのよいっ張《ぱ》り）

ことわざ

夜《よる》、おそくまで起《お》きていて、朝《あさ》はいつまでもねていること。また、そのような人《ひと》。

**参考** よいっ張《ぱ》りは、夜《よる》おそくまで起《お》きていること、そのような人《ひと》。「朝《あさ》ねぼうのよいっ張《ぱ》り」ともいう。

## 用意周到《よういしゅうとう》

四字熟語

細《こま》かく、きちんと準備《じゅんび》されていて、ぬけたところがない。

**使い方** 用意周到《よういしゅうとう》に準備《じゅんび》をしてきたから、キャンプはきっとうまくいくだろう。

**参考** 周到《しゅうとう》は、すみずみまで注意《ちゅうい》が行《い》き届《とど》き、手《て》ぬかりがないこと。

## 羊頭《ようとう》をかかげて狗肉《くにく》を売《う》る

故事成語

（＝羊頭狗肉《ようとうくにく》）

見《み》かけや宣伝《せんでん》はりっぱでも、じっさいの内容《ないよう》はそれほどでもない。

**参考** 狗肉《くにく》は、犬《いぬ》の肉《にく》のこと。店先《みせさき》に羊《ひつじ》の頭《あたま》を置《お》いて、羊《ひつじ》の肉《にく》を売《う》っているように見《み》せかけて、じっさいには犬《いぬ》の肉《にく》を売《う》るということから。「羊頭狗肉《ようとうくにく》」ともいう。

## 欲《よく》の皮《かわ》がつっ張《ぱ》る

慣用句

（＝欲《よく》の皮《かわ》が張《は》る）

お金《かね》や物《もの》などをほしがる気持《きも》ちが、とても強《つよ》い。ひどく欲《よく》ばりだ。

**使い方** 自分《じぶん》のおやつはもう食《た》べたくせに、ぼくの分《ぶん》までほしがるなんて、弟《おとうと》は欲《よく》の皮《かわ》がつっ張《ぱ》っている。

**参考** 「欲《よく》の皮《かわ》が張《は》る」ともいう。

## 横車《よこぐるま》をおす

慣用句

理《り》くつに合《あ》わなかったり、筋道《すじみち》が通《とお》らなくても、無理《むり》やり自分《じぶん》の意見《いけん》をおし通《とお》そうとする。

**使い方** みんなが賛成《さんせい》しているのに、ひとりだけ横車《よこぐるま》をおす人《ひと》がいて、なかなか話《はなし》がまとまらない。

**参考** 車《くるま》は、横《よこ》からおしても動《うご》かないものなのに、無理《むり》やり動《うご》かそうとするということから。

## 横《よこ》やりを入《い》れる

慣用句

関係《かんけい》のない人《ひと》が、横《よこ》から口《くち》を出《だ》してじゃまをする。

**使い方** 今《いま》、次《つぎ》の手《て》を考《かんが》えているところだから横《よこ》やりを入《い》れないで。

## よしのずいから天《てん》じょうをのぞく

ことわざ

せまい見方《みかた》で、物《もの》ごとの全体《ぜんたい》を判断《はんだん》しようとする。

**参考** よしは、水辺《みずべ》に生《は》える草《くさ》「あし」のこと。「あし」が「悪《あ》し」と同《おな》じなので、いいかえたことば。ずいは、植物《しょくぶつ》のくきの中《なか》の、管《くだ》になった部分《ぶぶん》。細《ほそ》い管《くだ》をのぞいて天《てん》じょうを見《み》ても、天《てん》じょう全体《ぜんたい》のようすはわからないということから。

## 寄《よ》ってたかって

慣用句

たくさんの人《ひと》が寄《よ》り集《あつ》まって、いっせいに。

**使い方** みんなで、寄《よ》ってたかってぼくの失敗《しっぱい》をばかにする。

**参考** たかっては、集《あつ》まってという意味《いみ》。

## 余念《よねん》がない

慣用句

ほかのことは考《かんが》えずに、一《ひと》つのことに集中《しゅうちゅう》する。

**使い方** このところお姉《ねえ》さんは、ギターの練習《れんしゅう》に余念《よねん》がない。

**参考** 余念《よねん》は、ほかの考《かんが》えという意味《いみ》。

## 寄《よ》らば大樹《たいじゅ》のかげ

ことわざ

どうせたよるなら、大《おお》きな力《ちから》をもっている人《ひと》や大《おお》きな集団《しゅうだん》にたよる方《ほう》が、安《あん》心《しん》だ。

**参考** 暑《あつ》い日《ひ》差《ざ》しや雨風《あめかぜ》をさけるために木《き》の下《した》にかくれるなら、大《おお》きな木《き》の方《ほう》が快《かい》適《てき》だということから。

## 寄《よ》るとさわると

慣用句

いっしょに集《あつ》まるたびに。機会《きかい》があれば、かならず。

**使い方** お兄《にい》さんと友《とも》だちは、寄《よ》るとさわるとテレビゲームの話《はなし》ばかりしている。

## 弱《よわ》り目《め》にたたり目《め》

ことわざ

困《こま》っているときに、別《べつ》の困《こま》ったことが重《かさ》なって起《お》きる。

**使い方** 熱《ねつ》でふらふらしていたら、弱《よわ》り目《め》にたたり目《め》で、柱《はしら》に頭《あたま》をぶつけてしまった。

**参考** 弱《よわ》り目《め》は、弱《よわ》っているとき。たたり目《め》は、たたり（神様《かみさま》や仏様《ほとけさま》が人《ひと》にあたえるばつ）を受《う》けるとき。

## 世《よ》をわたる

慣用句

社会《しゃかい》の中《なか》で暮《く》らしていく。お金《かね》をかせいで生活《せいかつ》する。

**使い方** ひとりで世《よ》をわたっていくのには、いろいろと苦労《くろう》があるだろう。

**参考** 世《よ》は、人々《ひとびと》が集《あつ》まって生活《せいかつ》している場《ば》、この世《よ》の中《なか》、という意味《いみ》。

# らりるれろ

## 来年《らいねん》のことを言《い》えば鬼《おに》が笑《わら》う

ことわざ

先《さき》のことはどうなるかわからないのだから、今《いま》からあれこれ言《い》っても仕方《しかた》がない。

**参考** 来年《らいねん》のことなどわかるはずがないのに、あれこれと話《はなし》をする人《ひと》たちのことを、鬼《おに》がばかにして笑《わら》っているということから。

## 楽《らく》あれば苦《く》あり

(＝苦《く》あれば楽《らく》あり楽《らく》あれば苦《く》あり)

ことわざ

生《い》きていれば、楽《たの》しいことばかり、苦《くる》しいことばかりがずっと続《つづ》くわけではない。

**使い方** 夏休《なつやす》みは楽《らく》あれば苦《く》ありで、たくさん遊《あそ》んだ後《あと》には、宿題《しゅくだい》が待《ま》っている。

**参考** 「苦《く》あれば楽《らく》あり楽《らく》あれば苦《く》あり」ともいう。

## らく印《いん》をおされる

慣用句

周《まわ》りの人《ひと》から、悪《わる》いことをしたと決《き》めつけられる。

**使い方** 約束《やくそく》の時間《じかん》に少《すこ》しおくれたら、にげたと思《おも》われて裏切《うらぎ》り者《もの》のらく印《いん》をおされてしまった。

**参考** らく印《いん》は、昔《むかし》、罪人《ざいにん》の額《ひたい》などに鉄《てつ》を焼《や》いたものをおしつけてつけた、消《け》すことのできない印《しるし》。

## らちが明《あ》かない

慣用句

物《もの》ごとがうまく進《すす》まず、問題《もんだい》がかたづかない。

**使い方** クラス全体《ぜんたい》の問題《もんだい》をふたりで話《はな》し合《あ》っても、らちが明《あ》かない。

**参考** らちは、乗馬《じょうば》の練習《れんしゅう》をする場所《ばしょ》の周《まわ》りを囲《かこ》う、さくのこと。ここでは物《もの》ごとの区切《くぎ》りという意味《いみ》。

## 利害得失《りがいとくしつ》

四字熟語

利益《りえき》と損害《そんがい》。得《え》るものと失《うしな》うもの。

**使い方** お父《とう》さんは利害得失《りがいとくしつ》を考《かんが》えて、たばこをやめることにしたらしい。

**参考** 同《おな》じ意味《いみ》のことばを重《かさ》ねて、意味《いみ》を強《つよ》めたいい方《かた》。両方《りょうほう》を考《かんが》え合《あ》わせて、という意味《いみ》で使《つか》われることが多《おお》い。

## 李下《りか》に かんむりを正《ただ》さず

故事成語

自分《じぶん》にはその気《き》はなくても、人《ひと》に疑《うたが》われそうなことは、しない方《ほう》がよい。

使い方
李下《りか》にかんむりを正《ただ》さずというから、用《よう》もないのに夜《よる》うろうろしない方《ほう》がいいよ。

参考
李《り》は、すももの木《き》。すももの木《き》の下《した》で曲《ま》がったかんむりを直《なお》そうとして手《て》を上《あ》げると、すももをぬすもうとしているようにも見《み》えるということから。

## 立身出世《りっしんしゅっせ》

四字熟語

多《おお》くの人《ひと》に認《みと》められる高《たか》い地位《ちい》につき、名前《なまえ》を知《し》られるようになる。

使い方
お父《とう》さんは若《わか》いとき、立身出世《りっしんしゅっせ》を夢見《ゆめみ》て、いなかから出《で》てきた。

参考
立身《りっしん》と出世《しゅっせ》は、両方《りょうほう》とも、高《たか》い地位《ちい》について世《よ》の中《なか》に認《みと》められるという意味《いみ》。

## 立《りっ》すいの余地《よち》もない

故事成語

人《ひと》や物《もの》が、わずかなすき間《ま》もないほど、ぎっしりとつまっている。

使い方
東京《とうきょう》行《い》きの列車《れっしゃ》は、ものすごくこんでいて、立《りっ》すいの余地《よち》もなかった。

参考
すいは、きりのことで、木《き》などに穴《あな》をあける道具《どうぐ》。余地《よち》は、余《あま》っている場所《ばしょ》。細《ほそ》いきりを立《た》てるほどのすき間《ま》もないということから。

## 竜頭蛇尾《りゅうとうだび》

故事成語

最初《さいしょ》は、とてもいきおいがあるが、だんだんそのいきおいを失《うしな》い、最後《さいご》はたいしたことのない結果《けっか》に終《お》わる。

使い方
この映画《えいが》は、最初《さいしょ》はとてもおもしろかったけれど、竜頭蛇尾《りゅうとうだび》で終《お》わってしまった。

参考
頭《あたま》は強《つよ》そうな竜《りゅう》なのに、しっぽはただの蛇《へび》であるということから。

## 両手《りょうて》に花《はな》

ことわざ

価値《かち》のあるものや、美《うつく》しいものを、二《ふた》つ同時《どうじ》に自分《じぶん》のものにする。

使い方
チームが優勝《ゆうしょう》した上《うえ》に、お兄《にい》さんは最優《さいゆう》しゅう選手《せんしゅ》に選《えら》ばれて、まさに両手《りょうて》に花《はな》だ。

参考
両手《りょうて》に、それぞれ美《うつく》しい花《はな》を持《も》つということから。

## 良薬《りょうやく》は口《くち》に苦《にが》し

故事成語

本当《ほんとう》に自分《じぶん》のためになる意見《いけん》や注意《ちゅうい》は、すなおに聞《き》くのが難《むずか》しい。

**使い方** 先生《せんせい》の言《い》うことはきびしいけれど、良《りょう》薬《やく》は口《くち》に苦《にが》しだから、ちゃんと聞《き》こう。

**参考** よく効《き》く薬《くすり》は、苦《にが》くて飲《の》みにくいということから。

## 両《りょう》ゆう並《なら》び立《た》たず

故事成語

同《おな》じくらいの実力《じつりょく》をもつ人《ひと》がふたりいれば、かならず争《あらそ》いが起《お》こり、どちらかが負《ま》けるまで戦《たたか》うものだ。

**使い方** 両《りょう》ゆう並《なら》び立《た》たず、決勝戦《けっしょうせん》に勝《か》って優《ゆう》勝《しょう》できるチームは一《ひと》つしかない。

**参考** 両《りょう》ゆうは、ふたりの英《えい》ゆうという意味《いみ》。

## 理路整然《りろせいぜん》

四字熟語

考《かんが》え方《かた》や話《はなし》の筋道《すじみち》がきっちりと整《ととの》っていて、わかりやすい。

**使い方** お姉《ねえ》さんの理路整然《りろせいぜん》とした説明《せつめい》のおかげで、わからなかった算数《さんすう》の問題《もんだい》が解《と》けた。

**参考** 理路《りろ》は、考《かんが》え方《かた》や話《はなし》の筋道《すじみち》、整然《せいぜん》は、きちんと整《ととの》っているという意味《いみ》。

## 臨機応変《りんきおうへん》

（＝機《き》に臨《のぞ》みて変《へん》に応《おう》ず）

故事成語

予定《よてい》や計画《けいかく》にはなかったようなことがあった場合《ばあい》でも、そのとき、そのときの変化《へんか》に合《あ》わせて、うまく物《もの》ごとを進《すす》める。

**参考** 臨機《りんき》は、いろいろな場合《ばあい》に対《たい》してという意味《いみ》。応変《おうへん》は、変化《へんか》に合《あ》わせること。「機《き》に臨《のぞ》みて変《へん》に応《おう》ず」ともいう。

## 類《るい》は友《とも》を呼《よ》ぶ

（＝類《るい》をもって集《あつ》まる）

ことわざ

性格《せいかく》や考《かんが》え方《かた》の似《に》ている人《ひと》、同《おな》じしゅ味《み》をもっている人《ひと》どうしは、しぜんに集《あつ》まって、仲《なか》よくなるものだ。

**使い方** 類《るい》は友《とも》を呼《よ》ぶという通《とお》り、わたしの友《とも》だちは、みんな本《ほん》を読《よ》むのが好《す》きだ。

**参考** 類《るい》は、似《に》ているもの、仲間《なかま》という意味《いみ》。「類《るい》をもって集《あつ》まる」ともいう。

## るりもはりも照《て》らせば光《ひか》る

ことわざ

能力《のうりょく》のある人《ひと》、すぐれた人《ひと》は、どこにいても目立《めだ》つものだ。

参考 るりは、青《あお》い宝石《ほうせき》、はりは、水《すい》しょうのこと。ほかの石《いし》に混《ま》じっていても、光《ひかり》を当《あ》てると、どちらも美《うつく》しくかがやくということから。

## 礼《れい》も過《す》ぎれば無礼《ぶれい》になる

ことわざ

不《ふ》しぜんなほど礼《れい》ぎにこだわり、ていねいすぎる態度《たいど》をとると、かえって相手《あい》に不《ふ》ゆかいな思《おも》いをさせ、失礼《しつれい》になってしまう。

## 労《ろう》多《おお》くして功《こう》少《すく》なし

（＝労《ろう》して功《こう》なし）

ことわざ

とても苦労《くろう》したのに、効果《こうか》がなかったり、よい結果《けっか》が出《で》なかったりして、ほとんど得《え》るものがない。

使い方 わざわざ遠《とお》くの本屋《ほんや》さんまで行《い》ったけれど、おもしろそうな本《ほん》が見《み》つからず、労《ろう》多《おお》くして功《こう》少《すく》なしだった。

参考 功《こう》は、効果《こうか》や、よい結果《けっか》という意味《いみ》。「労《ろう》して功《こう》なし」ともいう。

## 老骨《ろうこつ》にむち打《う》つ

慣用句

年《とし》をとっておとろえてはいるが、自分《じぶん》をはげまし、力《ちから》をふりしぼって物《もの》ごとに取《と》り組《く》み、努力《どりょく》する。

使い方 おじいさんは、老骨《ろうこつ》にむち打《う》ってボランティアをすると言《い》っている。

参考 老骨《ろうこつ》は、年老《としお》いた体《からだ》という意味《いみ》で、年寄《としよ》りが自分《じぶん》のことをわざと悪《わる》くいうことば。

## 老若男女《ろうにゃくなんにょ》

四字熟語

老人《ろうじん》も若者《わかもの》も男《おとこ》の人《ひと》も女《おんな》の人《ひと》も、みんな。だれでも。

使い方 町内《ちょうない》のお祭《まつ》りは、老若男女《ろうにゃくなんにょ》が楽《たの》しめるので人気《にんき》がある。

## 老《ろう》ば心《しん》

故事成語

相手《あいて》にめいわくだと思《おも》われるかもしれないほど、心配《しんぱい》したり、親切《しんせつ》にあれこれと世話《せわ》を焼《や》こうとする気持《きも》ち。

**使い方** 老《ろう》ば心《しん》ながら言《い》っておくけど、あしたは運動会《うんどうかい》だから早《はや》くねた方《ほう》がいいよ。

**参考** 老《ろう》ばは、おばあさんのこと。年《とし》をとった女《おんな》の人《ひと》は、必要以上《ひつよういじょう》にいろいろと気《き》をつかうものだということから。

## ローマは一日《いちにち》にして成《な》らず

ことわざ

大《おお》きな仕事《しごと》は、時間《じかん》をかけて努力《どりょく》し続《つづ》けなくては、やりとげられない。

**使い方** ローマは一日《いちにち》にして成《な》らずだから、漢《かん》字《じ》をたくさん書《か》けるようになるために、毎日《まいにち》こつこつと練習《れんしゅう》を続《つづ》けよう。

**参考** 昔《むかし》、ヨーロッパで栄《さか》えたローマという国《くに》が、長《なが》い歴史《れきし》と人々《ひとびと》の努力《どりょく》の結果《けっか》、できあがったということから。

## 六十《ろくじゅう》の手習《てなら》い

ことわざ

年《とし》をとってから、新《あたら》しく勉強《べんきょう》や習《なら》いごとを始《はじ》める。

**使い方** 六十《ろくじゅう》の手習《てなら》いだと言《い》いながら、おばあさんは最近《さいきん》パソコンを始《はじ》めた。

**参考** 手習《てなら》いは、もともとは習字《しゅうじ》のことで、その後《ご》、学問《がくもん》やけいこごとという意味《いみ》で使《つか》われるようになった。六十才《ろくじっさい》で新《あたら》しい習《なら》いごとを始《はじ》めるということから。

## ろれつが回《まわ》らない

慣用句

舌《した》がよく動《うご》かないために、話《はな》すことばがはっきりせず、何《なに》を言《い》っているのか聞《き》き取《と》りにくい。

**使い方** お父《とう》さんは、ときどきお酒《さけ》を飲《の》みすぎて、ろれつが回《まわ》らなくなることがある。

**参考** ろれつは、話《はな》すときの調子《ちょうし》のこと。

## 論語《ろんご》読《よ》みの論語《ろんご》知《し》らず

ことわざ

本《ほん》に書《か》いてある理《り》くつはわかっていても、そのことがあらわしている本当《ほんとう》の内容《ないよう》をわかっていないために、実行《じっこう》することができない。

**参考** 論語《ろんご》は、昔《むかし》の中国《ちゅうごく》の学者《がくしゃ》である孔子《こうし》の教《おし》えをまとめた本《ほん》。論語《ろんご》を読《よ》んだだけでは、孔子《こうし》の教《おし》えを本当《ほんとう》に理解《りかい》したことにならないということから。

## 論《ろん》より証《しょう》こ

ことわざ

ことばだけでいろいろと議論《ぎろん》をするよりも、じっさいに証《しょう》こを示《しめ》した方《ほう》が、時間《じかん》もかからず、より正確《せいかく》に、物《もの》ごとが明《あき》らかになる。

**参考** 論《ろん》より証《しょう》こだから、今《いま》からぼくがやって見《み》せよう。

# わ

## わが身《み》をつねって人《ひと》の痛《いた》さを知《し》れ

ことわざ

もし自分《じぶん》がその立場《たちば》になったらと考《かんが》えて、ほかの人《ひと》の苦《くる》しみを思《おも》いやらなくてはいけない。

## わき目《め》もふらず

慣用句

一《ひと》つのことに心《こころ》を集中《しゅうちゅう》させ、それだけをずっとやる。

**使い方** 妹《いもうと》は、朝《あさ》から部屋《へや》にこもって、わき目《め》もふらず絵《え》をかいている。

**参考** わき目《め》は、よそ見《み》のこと。

## わざわいを転《てん》じて福《ふく》となす

故事成語

(＝わざわいを転《てん》じて幸《さいわ》いとなす)

悪《わる》いことがあっても、それをうまく利《り》用《よう》して、かえってよい結果《けっか》を得《え》る。

**使い方** 入院《にゅういん》してしまったけれど、わざわいを転《てん》じて福《ふく》となすで、同《おな》じ部屋《へや》の子《こ》と友《とも》だちになった。

**参考** 「わざわいを転《てん》じて幸《さいわ》いとなす」ともいう。

## わたりに船《ふね》

慣用句

何《なに》かをしようとしていたら、ちょうどよい具合《ぐあい》に、助《たす》けになることが起《お》こり、すぐにそれを利用《りよう》する。

**使い方** 草《くさ》むしりをしているところへ、友《とも》だちが遊《あそ》びに来《き》たので、わたりに船《ふね》とばかり、手伝《てつだ》ってもらった。

**参考** 川《かわ》をわたろうとしているときに、ちょうどよい具合《ぐあい》に船《ふね》がやって来《く》るということから。

## わたる世間《せけん》に鬼《おに》はない

ことわざ

(＝わたる世界《せかい》に鬼《おに》はない)

広《ひろ》い世《よ》の中《なか》には、困《こま》っているときに助《たす》けてくれる、やさしい人《ひと》がかならずいるものだ。

**使い方** 自転車《じてんしゃ》で転《ころ》んだとき、そばにいた人《ひと》が助《たす》けてくれて、わたる世間《せけん》に鬼《おに》はないと思《おも》った。

**参考** 「わたる世界《せかい》に鬼《おに》はない」ともいう。

## 笑《わら》う門《かど》には福《ふく》きたる

ことわざ

いつも明《あか》るくにこにこしている人《ひと》や、ほがらかで笑《わら》いが絶《た》えない家《いえ》には、しぜんと幸《しあわ》せがやって来《く》るものだ。

**使い方** 笑《わら》う門《かど》には福《ふく》きたる、来年《らいねん》も、みんな明《あか》るく元気《げんき》に過《す》ごそう。

**参考** 門《かど》は、家《いえ》の入《い》り口《ぐち》のこと。

## わらにもすがる

慣用句

とても困《こま》っているときや苦《くる》しいときには、じっさいにはたよりにならないようなものにも、すがりつこうとする。

**使い方** 大切《たいせつ》な本《ほん》が見《み》つからなくて、わらにもすがる思《おも》いで弟《おとうと》に聞《き》いてみた。

## 割《わり》に合《あ》わない

（＝割《わり》が合《あ》わない）

慣用句

努力《どりょく》や苦労《くろう》をしても、それに合《あ》うだけの結果《けっか》やもうけが出《で》ない。

**使い方** 一日《いちにち》かかってこれしかできないなんて、割《わり》に合《あ》わない仕事《しごと》だ。

**参考** 「割《わり》が合《あ》わない」ともいう。

## 割《わり》を食《く》う

慣用句

不利《ふり》な立場《たちば》に立《た》たされる。損《そん》をする。

**使い方** お姉《ねえ》さんがお父《とう》さんをおこらせたせいで、わたしまでしかられて、割《わり》を食《く》ってしまった。

## 我《われ》を忘《わす》れる

慣用句

何《なに》かにむちゅうになって、ほかのことを考《かんが》えられなくなり、自分《じぶん》の立場《たちば》や、何《なに》をするはずだったかも忘《わす》れてしまう。

**使い方** 図書館《としょかん》で、ずっと読《よ》みたかった本《ほん》を見《み》つけ、我《われ》を忘《わす》れて読《よ》み始《はじ》めた。

## 輪《わ》をかける

慣用句

あるものより、さらに程度《ていど》が上《うえ》である。

**使い方** お父《とう》さんもすばらしい選手《せんしゅ》だったけれど、息子《むすこ》は、それに輪《わ》をかけた名選手《めいせんしゅ》だそうだ。

**参考** 周《まわ》りに輪《わ》をかけて、ひと回《まわ》り大《おお》きくすることから。

# さくいん

## なかまのことわざ

この本《ほん》にのっていることわざを、いろいろな方法《ほうほう》でなかま分《わ》けして、さくいんとして使《つか》えるようにしました。ことわざの下《した》の数字《すうじ》が、のっているページです。

## ものの名前《なまえ》がはいったことわざ

●おうちの方へ
身近な名詞を含んだ語句を集め、単語別にまとめました。同じ単語を含む語句の比較にも役立ちます。

いろいろなものの名前《なまえ》をあらわすことばがはいったことわざを集《あつ》めて、そのことばごとにまとめました。どのことわざにどんなことばが出《で》てくるか調《しら》べてみましょう。


### 体《からだ》—頭《あたま》のあたり

頭《あたま》が上《あ》がらない……12
頭《あたま》が痛《いた》い……13
頭《あたま》が固《かた》い……13
頭《あたま》が切《き》れる……13
頭《あたま》かくして尻《しり》かくさず……13
頭《あたま》が下《さ》がる……13
頭《あたま》の上《うえ》のはえを追《お》え……13
頭《あたま》をかかえる……14
頭《あたま》をかく……14
頭《あたま》をひねる……14
頭《あたま》を冷《ひ》やす……14
頭《あたま》をもたげる……14
いわしの頭《あたま》も信心《しんじん》から……29
後《うし》ろがみを引《ひ》かれる……31
危機一髪《ききいっぱつ》……55
頭寒足熱《ずかんそくねつ》……90
つむじを曲《ま》げる……107
頭角《とうかく》をあらわす……114
猫《ねこ》の額《ひたい》……127
額《ひたい》を集《あつ》める……142
実《みの》るほど 頭《あたま》の下《さ》がるいなほかな……162
羊頭《ようとう》をかかげて狗肉《くにく》を売《う》る……185
竜頭蛇尾《りゅうとうだび》……188

### 体《からだ》—顔《かお》

大《おお》きな顔《かお》をする……37
かえるのつらに水《みず》……43
顔《かお》が売《う》れる……43
顔《かお》がきく……43
顔《かお》がつぶれる……44
顔《かお》が広《ひろ》い……44
顔《かお》から火《ひ》が出《で》る……44
顔《かお》にどろをぬる……44
顔《かお》をくもらせる……44
顔《かお》を立《た》てる……44
すずしい顔《かお》……91
つらの皮《かわ》が厚《あつ》い……107
泣《な》きっつらにはち……120
仏《ほとけ》の顔《かお》も三度《さんど》……154

### 体《からだ》—口《くち》のあたり

開《あ》いた口《くち》がふさがらない……6
あごで使《つか》う……9
あごを出《だ》す……9
異口同音《いくどうおん》……19
大口《おおぐち》をたたく……37
おく歯《ば》に 物《もの》がはさまったよう……39
口裏《くちうら》を合《あ》わせる……62
口《くち》がうまい……62
口《くち》が重《おも》い……62
口《くち》がかたい……62
口《くち》が軽《かる》い……62
口《くち》がすっぱくなる……63
口《くち》がすべる……63
口《くち》が減《へ》らない……63

口《くち》から先《さき》に生《う》まれる …… 63
口《くち》が悪《わる》い …… 63
口車《くちぐるま》に乗《の》せる …… 63
口《くち》に合《あ》う …… 64
口《くち》はわざわいの門《かど》 …… 64
口《くち》も八丁《はっちょう》手《て》も八丁《はっちょう》 …… 64
口《くち》をきく …… 65
口《くち》をそろえる …… 65
口《くち》を出《だ》す …… 65
口《くち》をとがらせる …… 65
口《くち》を割《わ》る …… 65
鶏口《けいこう》となるも牛後《ぎゅうご》となるなかれ …… 68
ごまの歯《は》ぎしり …… 75
舌《した》が肥《こ》える …… 81
舌《した》が回《まわ》る …… 81
舌《した》つづみを打《う》つ …… 81
舌《した》の根《ね》のかわかぬうち …… 82
舌《した》を巻《ま》く …… 82
歯《は》がうく …… 133
歯《は》が立《た》たない …… 133
歯《は》に衣《きぬ》を着《き》せない …… 138
歯《は》の根《ね》が合《あ》わない …… 139
歯《は》を食《く》いしばる …… 141
人《ひと》の口《くち》に戸《と》は立《た》てられぬ …… 143
減《へ》らず口《ぐち》をたたく …… 152
目《め》には目《め》を歯《は》には歯《は》を …… 174
目《め》は口《くち》ほどに物《もの》を言《い》う …… 175
良薬《りょうやく》は口《くち》に苦《にが》し …… 189

体《からだ》―ほおのあたり

あばたもえくぼ …… 16
ほおが落《お》ちる …… 154

体《からだ》―目《め》のあたり

生《い》き馬《うま》の目《め》をぬく …… 18
うの目《め》たかの目《め》 …… 34
大目玉《おおめだま》を食《く》う …… 38
鬼《おに》の目《め》にもなみだ …… 41
かべに耳《みみ》あり障子《しょうじ》に目《め》あり …… 50
白《しろ》い目《め》で見《み》る …… 89
長《なが》い目《め》で見《み》る …… 120
猫《ねこ》の目《め》のように変《か》わる …… 128
人目《ひとめ》につく …… 144
人目《ひとめ》をはばかる …… 144
まゆつばもの …… 158
まゆをひそめる …… 158
目《め》がくらむ …… 171
目《め》が肥《こ》える …… 171
目《め》が覚《さ》める …… 171
目頭《めがしら》が熱《あつ》くなる …… 171
目《め》が高《たか》い …… 172
目《め》がない …… 172
目《め》が回《まわ》る …… 172
目《め》からうろこが落《お》ちる …… 172
目《め》から鼻《はな》へぬける …… 173
目《め》くじらを立《た》てる …… 173
目《め》くそ鼻《はな》くそを笑《わら》う …… 173
目玉《めだま》が飛《と》び出《で》る …… 173
目《め》と鼻《はな》の先《さき》 …… 174
目《め》に余《あま》る …… 174
目《め》にうかぶ …… 174
目《め》につく …… 174
目《め》にとまる …… 174
目《め》には目《め》を歯《は》には歯《は》を …… 174
目《め》に物見《ものみ》せる …… 175
目《め》の色《いろ》を変《か》える …… 175
目《め》の上《うえ》のたんこぶ …… 175
目《め》のかたきにする …… 175
目《め》の中《なか》に入《い》れても痛《いた》くない …… 175
目《め》は口《くち》ほどに物《もの》を言《い》う …… 175
目鼻《めはな》がつく …… 176
目《め》も当《あ》てられない …… 176
目《め》もくれない …… 176
目《め》を疑《うたが》う …… 176
目《め》をうばう …… 176
目《め》をかける …… 176
目《め》をこらす …… 177
目《め》を皿《さら》のようにする …… 177
目《め》を白黒《しろくろ》させる …… 177
目《め》をつける …… 177
目《め》をつぶる …… 177
目《め》を通《とお》す …… 177
目《め》をぬすむ …… 178
目《め》をはなす …… 178
目《め》を光《ひか》らす …… 178
目《め》を細《ほそ》める …… 178
目《め》を丸《まる》くする …… 178
目《め》を見張《みは》る …… 178

体《からだ》―耳《みみ》

馬《うま》の耳《みみ》に念仏《ねんぶつ》 …… 34
かべに耳《みみ》あり障子《しょうじ》に目《め》あり …… 50
聞《き》き耳《みみ》を立《た》てる …… 55
小耳《こみみ》にはさむ …… 75
忠言耳《ちゅうげんみみ》に逆《さか》らう …… 105
ね耳《みみ》に水《みず》 …… 129
馬耳東風《ばじとうふう》 …… 134
耳《みみ》が痛《いた》い …… 162
耳《みみ》が早《はや》い …… 163
耳《みみ》にたこができる …… 163
耳《みみ》につく …… 163
耳寄《みみよ》りな …… 163
耳《みみ》を疑《うたが》う …… 163
耳《みみ》を貸《か》す …… 164
耳《みみ》をかたむける …… 164
耳《みみ》をすます …… 164
耳《みみ》をそばだてる …… 164
耳《みみ》をそろえる …… 164

体《からだ》―鼻《はな》

木《き》で鼻《はな》をくくる …… 56

鼻息《はないき》があらい……136
鼻《はな》が高《たか》い……136
鼻《はな》であしらう……137
鼻《はな》にかける……137
鼻《はな》につく……137
鼻《はな》もちならない……137
鼻《はな》を明《あ》かす……138
鼻《はな》を折《お》る……138
目《め》くそ鼻《はな》くそを笑《わら》う……173
目《め》から鼻《はな》へぬける……173
目《め》と鼻《はな》の先《さき》……174
目《め》鼻《はな》がつく……176

体《からだ》—首《くび》のあたり

鬼《おに》の首《くび》を取《と》ったよう……41
首《くび》が回《まわ》らない……66
首《くび》にする……66
首《くび》をかしげる……66
首《くび》をつっこむ……66
首《くび》を長《なが》くする……66
首《くび》をひねる……66
首尾一貫《しゅびいっかん》……85
のどが鳴《な》る……131
のどから手《て》が出《で》る……131
のどもと過《す》ぎれば熱《あつ》さを忘《わす》れる……132
真綿《まわた》で首《くび》をしめる……158

体《からだ》—腕《うで》・肩《かた》

腕《うで》が上《あ》がる……32
腕《うで》が鳴《な》る……32
腕《うで》に覚《おぼ》えがある……32
腕《うで》によりをかける……33
腕《うで》をふるう……33
腕《うで》をみがく……33
肩《かた》すかしを食《く》う……46
肩《かた》で息《いき》をする……46
肩《かた》で風《かぜ》を切《き》る……47
肩《かた》の荷《に》が下《お》りる……47
肩身《かたみ》がせまい……47
肩《かた》を入《い》れる……47
肩《かた》を落《お》とす……47
肩《かた》をもつ……48
肩《かた》を並《なら》べる……48
のれんに腕《うで》おし……132

体《からだ》—手《て》のあたり

赤子《あかご》の手《て》をひねる……7
足手《あして》まとい……10
後《うし》ろ指《ゆび》をさされる……31
大手《おおで》をふる……37
飼《か》い犬《いぬ》に手《て》をかまれる……43
かゆい所《ところ》に手《て》が届《とど》く……51
口《くち》も八丁《はっちょう》手《て》も八丁《はっちょう》……64
上手《じょうず》の手《て》から水《みず》がもる……86
食指《しょくし》が動《うご》く……87
つめに火《ひ》をともす……107
つめのあかをせんじて飲《の》む……107
手《て》があく……108
手《て》がこむ……108
手《て》が足《た》りない……108
手《て》がつけられない……108
手《て》が出《で》ない……108
手《て》が届《とど》く……109
手《て》がはなせない……109
手《て》ぐすねを引《ひ》く……109
手《て》塩《しお》にかける……109
手《て》玉《だま》に取《と》る……109
手《て》取《と》り足《あし》取《と》り……110
手《て》にあせをにぎる……110
手《て》に余《あま》る……110
手《て》に負《お》えない……110
手《て》につかない……110
手《て》に取《と》るように……111
手《て》のひらを返《かえ》す……111
手《て》も足《あし》も出《で》ない……111
手《て》を打《う》つ……112
手《て》をこまぬく……112
手《て》をつくす……112
手《て》をぬく……112
手《て》を広《ひろ》げる……112
手《て》を回《まわ》す……113
手《て》を焼《や》く……113
ぬれ手《て》であわ……126
猫《ねこ》の手《て》も借《か》りたい……127
能《のう》あるたかはつめをかくす……131
のどから手《て》が出《で》る……131
胸《むね》に手《て》を当《あ》てる……169
指《ゆび》をくわえる……184
両手《りょうて》に花《はな》……188
六十《ろくじゅう》の手習《てなら》い……191

体《からだ》—足《あし》のあたり

あげ足《あし》を取《と》る……8
足《あし》が地《ち》につかない……9
足《あし》がつく……10
足《あし》が出《で》る……10
足《あし》がにぶる……10
足《あし》が棒《ぼう》になる……10
足手《あして》まとい……10
足《あし》に任《まか》せる……11
足《あし》もとから鳥《とり》が立《た》つ……11
足《あし》もとを見《み》る……11
足《あし》を洗《あら》う……11
足《あし》をうばわれる……12
足《あし》を延《の》ばす……12

足《あし》を引《ひ》っ張《ぱ》る……12
足《あし》を運《はこ》ぶ……12
後足《あとあし》で砂《すな》をかける……15
うき足立《あしだ》つ……30
親《おや》のすねをかじる……42
きびすを返《かえ》す……58
頭寒足熱《ずかんそくねつ》……90
蛇足《だそく》……100
手取《てと》り足取《あしと》り……110
手《て》も足《あし》も出《で》ない……111
二《に》の足《あし》をふむ……125
ひざを打《う》つ……142
ひざを乗《の》り出《だ》す……142
ひざを交《まじ》える……142

## 体《からだ》—胸《むね》・腹《はら》・内臓《ないぞう》など

頭《あたま》かくして尻《しり》かくさず……13
肝《きも》がすわる……58
肝《きも》にめいじる……58
肝《きも》をつぶす……58
肝《きも》を冷《ひ》やす……59
腰《こし》がぬける……74
腰《こし》が低《ひく》い……74
腰《こし》をすえる……74
尻馬《しりうま》に乗《の》る……87
尻《しり》が重《おも》い……87
尻《しり》が軽《かる》い……88
尻《しり》が長《なが》い……88
尻《しり》切《き》れとんぼ……88
尻《しり》に火《ひ》がつく……88
尻《しり》をたたく……88
尻《しり》をぬぐう……89
背《せ》に腹《はら》はかえられぬ……94
断腸《だんちょう》の思《おも》い……103
度肝《どぎも》をぬく……115
話《はなし》の腰《こし》を折《お》る……137
腹《はら》が黒《くろ》い……139
腹《はら》がすわる……139
腹《はら》が立《た》つ……140
腹《はら》が減《へ》っては いくさができぬ……140
腹《はら》の虫《むし》が治《おさ》まらない……140
はらわたがにえくりかえる……140
腹《はら》をかかえる……140
腹《はら》を決《き》める……140
腹《はら》をさぐる……141
腹《はら》を割《わ》る……141
ふに落《お》ちない……150
へそが茶《ちゃ》をわかす……151
へそを曲《ま》げる……151
ほぞをかむ……154
胸《むね》が痛《いた》む……168
胸《むね》がいっぱいになる……168
胸《むね》がさわぐ……168
胸《むね》がすく……168
胸《むね》がつぶれる……168
胸《むね》に刻《きざ》む……168
胸《むね》に手《て》を当《あ》てる……169
胸《むね》に秘《ひ》める……169
胸《むね》を痛《いた》める……169
胸《むね》を打《う》つ……169
胸《むね》をおどらせる……169
胸《むね》を借《か》りる……169
胸《むね》をなで下《お》ろす……170
胸《むね》を張《は》る……170

## 心《こころ》

以心伝心《いしんでんしん》……20
いわしの頭《あたま》も信心《しんじん》から……29
魚心《うおごころ》あれば水心《みずごころ》……30
親《おや》の心《こころ》子《こ》知《し》らず……42
疑心暗鬼《ぎしんあんき》……56
心《こころ》が通《かよ》う……72
心《こころ》がはずむ……73
心《こころ》もとない……73
心《こころ》を打《う》たれる……73
心《こころ》をうばわれる……73
心《こころ》を鬼《おに》にする……73
心《こころ》をくだく……73

初心忘《しょしんわす》るべからず……87
心機一転《しんきいってん》……89
心頭《しんとう》を滅却《めっきゃく》すれば 火《ひ》もまたすずし……89
老《ろう》ば心《しん》……191

## 親《おや》・子《こ》ども

赤子《あかご》の手《て》をひねる……7
負《お》うた子《こ》に教《おし》えられて 浅《あさ》せをわたる……37
親《おや》の心《こころ》子《こ》知《し》らず……42
親《おや》のすねをかじる……42
親《おや》の光《ひか》りは七光《ななひか》り……42
かえるの子《こ》はかえる……43
かわいい子《こ》には旅《たび》をさせよ……52
くもの子《こ》を散《ち》らすよう……67
虎穴《こけつ》に入《い》らずんば 虎子《こじ》を得《え》ず……72
子《こ》どものけんかに親《おや》が出《で》る……75
虎《とら》の子《こ》……118
泣《な》く子《こ》と地頭《じとう》には勝《か》てぬ……121
にくまれっ子《こ》世《よ》にはばかる……123
ねた子《こ》を起《お》こす……128
ねる子《こ》は育《そだ》つ……130

## 着《き》る物《もの》・身《み》につける物《もの》

えりを正《ただ》す……36
帯《おび》に短《みじか》したすきに長《なが》し……41

げたを預《あず》ける……69
紺屋《こうや》の白《しろ》ばかま……71
故郷《こきょう》へにしきをかざる……72
そでふり合《あ》うも他生《たしょう》のえん……97
たもとを分《わ》かつ……103
ないそではふれない……120
二足《にそく》のわらじをはく……124
ぬれ衣《ぎぬ》を着《き》せられる……126
歯《は》に衣《きぬ》を着《き》せない……138
人《ひと》のふんどしですもうを取《と》る……144
馬子《まご》にも衣《い》しょう……157
李下《りか》にかんむりを正《ただ》さず……188


## 食《た》べ物《もの》・飲《の》み物《もの》

青菜《あおな》に塩《しお》……7
朝飯前《あさめしまえ》……9
あつものにこりてなますをふく……15
いものにえたもご存知《ぞんじ》ない……29
いもを洗《あら》うよう……29
いわしの頭《あたま》も信心《しんじん》から……29
雨後《うご》のたけのこ……30
うり二《ふた》つ……35
絵《え》にかいたもち……36
えびでたいをつる……36
お茶《ちゃ》の子《こ》さいさい……39
お茶《ちゃ》をにごす……40
同《おな》じかまの飯《めし》を食《く》う……40
火中《かちゅう》のくりを拾《ひろ》う……48
かもがねぎをしょって来《く》る……50
くさってもたい……61
ごまめの歯《は》ぎしり……75
ごまをする……75
コロンブスの卵《たまご》……76
酒《さけ》は百薬《ひゃくやく》の長《ちょう》……77
山《さん》しょうは小《こ》つぶでもぴりりとからい……79
たなからぼたもち……101
手塩《てしお》にかける……109
手前《てまえ》みそ……111
とうふにかすがい……115
とんびに油《あぶら》あげをさらわれる……119
なしのつぶて……121
ぬかにくぎ……126
猫《ねこ》にかつお節《ぶし》……127
花《はな》よりだんご……138
へそが茶《ちゃ》をわかす……151
みそをつける……161
もちはもち屋《や》……179
ももくり三年《さんねん》かき八年《はちねん》……180


## 家《いえ》・建物《たてもの》


うだつが上《あ》がらない……32
えんの下《した》の力持《ちからも》ち……36
かべに耳《みみ》あり障子《しょうじ》に目《め》あり……50
口《くち》はわざわいの門《かど》……64
しき居《い》が高《たか》い……80
せまき門《もん》……94
前門《ぜんもん》の虎後門《とらこうもん》のおおかみ……95
たなからぼたもち……101
たなに上《あ》げる……101
のきを並《なら》べる……131
人《ひと》の口《くち》に戸《と》は立《た》てられぬ……143
よしのずいから天《てん》じょうをのぞく……185
笑《わら》う門《かど》には福《ふく》きたる……193


## 身《み》の回《まわ》りの道具《どうぐ》


相《あい》づちを打《う》つ……6
秋《あき》の日《ひ》はつるべ落《お》とし……8
一網打尽《いちもうだじん》……23
井《い》の中《なか》のかわず大海《たいかい》を知《し》らず……28
大《おお》ぶろしきを広《ひろ》げる……38
同《おな》じかまの飯《めし》を食《く》う……40
かさに着《き》る……45
かまをかける……50
くぎをさす……61
弘法《こうぼう》にも筆《ふで》の誤《あやま》り……71
弘法筆《こうぼうふで》を選《えら》ばず……71
転《ころ》ばぬ先《さき》のつえ……75
さじを投《な》げる……77
しゃくし定規《じょうぎ》……84
重箱《じゅうばこ》のすみをようじでほじくる……85
そろばんをはじく……97
太鼓判《たいこばん》をおす……98
ちょうちんにつりがね……105
月夜《つきよ》にちょうちん……106
出《で》るくいは打《う》たれる……111
灯台《とうだい》もと暗《くら》し……114
とうふにかすがい……115
どろぼうをとらえてなわをなう……118
ぬかにくぎ……126
猫《ねこ》もしゃくしも……128
のれんに腕《うで》おし……132
はしにも棒《ぼう》にもかからない……135
一筋《ひとすじ》なわではいかない……143
ひょうたんからこまが出《で》る……147
覆水《ふくすい》ぼんに返《かえ》らず……148
武士《ぶし》は食《く》わねど高《たか》ようじ……149
筆《ふで》が立《た》つ……150
ペンは剣《けん》よりも強《つよ》し……152
まくらを高《たか》くしてねる……156

まな板《いた》のこい …… 158
昔《むかし》取《と》ったきねづか …… 166
眼鏡《めがね》にかなう …… 172
目《め》を皿《さら》のようにする …… 177

## 昔《むかし》の戦《たたか》いの道具《どうぐ》

一矢《いっし》をむくいる …… 25
勝《か》ってかぶとのおをしめよ …… 48
かぶとをぬぐ …… 49
光陰《こういん》矢《や》のごとし …… 70
しのぎをけずる …… 83
白羽《しらは》の矢《や》が立《た》つ …… 87
切羽《せっぱ》つまる …… 94
たてをつく …… 101
単刀直入《たんとうちょくにゅう》 …… 103
とうろうのおの …… 115
へたなてっぽうも 数《かず》うちゃ当《あ》たる …… 151
ペンは剣《けん》よりも強《つよ》し …… 152
ほこ先《さき》を向《む》ける …… 154
矛盾《むじゅん》 …… 167
両刃《もろは》の剣《つるぎ》 …… 180
矢《や》のさいそく …… 182
矢《や》もたてもたまらず …… 183
やり玉《だま》に挙《あ》げる …… 183
横《よこ》やりを入《い》れる …… 185

## 一年《いちねん》の行事《ぎょうじ》・季節《きせつ》

秋《あき》の日《ひ》はつるべ落《お》とし …… 8
暑《あつ》さ寒《さむ》さも彼岸《ひがん》まで …… 15
後《あと》の祭《まつ》り …… 15
一日千秋《いちじつせんしゅう》 …… 22
一年《いちねん》の計《けい》は元旦《がんたん》にあり …… 23
春眠《しゅんみん》あかつきを覚《おぼ》えず …… 86
飛《と》んで火《ひ》に入《い》る夏《なつ》の虫《むし》 …… 119
なまけ者《もの》の節句《せっく》働《ばたら》き …… 122
ぼんと正月《しょうがつ》が いっしょに来《き》たよう …… 155

## 動物《どうぶつ》

生《い》き馬《うま》の目《め》をぬく …… 18
いたちごっこ …… 21
犬《いぬ》の遠《とお》ぼえ …… 27
犬《いぬ》も歩《ある》けば棒《ぼう》に当《あ》たる …… 28
井《い》の中《なか》のかわず 大海《たいかい》を知《し》らず …… 28
馬《うま》が合《あ》う …… 34
馬《うま》の耳《みみ》に念仏《ねんぶつ》 …… 34
同《おな》じ穴《あな》のむじな …… 40
鬼《おに》が出《で》るか蛇《じゃ》が出《で》るか …… 40
飼《か》い犬《いぬ》に手《て》をかまれる …… 43
かえるの子《こ》はかえる …… 43
かえるのつらに水《みず》 …… 43
亀《かめ》の甲《こう》より年《とし》の功《こう》 …… 50
借《か》りてきた猫《ねこ》 …… 51
きつねにつままれたよう …… 56
窮《きゅう》鼠《そ》猫《ねこ》をかむ …… 59
鶏口《けいこう》となるも 牛後《ぎゅうご》となるなかれ …… 68
犬猿《けんえん》の仲《なか》 …… 69
虎《こ》穴《けつ》に入《い》らずんば 虎《こ》子《じ》を得《え》ず …… 72
虎《こ》視《し》眈々《たんたん》 …… 74
猿《さる》も木《き》から落《お》ちる …… 78
蛇《じゃ》の道《みち》は蛇《へび》 …… 84
将《しょう》を射《い》んとほっすれば まず馬《うま》を射《い》よ …… 86
尻馬《しりうま》に乗《の》る …… 87
前門《ぜんもん》の虎《とら》後門《こうもん》のおおかみ …… 95
大山鳴動《たいざんめいどう》してねずみ一《いっ》ぴき …… 98
蛇足《だそく》 …… 100
たぬきね入《い》り …… 102
月《つき》とすっぽん …… 106
とらぬたぬきの皮算用《かわざんよう》 …… 117
虎《とら》の威《い》を借《か》るきつね …… 117
虎《とら》の尾《お》をふむ …… 118
虎《とら》の子《こ》 …… 118
鳥《とり》なき里《さと》のこうもり …… 118
二《に》兎《と》を追《お》う者《もの》は 一《いっ》兎《と》をも得《え》ず …… 125
猫《ねこ》なで声《ごえ》 …… 127
猫《ねこ》にかつお節《ぶし》 …… 127
猫《ねこ》に小判《こばん》 …… 127
猫《ねこ》の手《て》も借《か》りたい …… 127
猫《ねこ》の額《ひたい》 …… 127
猫《ねこ》の目《め》のように変《か》わる …… 128
猫《ねこ》ばばを決《き》めこむ …… 128
猫《ねこ》もしゃくしも …… 128
猫《ねこ》をかぶる …… 128
馬脚《ばきゃく》をあらわす …… 133
馬耳東風《ばじとうふう》 …… 134
張《は》り子《こ》の虎《とら》 …… 141
ひょうたんからこまが出《で》る …… 147
ふくろのねずみ …… 149
豚《ぶた》に真《しん》じゅ …… 149
蛇《へび》ににらまれたかえる …… 152
やぶ蛇《へび》 …… 182
羊頭《ようとう》をかかげて狗肉《くにく》を売《う》る …… 185
竜頭蛇尾《りゅうとうだび》 …… 188

## 鳥《とり》

足《あし》もとから鳥《とり》が立《た》つ …… 11
一石二鳥《いっせきにちょう》 …… 26
今泣《いまな》いたからすがもう笑《わら》う …… 28
烏合《うごう》の衆《しゅう》 …… 30
うのまねをするからす …… 33
うのみにする …… 34

月《つき》にむら雲花《くもはな》に風《かぜ》……106
となりの花《はな》は赤《あか》い……117
どんぐりの背比《せいくら》べ……119
なしのつぶて……121
ぬれ手《て》であわ……126
根《ね》ほり葉《は》ほり……129
根《ね》も葉《は》もない……129
破《は》竹《ちく》のいきおい……135
話《はなし》に花《はな》がさく……137
花《はな》よりだんご……138
花《はな》を持《も》たせる……138
ひょうたんからこまが出《で》る……147
へそが茶《ちゃ》をわかす……151
まかぬ種《たね》は生《は》えぬ……156
実《みの》るほど
頭《あたま》の下《さ》がるいなほかな……162
実《み》を結《むす》ぶ……165
芽《め》が出《で》る……172
ももくり三年《さんねん》かき八年《はちねん》……180
やなぎに風《かぜ》……181
やなぎの下《した》に
いつもどじょうはいない……182
よしのずいから
天《てん》じょうをのぞく……185
寄《よ》らば大樹《たいじゅ》のかげ……186
李《り》下《か》にかんむりを正《ただ》さず……188
両手《りょうて》に花《はな》……188

## 天気《てんき》

明日《あした》は明日《あした》の風《かぜ》がふく……10
雨垂《あまだ》れ石《いし》をうがつ……17
雨降《あめふ》って地固《じかた》まる……17
雨後《うご》のたけのこ……30
雲泥《うんでい》の差《さ》……35
風上《かざかみ》にも置《お》けない……45
風《かぜ》がふけば
おけ屋《や》がもうかる……46
風《かぜ》の便《たよ》り……46
肩《かた》で風《かぜ》を切《き》る……47
かみなりが落《お》ちる……50
雲《くも》をつかむよう……67
蛍雪《けいせつ》の功《こう》……68
順風満帆《じゅんぷうまんぱん》……85
青天《せいてん》のへきれき……93
晴耕雨読《せいこううどく》……93
月《つき》にむら雲花《くもはな》に風《かぜ》……106
どこふく風《かぜ》……116
馬耳東風《ばじとうふう》……134
風前《ふうぜん》のともしび……148
風雲急《ふううんきゅう》を告《つ》げる……148
付和雷同《ふわらいどう》……150
やなぎに風《かぜ》……181

## 山《やま》・川《かわ》・海《うみ》

後《あと》は野《の》となれ山《やま》となれ……16
井《い》の中《なか》のかわず
大海《たいかい》を知《し》らず……28
海千山千《うみせんやません》……34
かっぱの川流《かわなが》れ……48
かれ木《き》も山《やま》のにぎわい……52
船頭多《せんどうおお》くして船山《ふねやま》にのぼる……95
大山鳴動《たいざんめいどう》してねずみ一《いっ》ぴき……98
他山《たざん》の石《いし》……100
ちりも積《つ》もれば山《やま》となる……105
山《やま》が見《み》える……183
山高《やまたか》きがゆえに貴《たっと》からず……183
山《やま》をかける……183

## 火《ひ》・水《みず》

魚心《うおごころ》あれば水心《みずごころ》……30
かえるのつらに水《みず》……43
顔《かお》から火《ひ》が出《で》る……44
火中《かちゅう》のくりを拾《ひろ》う……48
我田引水《がでんいんすい》……49
からすの行水《ぎょうずい》……51
上手《じょうず》の手《て》から水《みず》がもる……86
尻《しり》に火《ひ》がつく……88
心頭《しんとう》を滅却《めっきゃく》すれば
火《ひ》もまたすずし……89
水魚《すいぎょ》の交《まじ》わり……90
立《た》て板《いた》に水《みず》……101
つめに火《ひ》をともす……107
年寄《としよ》りの冷《ひ》や水《みず》……116
飛《と》んで火《ひ》に入《い》る夏《なつ》の虫《むし》……119
ね耳《みみ》に水《みず》……129
背水《はいすい》の陣《じん》……133
火《ひ》に油《あぶら》を注《そそ》ぐ……145
火《ひ》の車《くるま》……145
火《ひ》のない所《ところ》に
けむりは立《た》たぬ……145
火《ひ》を見《み》るよりも明《あき》らか……147
覆水《ふくすい》ぼんに返《かえ》らず……148
水清《みずきよ》ければ魚《うお》すまず……159
水《みず》くさい……160
水《みず》と油《あぶら》……160
水《みず》に流《なが》す……160
水《みず》の泡《あわ》になる……160
水《みず》をあける……160
水《みず》を打《う》ったよう……160
水《みず》を得《え》た魚《うお》のよう……161
水《みず》を差《さ》す……161
焼《や》け石《いし》に水《みず》……181
湯水《ゆみず》のように使《つか》う……184

## 時間《じかん》をあらわすことば

朝飯前《あさめしまえ》……9
明日《あした》は明日《あした》の風《かぜ》がふく……10
後《あと》の祭《まつ》り……15
後《あと》は野《の》となれ山《やま》となれ……16
後《あと》を引《ひ》く……16
一朝一夕《いっちょういっせき》……27

五里霧中《ごりむちゅう》 …… 75
再三再四《さいさんさいし》 …… 77
三寒四温《さんかんしおん》 …… 78
三《さん》びょう子《し》そろう …… 79
三人《さんにん》寄《よ》れば文殊《もんじゅ》の知《ち》え …… 79
三度目《さんどめ》の正直《しょうじき》 …… 79
四苦八苦《しくはっく》 …… 80
七転八倒《しちてんばっとう》 …… 82
四面楚歌《しめんそか》 …… 83
首尾一貫《しゅびいっかん》 …… 85
心機一転《しんきいってん》 …… 89
千載一遇《せんざいいちぐう》 …… 94
千里《せんり》の道《みち》も一歩《いっぽ》から …… 95
総領《そうりょう》の甚六《じんろく》 …… 96
大山鳴動《たいざんめいどう》してねずみ一《いっ》ぴき …… 98
朝三暮四《ちょうさんぼし》 …… 105
つるの一声《ひとこえ》 …… 107
天《てん》は二物《にぶつ》をあたえず …… 113
なくて七《なな》くせ …… 121
七転《ななころ》び八起《やお》き …… 121
二階《にかい》から目薬《めぐすり》 …… 123
二束三文《にそくさんもん》 …… 124
二足《にそく》のわらじをはく …… 124
二度《にど》あることは三度《さんど》ある …… 124
二兎《にと》を追《お》う者《もの》は一兎《いっと》をも得《え》ず …… 125
二《に》の足《あし》をふむ …… 125
二《に》の句《く》がつげない …… 125
二《に》の舞《まい》 …… 125
二番《にばん》せんじ …… 125
八方美人《はっぽうびじん》 …… 136
八方《はっぽう》ふさがり …… 136
早起《はやお》きは三文《さんもん》の徳《とく》 …… 139
一《ひと》あわふかせる …… 143
一《ひと》たまりもない …… 143
一《ひと》はだぬぐ …… 144
百聞《ひゃくぶん》は一見《いっけん》にしかず …… 146
氷山《ひょうざん》の一角《いっかく》 …… 147
仏《ほとけ》の顔《かお》も三度《さんど》 …… 154
三日坊主《みっかぼうず》 …… 161
三《み》つ子《ご》のたましい百《ひゃく》まで …… 161
ももくり三年《さんねん》かき八年《はちねん》 …… 180

## 数字《すうじ》（十《じゅう》～万《まん》）

悪事千里《あくじせんり》を走《はし》る …… 8
一《いち》から十《じゅう》まで …… 22
一事《いちじ》が万事《ばんじ》 …… 22
一日千秋《いちじつせんしゅう》 …… 22
一《いち》を聞《き》いて十《じゅう》を知《し》る …… 24
一攫千金《いっかくせんきん》 …… 24
一刻千金《いっこくせんきん》 …… 25
うそ八百《はっぴゃく》 …… 31
海千山千《うみせんやません》 …… 34
かわいさ余《あま》ってにくさ百倍《ひゃくばい》 …… 52
五十歩百歩《ごじっぽひゃっぽ》 …… 74
酒《さけ》は百薬《ひゃくやく》の長《ちょう》 …… 77
三十六計《さんじゅうろっけい》にげるにしかず …… 79
十人十色《じゅうにんといろ》 …… 84
すずめ百《ひゃく》までおどり忘《わす》れず …… 91
千載一遇《せんざいいちぐう》 …… 94
千差万別《せんさばんべつ》 …… 95
千里《せんり》の道《みち》も一歩《いっぽ》から …… 95
人《ひと》のうわさも七十五日《しちじゅうごにち》 …… 143
百聞《ひゃくぶん》は一見《いっけん》にしかず …… 146
百《ひゃく》も承知《しょうち》 …… 146
百発百中《ひゃっぱつひゃくちゅう》 …… 146
三《み》つ子《ご》のたましい百《ひゃく》まで …… 161
八百長《やおちょう》 …… 181
六十《ろくじゅう》の手習《てなら》い …… 191

## 人《ひと》の名前《なまえ》・役職《やくしょく》の名前《なまえ》

内弁慶《うちべんけい》の外地蔵《そとじぞう》 …… 32
おごる平家《へいけ》は久《ひさ》しからず …… 39
弘法《こうぼう》にも筆《ふで》の誤《あやま》り …… 71
弘法筆《こうぼうふで》を選《えら》ばず …… 71
コロンブスの卵《たまご》 …… 76
泣《な》く子《こ》と地頭《じとう》には勝《か》てぬ …… 121
弁慶《べんけい》の泣《な》き所《どころ》 …… 152
判官《ほうがん》びいき …… 153
もとのもくあみ …… 179

## 幸《しあわ》せとわざわい

果報《かほう》はねて待《ま》て …… 50
危機一髪《ききいっぱつ》 …… 55
口《くち》はわざわいの門《かど》 …… 64
好事魔多《こうじまおお》し …… 70
対岸《たいがん》の火事《かじ》 …… 98
天災《てんさい》は忘《わす》れたころにやって来《く》る …… 113
残《のこ》り物《もの》には福《ふく》がある …… 131
わざわいを転《てん》じて福《ふく》となす …… 192
笑《わら》う門《かど》には福《ふく》きたる …… 193

## 神様《かみさま》や仏様《ほとけさま》

内弁慶《うちべんけい》の外地蔵《そとじぞう》 …… 32
馬《うま》の耳《みみ》に念仏《ねんぶつ》 …… 34
聞《き》いて極楽《ごくらく》見《み》て地獄《じごく》 …… 53
苦《くる》しいときの神《かみ》だのみ …… 67
さわらぬ神《かみ》にたたりなし …… 78
三人《さんにん》寄《よ》れば文殊《もんじゅ》の知《ち》え …… 79
地獄《じごく》で仏《ほとけ》に会《あ》ったよう …… 81
釈迦《しゃか》に説法《せっぽう》 …… 84
知《し》らぬが仏《ほとけ》 …… 87
捨《す》てる神《かみ》あれば拾《ひろ》う神《かみ》あり …… 92
ぼうずにくけりゃけさまでにくい …… 153
仏《ほとけ》の顔《かお》も三度《さんど》 …… 154
三日坊主《みっかぼうず》 …… 161
門前《もんぜん》の小《こ》ぞう習《なら》わぬきょうを読《よ》む …… 180
弱《よわ》り目《め》にたたり目《め》 …… 186

# 動《うご》きやようすをあらわすことばがはいったことわざ

●おうちの方へ
身近な動詞や形容詞などを含んだ語句を集め、単語別にまとめました。同じ単語を含む語句の比較にも役立ちます。

いろいろな動《うご》きやようすをあらわすことばがはいったことわざを集《あつ》めて、そのことばごとにまとめました。どのことわざにどんなことばが使《つか》われているか調《しら》べてみましょう。


## 合《あ》う・合《あ》わせる

息《いき》が合《あ》う …… 18
馬《うま》が合《あ》う …… 34
口裏《くちうら》を合《あ》わせる …… 62
口《くち》に合《あ》う …… 64
反《そ》りが合《あ》わない …… 97
歯《は》の根《ね》が合《あ》わない …… 139
割《わり》に合《あ》わない …… 193

## 上《あ》がる・上《あ》げる

頭《あたま》が上《あ》がらない …… 12
うだつが上《あ》がらない …… 32
腕《うで》が上《あ》がる …… 32
おかに上《あ》がったかっぱ …… 38
株《かぶ》が上《あ》がる …… 49
軍配《ぐんばい》が上《あ》がる …… 67
たなに上《あ》げる …… 101
熱《ねつ》を上《あ》げる …… 129
音《ね》を上《あ》げる …… 130

## 当《あ》たる・当《あ》てる

当《あ》たるも八卦《はっけ》 当《あ》たらぬも八卦《はっけ》 …… 15
犬《いぬ》も歩《ある》けば棒《ぼう》に当《あ》たる …… 28
へたなてっぽうも 数《かず》うちゃ当《あ》たる …… 151
胸《むね》に手《て》を当《あ》てる …… 169
目《め》も当《あ》てられない …… 176

## 熱《あつ》い

鉄《てつ》は熱《あつ》いうちに打《う》て …… 110
のどもと過《す》ぎれば 熱《あつ》さを忘《わす》れる …… 132
目頭《めがしら》が熱《あつ》くなる …… 171

## 余《あま》る

かわいさ余《あま》ってにくさ百倍《ひゃくばい》 …… 52
目《め》に余《あま》る …… 174

## 洗《あら》う

足《あし》を洗《あら》う …… 11
いもを洗《あら》うよう …… 29

## あらわす（現《あらわ》す）

頭角《とうかく》をあらわす …… 114
馬脚《ばきゃく》をあらわす …… 133

## あらわす（表《あらわ》す）

名《な》は体《たい》をあらわす …… 121

## ある

穴《あな》があったら入《はい》りたい …… 16
命《いのち》あっての物種《ものだね》 …… 28
腕《うで》に覚《おぼ》えがある …… 32
かべに耳《みみ》あり障子《しょうじ》に目《め》あり …… 50
親《した》しき仲《なか》にも礼《れい》ぎあり …… 81
備《そな》えあればうれいなし …… 97
二度《にど》あることは三度《さんど》ある …… 124
能《のう》あるたかはつめをかくす …… 131
残《のこ》り物《もの》には福《ふく》がある …… 131

## いい

愛想《あいそ》がいい …… 6
虫《むし》がいい …… 166

## 言《い》う

言《い》うはやすく行《おこな》うはかたし …… 18
言《い》わぬが花《はな》 …… 29
つうと言《い》えばかあ …… 106
目《め》は口《くち》ほどに物《もの》を言《い》う …… 175
物《もの》も言《い》いようで角《かど》が立《た》つ …… 180
物《もの》を言《い》う …… 180
来年《らいねん》のことを言《い》えば 鬼《おに》が笑《わら》う …… 187

## いかない

合点《がてん》がいかない …… 49
にっちもさっちもいかない …… 124
一筋《ひとすじ》なわではいかない …… 143

### 起《お》きる・起《お》こす

転《ころ》んでもただでは起《お》きぬ …… 76
七転《ななころ》び八《や》起《お》き …… 121
ねた子《こ》を起《お》こす …… 128

### 置《お》く

一目《いちもく》置《お》く …… 24
風上《かざかみ》にも置《お》けない …… 45
気《き》が置《お》けない …… 53
下《した》にも置《お》かない …… 81
すみに置《お》けない …… 92

### おす・おされる

おしが強《つよ》い …… 39
太鼓判《たいこばん》をおす …… 98
だめをおす …… 102
念《ねん》をおす …… 130
のれんに腕《うで》おし …… 132
目白《めじろ》おし …… 173
横車《よこぐるま》をおす …… 185
らく印《いん》をおされる …… 187

### 落《お》ちる・落《お》とす

秋《あき》の日《ひ》はつるべ落《お》とし …… 8
肩《かた》を落《お》とす …… 47
かみなりが落《お》ちる …… 50
猿《さる》も木《き》から落《お》ちる …… 78
飛《と》ぶ鳥《とり》を落《お》とすいきおい …… 117
ふに落《お》ちない …… 150
ほおが落《お》ちる …… 154
目《め》からうろこが落《お》ちる …… 172

### 重《おも》い

口《くち》が重《おも》い …… 62
尻《しり》が重《おも》い …… 87

### 下《お》りる・下《お》ろす・下《さ》がる

頭《あたま》が下《さ》がる …… 13
肩《かた》の荷《に》が下《お》りる …… 47
清水《きよみず》のぶたいから 飛《と》び下《お》りる …… 60
実《みの》るほど 頭《あたま》の下《さ》がるいなほかな …… 162
胸《むね》をなで下《お》ろす …… 170

### 折《お》る・折《お》れる

話《はなし》の腰《こし》を折《お》る …… 137
鼻《はな》を折《お》る …… 138
骨《ほね》折《お》り損《ぞん》のくたびれもうけ …… 154
骨《ほね》が折《お》れる …… 155

### 買《か》う

売《う》りことばに買《か》いことば …… 35
安物《やすもの》買《か》いの銭失《ぜにうしな》い …… 181

### 返《かえ》す・返《かえ》る

恩《おん》をあだで返《かえ》す …… 42
きびすを返《かえ》す …… 58
手《て》のひらを返《かえ》す …… 111
覆水《ふくすい》ぼんに返《かえ》らず …… 148

### 変《か》える・変《か》わる

所《ところ》変《か》われば品《しな》変《か》わる …… 116
猫《ねこ》の目《め》のように変《か》わる …… 128
目《め》の色《いろ》を変《か》える …… 175

### かかる・かける

後足《あとあし》で砂《すな》をかける …… 15
腕《うで》によりをかける …… 33
王手《おうて》をかける …… 37
かまをかける …… 50
手塩《てしお》にかける …… 109
はく車《しゃ》をかける …… 134
はしにも棒《ぼう》にもかからない …… 135
発破《はっぱ》をかける …… 135
鼻《はな》にかける …… 137
目《め》をかける …… 176
山《やま》をかける …… 183
輪《わ》をかける …… 193

### かく（掻《か》く）

頭《あたま》をかく …… 14
旅《たび》のはじはかき捨《す》て …… 102

### かく（描《か》く）

絵《え》にかいたもち …… 36

### かくす

頭《あたま》かくして尻《しり》かくさず …… 13
能《のう》あるたかはつめをかくす …… 131

### かじる

石《いし》にかじりついても …… 19
親《おや》のすねをかじる …… 42

### かたい（難《かた》い）

言《い》うはやすく行《おこな》うはかたし …… 18
甲乙《こうおつ》つけがたい …… 70
少年老《しょうねんお》いやすく 学成《がくな》りがたし …… 86

小《しょう》の虫《むし》を殺《ころ》して大《だい》の虫《むし》を助《たす》ける……86
虫《むし》も殺《ころ》さない……167

**転《ころ》ぶ**
転《ころ》ばぬ先《さき》のつえ……75
転《ころ》んでもただでは起《お》きぬ……76
七転《ななころ》び八起《やお》き……121

**さす（刺《さ》す）**
くぎをさす……61

**さす（指《さ》す）**
後《うし》ろ指《ゆび》をさされる……31

**さす（射《さ》す）**
うわさをすればかげがさす……35

**差《さ》す**
ぬき差《さ》しならない……126
魔《ま》が差《さ》す……156
水《みず》を差《さ》す……161

**去《さ》る**
一難《いちなん》去《さ》ってまた一難《いちなん》……23
去《さ》る者《もの》は追《お》わず……78

**さわぐ**
血《ち》がさわぐ……104
胸《むね》がさわぐ……168

**さわる（障《さわ》る）**
気《き》にさわる……57

**さわる（触《さわ》る）**
さわらぬ神《かみ》にたたりなし……78
寄《よ》るとさわると……186

**しめる（占《し》める）**
味《あじ》をしめる……12

**しめる（締《し》める）**
勝《か》ってかぶとのおをしめよ……48
真綿《まわた》で首《くび》をしめる……158

**上手《じょうず》**
上手《じょうず》の手《て》から水《みず》がもる……86
好《す》きこそものの上手《じょうず》なれ……91

**知《し》る・知《し》らせる**
一《いち》を聞《き》いて十《じゅう》を知《し》る……24
井《い》の中《なか》のかわず大海《たいかい》を知《し》らず……28
親《おや》の心子《こころこ》知《し》らず……42
知《し》らぬが仏《ほとけ》……87
故《ふる》きを温《たず》ねて新《あたら》しきを知《し》る……150
身《み》のほど知《し》らず……162
虫《むし》が知《し》らせる……166
論語読《ろんごよ》みの論語《ろんご》知《し》らず……191
わが身《み》をつねって人《ひと》の痛《いた》さを知《し》れ……192

**好《す》き**
好《す》きこそものの上手《じょうず》なれ……91
たで食《く》う虫《むし》も好《す》き好《ず》き……101
へたの横好《よこず》き……151

虫《むし》が好《す》かない……167

**過《す》ぎる**
過《す》ぎたるはなおおよばざるがごとし……91
のどもと過《す》ぎれば熱《あつ》さを忘《わす》れる……132
礼《れい》も過《す》ぎれば無礼《ぶれい》になる……190

**捨《す》てる**
捨《す》てる神《かみ》あれば拾《ひろ》う神《かみ》あり……92
旅《たび》のはじはかき捨《す》て……102

**する（擂《す》る）**
ごまをする……75

**する・させる**
かわいい子《こ》には旅《たび》をさせよ……52
うわさをすればかげがさす……35
大《おお》きな顔《かお》をする……37
首《くび》にする……66
ならぬかんにんするがかんにん……122
身《み》を粉《こ》にする……165

**すわる**
肝《きも》がすわる……58
腹《はら》がすわる……139

### 制《せい》す

先《さき》んずれば人《ひと》を制《せい》す……77
柔《じゅう》よく剛《ごう》を制《せい》す……85
毒《どく》をもって毒《どく》を制《せい》す……116

### せまい

肩身《かたみ》がせまい……47
せまき門《もん》……94

### そろう・そろえる

口《くち》をそろえる……65
三《さん》びょう子《し》そろう……79
耳《みみ》をそろえる……164

### 損《そん》

損《そん》して得《とく》とれ……97
短気《たんき》は損気《そんき》……103
骨折《ほねお》り損《ぞん》のくたびれもうけ……154

### 高《たか》い

しき居《い》が高《たか》い……80
ただより高《たか》いものはない……100
鼻《はな》が高《たか》い……136
まくらを高《たか》くしてねる……156
目《め》が高《たか》い……172
山高《やまたか》きがゆえに貴《たっと》からず……183

### 助《たす》ける

芸《げい》は身《み》を助《たす》ける……68
小《しょう》の虫《むし》を殺《ころ》して大《だい》の虫《むし》を助《たす》ける……86

### ただ

転《ころ》んでもただでは起《お》きぬ……76
ただより高《たか》いものはない……100

### たたく

石橋《いしばし》をたたいてわたる……20
大口《おおぐち》をたたく……37
尻《しり》をたたく……88
減《へ》らず口《ぐち》をたたく……152

### 立《た》つ・立《た》てる

足《あし》もとから鳥《とり》が立《た》つ……11
うき足立《あしだ》つ……30
顔《かお》を立《た》てる……44
角《かど》が立《た》つ……49
聞《き》き耳《みみ》を立《た》てる……55
後《こう》かい先《さき》に立《た》たず……70
白羽《しらは》の矢《や》が立《た》つ……87
立《た》つ鳥《とり》あとをにごさず……101
立《た》て板《いた》に水《みず》……101
歯《は》が立《た》たない……133
腹《はら》が立《た》つ……140
人《ひと》の口《くち》に戸《と》は立《た》てられぬ……143
火《ひ》のない所《ところ》にけむりは立《た》たぬ……145
筆《ふで》が立《た》つ……150
目《め》くじらを立《た》てる……173
物《もの》も言《い》いようで角《かど》が立《た》つ……180
両《りょう》ゆう並《なら》び立《た》たず……189

### 散《ち》らす

くもの子《こ》を散《ち》らすよう……67
火花《ひばな》を散《ち》らす……146

### つかむ

おぼれる者《もの》はわらをもつかむ……41
雲《くも》をつかむよう……67

### つく（衝《つ》く）

虚《きょ》をつく……60

### つく（突《つ》く）

底《そこ》をつく……96
たてをつく……101

### つく（付《つ》く）・つける

悪銭身《あくせんみ》につかず……8
足《あし》が地《ち》につかない……9
足《あし》がつく……10
板《いた》につく……21
尾《お》ひれがつく……41
折《お》り紙《がみ》つき……42
けりをつける……69
甲乙《こうおつ》つけがたい……70
黒白《こくびゃく》をつける……72
尻《しり》に火《ひ》がつく……88
手《て》がつけられない……108
手《て》につかない……110
はくがつく……134
鼻《はな》につく……137
人目《ひとめ》につく……144
みそをつける……161
耳《みみ》につく……163
目《め》につく……174
目鼻《めはな》がつく……176
目《め》をつける……177

### 長《なが》い

帯《おび》に短《みじか》したすきに長《なが》し …… 41
気《き》が長《なが》い …… 54
首《くび》を長《なが》くする …… 66
尻《しり》が長《なが》い …… 88
長《なが》い目《め》で見《み》る …… 120
長《なが》い物《もの》には巻《ま》かれろ …… 120

### 泣《な》く

今《いま》泣《な》いたからすがもう笑《わら》う …… 28
泣《な》きっつらにはち …… 120
泣《な》く子《こ》と地頭《じとう》には勝《か》てぬ …… 121
弁慶《べんけい》の泣《な》き所《どころ》 …… 152

### 鳴《な》く

かんこ鳥《どり》が鳴《な》く …… 52
きじも鳴《な》かずばうたれまい …… 56

### 並《なら》ぶ・並《なら》べる

肩《かた》を並《なら》べる …… 48
のきを並《なら》べる …… 131
両《りょう》ゆう並《なら》び立《た》たず …… 189

### 成《な》る・なる

足《あし》が棒《ぼう》になる …… 10
鶏口《けいこう》となるも牛後《ぎゅうご》となるなかれ …… 68
様《さま》になる …… 78
少年《しょうねん》老《お》いやすく学《がく》成《な》りがたし …… 86
ちりも積《つ》もれば山《やま》となる …… 105
天狗《てんぐ》になる …… 113
毒《どく》にも薬《くすり》にもならない …… 116
情《なさ》けは人《ひと》のためならず …… 121
ならぬかんにんするがかんにん …… 122
ぬき差《さ》しならない …… 126
鼻《はな》もちならない …… 137
ミイラ取《と》りがミイラになる …… 159
水《みず》の泡《あわ》になる …… 160
胸《むね》がいっぱいになる …… 168
ローマは一日《いちにち》にして成《な》らず …… 191

### 鳴《な》る

腕《うで》が鳴《な》る …… 32
鳴《な》りをひそめる …… 122
のどが鳴《な》る …… 131

### にげる・にがす

三十六計《さんじゅうろっけい》にげるにしかず …… 79
にがした魚《さかな》は大《おお》きい …… 123

### にごす

お茶《ちゃ》をにごす …… 40
ことばをにごす …… 74
立《た》つ鳥《とり》あとをにごさず …… 101

### にる・にえる・にやす

いものにえたもご存知《ぞんじ》ない …… 29
業《ごう》をにやす …… 72
にえきらない …… 123
にても焼《や》いても食《く》えない …… 124
はらわたがにえくりかえる …… 140

### ぬく・ぬける・ぬかす

生《い》き馬《うま》の目《め》をぬく …… 18
うつつをぬかす …… 32
気《き》がぬける …… 54
群《ぐん》をぬく …… 67
腰《こし》がぬける …… 74
手《て》をぬく …… 112
度肝《どぎも》をぬく …… 115
ぬき差《さ》しならない …… 126
ぬけ目《め》がない …… 126
間《ま》がぬける …… 156
目《め》から鼻《はな》へぬける …… 173

### ぬぐ

かぶとをぬぐ …… 49
一《ひと》はだぬぐ …… 144

### ねる

果報《かほう》はねて待《ま》て …… 50
たぬきね入《い》り …… 102
ねた子《こ》を起《お》こす …… 128
ねても覚《さ》めても …… 129
ね耳《みみ》に水《みず》 …… 129
ねる子《こ》は育《そだ》つ …… 130
まくらを高《たか》くしてねる …… 156

### 飲《の》む・のむ（呑《の》む）

息《いき》をのむ …… 19
うのみにする …… 34
かたずをのむ …… 46
つめのあかをせんじて飲《の》む …… 107
なみだをのむ …… 122

### 乗《の》る・乗《の》せる

大船《おおぶね》に乗《の》ったよう …… 38
き道《どう》に乗《の》る …… 57
口車《くちぐるま》に乗《の》せる …… 63
尻馬《しりうま》に乗《の》る …… 87
図《ず》に乗《の》る …… 92
乗《の》りかかった船《ふね》 …… 132

# にた意味《いみ》のことわざ

●おうちの方へ
本書に収録した語句を、表している意味によって分類しました。同じ意味や反対の意味といった関連づけにも役立ちます。

にた意味《いみ》をもつことわざを集《あつ》めて、意味《いみ》ごとにまとめました。にた意味《いみ》のことわざや反対《はんたい》の意味《いみ》のことわざを調《しら》べたり、自分《じぶん》でことわざを使《つか》うときに参考《さんこう》にしましょう。

つるの一声《ひとこえ》……107
腹《はら》を決《き》める……140

**きらい・仲《なか》が悪《わる》い**

風上《かざかみ》にも置《お》けない……45
犬猿《けんえん》の仲《なか》……69
反《そ》りが合《あ》わない……97
鼻《はな》につく……137
鼻《はな》もちならない……137
水《みず》と油《あぶら》……160
虫《むし》が好《す》かない……167
目《め》のかたきにする……175

**気《き》をつける**

あつものにこりてなますをふく……15
石橋《いしばし》をたたいてわたる……20
念《ねん》には念《ねん》を入《い》れる……130

**きんちょうする**

息《いき》を殺《ころ》す……19
えりを正《ただ》す……36
かたずをのむ……46

**くやしい**

ごまめの歯《は》ぎしり……75
地団駄《じだんだ》をふむ……82
ほぞをかむ……154

**(体《からだ》が)苦《くる》しい**

息《いき》が切《き》れる……18
肩《かた》で息《いき》をする……46
苦肉《くにく》の策《さく》……65
七転八倒《しちてんばっとう》……82
真綿《まわた》で首《くび》をしめる……158
虫《むし》の息《いき》……167
目《め》を白黒《しろくろ》させる……177

**苦《くる》しむ・困《こま》る**

頭《あたま》が痛《いた》い……13
頭《あたま》をかかえる……14
痛《いた》しかゆし……21
首《くび》が回《まわ》らない……66
自業自得《じごうじとく》……80
始末《しまつ》に負《お》えない……83
四面楚歌《しめんそか》……83
切羽《せっぱ》つまる……94
背《せ》に腹《はら》はかえられぬ……94
手《て》がつけられない……108
手《て》に余《あま》る……110
手《て》に負《お》えない……110
手《て》も足《あし》も出《で》ない……111
手《て》を焼《や》く……113
と方《ほう》に暮《く》れる……117
泣《な》きっつらにはち……120
にっちもさっちもいかない……124

ぬき差《さ》しならない……126
八方《はっぽう》ふさがり……136
火《ひ》の車《くるま》……145
間《ま》が悪《わる》い……156
身《み》から出《で》たさび……159
弱《よわ》り目《め》にたたり目《め》……186

**興奮《こうふん》する**

血《ち》がさわぐ……104
手《て》にあせをにぎる……110

**細《こま》かい**

重箱《じゅうばこ》のすみをようじでほじくる……85
枝葉末節《しようまっせつ》……86

**ごまかす・だます**

一《いっ》ぱい食《く》わされる……27
うそ八百《はっぴゃく》……31
裏《うら》をかく……35
お茶《ちゃ》をにごす……40
口裏《くちうら》を合《あ》わせる……62
口車《くちぐるま》に乗《の》せる……63
けむに巻《ま》く……69
ことばをにごす……74
さばを読《よ》む……78
たぬきね入《い》り……102
朝三暮四《ちょうさんぼし》……105

猫《ねこ》ばばを決《き》めこむ……128
猫《ねこ》をかぶる……128
張《は》り子《こ》の虎《とら》……141
八百長《やおちょう》……181
有名無実《ゆうめいむじつ》……184
羊頭《ようとう》をかかげて狗肉《くにく》を売《う》る……185

**こわがる**

肝《きも》を冷《ひ》やす……59
歯《は》の根《ね》が合《あ》わない……139
蛇《へび》ににらまれたかえる……152
身《み》の毛《け》がよだつ……162

**探《さが》す**

うの目《め》たかの目《め》……34
草《くさ》の根《ね》を分《わ》けても……62

**逆《さか》らう**

たてをつく……101
とうろうのおの……115

**先《さき》になってやる**

音頭《おんど》を取《と》る……42
かじを取《と》る……45

**さわぐ**

だだをこねる……100
はちの巣《す》をつついたよう……135

### しかる


### 自信《じしん》がある


### 失敗《しっぱい》する


### 自分勝手《じぶんかって》だ


### じゃまする


### 心配《しんぱい》する


### ずうずうしい


### 好《す》き


### すぐれている


### 進《すす》む


### すべて


### ずるい

### 成功《せいこう》する


### 責《せ》める


### 尊敬《そんけい》する


### 大切《たいせつ》にする

豚《ぶた》に真《しん》じゅ……149
棒《ぼう》にふる……153
骨折《ほねお》り損《ぞん》のくたびれもうけ……154
水《みず》の泡《あわ》になる……160
無用《むよう》の長物《ちょうぶつ》……170
もとのもくあみ……179
もとも子《こ》もない……179
焼《や》け石《いし》に水《みず》……181

**むちゅうになる**

うつつをぬかす……32
心《こころ》をうばわれる……73
熱《ねつ》を上《あ》げる……129
ねても覚《さ》めても……129
目《め》の色《いろ》を変《か》える……175
我《われ》を忘《わす》れる……193

**めいわくをかける**

後足《あとあし》で砂《すな》をかける……15
飼《か》い犬《いぬ》に手《て》をかまれる……43

**めずらしい**

空前絶後《くうぜんぜつご》……61
千載一遇《せんざいいちぐう》……94
前代未聞《ぜんだいみもん》……95

**目立《めだ》つ**

人目《ひとめ》につく……144

目《め》につく……174
目《め》にとまる……174

**もうかる**

一攫千金《いっかくせんきん》……24
一挙両得《いっきょりょうとく》……25
一石二鳥《いっせきにちょう》……26
えびでたいをつる……36
漁夫《ぎょふ》の利《り》……60
たなからぼたもち……101
ぬれ手《て》であわ……126

**役《やく》に立《た》たない**

うどの大木《たいぼく》……33
絵《え》にかいたもち……36

**安《やす》い**

底《そこ》をつく……96
二束三文《にそくさんもん》……124

**休《やす》む**

命《いのち》の洗《せん》たく……28
羽《はね》をのばす……138

**ゆずる**

顔《かお》を立《た》てる……44
花《はな》を持《も》たせる……138

**許《ゆる》す**

大目《おおめ》に見《み》る……38
目《め》をつぶる……177

**ようすがひどい**

言語道断《ごんごどうだん》……76
支離滅裂《しりめつれつ》……88
見《み》るかげもない……165
目《め》に余《あま》る……174
目《め》も当《あ》てられない……176

**よくなる**

腕《うで》が上《あ》がる……32
うなぎのぼり……33
株《かぶ》が上《あ》がる……49
頭角《とうかく》をあらわす……114

**よくわからない**

一寸先《いっすんさき》はやみ……26
おく歯《ば》に物《もの》がはさまったよう……39
合点《がてん》がいかない……49
きつねにつままれたよう……56

雲《くも》をつかむよう……67
ふに落《お》ちない……150

**よくわかる**

すいもあまいもかみ分《わ》ける……90
手《て》に取《と》るように……111
百《ひゃく》も承知《しょうち》……146
火《ひ》を見《み》るよりも明《あき》らか……147
身《み》にしみる……162
目《め》からうろこが落《お》ちる……172

**忘《わす》れない**

肝《きも》にめいじる……58
根《ね》にもつ……129
胸《むね》に刻《きざ》む……168

**笑《わら》う**

腹《はら》をかかえる……140
へそが茶《ちゃ》をわかす……151

# ほかのいい方《かた》でのっている ことわざ

見出《みだ》しとはちがう、ほかのいい方《かた》や読《よ》み方《かた》でのっていることわざを集《あつ》めて、あいうえお順《じゅん》に並《なら》べました。ことわざの下《した》の数字《すうじ》が、のっているページです。

## あ行


愛想《あいそう》がいい……6
愛想《あいそう》をつかす……6

悪事千里《あくじせんり》を行《い》く……8
揚句《あげく》の果《は》て……9
朝起《あさお》きは三文《さんもん》の徳《とく》……139
朝《あさ》ねぼうのよいっ張《ば》り……184
頭《あたま》をつっこむ……66
油《あぶら》に水《みず》……160
油《あぶら》を注《そそ》ぐ……145
余《あま》り物《もの》には福《ふく》がある……131
息《いき》をこらす……19
一日千秋《いちにちせんしゅう》……22
一所懸命《いっしょけんめい》……25
いつもやなぎの下《した》に どじょうはおらぬ……182
犬《いぬ》と猿《さる》……69
腕《うで》をこまぬく……112
うのまねをするからす 水《みず》におぼれる……33
海《うみ》に千年《せんねん》山《やま》に千年《せんねん》……34

うわさをすればかげ……35
大風《おおかぜ》がふけばおけ屋《や》が喜《よろこ》ぶ……46

大《おお》きな口《くち》をきく……37
おのれの頭《あたま》のはえを追《お》え……13
お眼鏡《めがね》にかなう……172
お目玉《めだま》を食《く》う……38
親《おや》の七光《ななひか》り……42
温故知新《おんこちしん》……150


## か行


開幕《かいまく》する……157
学問《がくもん》に近道《ちかみち》なし……45
肩入《かたい》れする……47
かつお節《ぶし》を猫《ねこ》に預《あず》ける……127
かんにんぶくろの おを切《き》らす……52
機《き》に臨《のぞ》みて変《へん》に応《おう》ず……189
昨日《きのう》の友《とも》は今日《きょう》の敵《てき》……58

苦《く》あれば楽《らく》あり 楽《らく》あれば苦《く》あり……187
草《くさ》の根《ね》を分《わ》けて探《さが》す……62
口《くち》が回《まわ》る……81
口八丁《くちはっちょう》手《て》八丁《はっちょう》……64

口《くち》はわざわいのもと……64
口《くち》はわざわいの門《もん》……64
口《くち》をすっぱくする……63
口《くち》をすべらす……63
苦肉《くにく》の計《けい》……65
首《くび》を切《き》る……66
呼吸《こきゅう》が合《あ》う……18
虎穴《こけつ》に入《い》らずんば 虎子《こし》を得《え》ず……72
腰《こし》をぬかす……74
紺屋《こんや》の白《しろ》ばかま……71


## さ行


地獄《じごく》で仏《ほとけ》……81
地蔵《じぞう》の顔《かお》も三度《さんど》……154

| | | |
|---|---|---|
| 装丁・本文デザイン | 大藪胤美　蕪野ゆう子　横地綾子（フレーズ） |
| イラスト | ［あ行］冬野いちこ<br>［か行］田中暎子<br>［さ行／た行］岩﨑陽子<br>［な行／は行］伊東美貴<br>［ま行／や行／ら行／わ行］中村陽子 |
| 執筆協力 | 漆原泉　酒井かおる　浜田経雄 |
| 校正 | 白鳳社 |
| 編集・構成 | 株式会社　童夢 |

**三省堂こどもことわざじてん**


2003年４月１日　第1刷発行
2007年10月10日　第9刷発行

編　者　三省堂編修所
発行者　株式会社三省堂　代表者 八幡統厚
発行所　株式会社三省堂
〒101-8371 東京都千代田区三崎町 2-22-14
電話 03-3230-9411（編集）03-3230-9412（営業）
振替口座 00160-5-54300
http://www.sanseido.co.jp/
印刷所　三省堂印刷株式会社

乱丁本・落丁本はお取り替えいたします。

ISBN978-4-385-14306-4〈こどもことわざじてん・224pp.〉

わかった!!